기독교문서선교회(Christian Literature Center: 약칭 CLC)는 1941년 영국 콜체스터에서 켄 아담스에 의해 시작되었으며 국제 본부는 미국 필라델피아에 있습니다.
국제 CLC는 59개 나라에서 180개의 본부를 두고, 약 650여 명의 선교사들이 이동도서차량 40대를 이용하여 문서 보급에 힘쓰고 있으며 이메일 주문을 통해 130여 국으로 책을 공급하고 있습니다. 한국 CLC는 청교도적 복음주의 신학과 신앙서적을 출판하는 문서선교기관으로서, 한 영혼이라도 구원되길 소망하면서 주님이 오시는 그날까지 최선을 다할 것입니다.

포스트 팬데믹 시대
인공지능 혁명의 도전과 교회의 응전

The Post-Pandemic Era,
The Church's Response to the Challenges of Artificial Intelligence Revolution
Written by Hyun Shin Park
All rights reserved.
Korean Edition Copyright ⓒ 2023 by Christian Literature Center, Seoul, Korea.

포스트 팬데믹 시대
인공지능 혁명의 도전과 교회의 응전

2023년 8월 16일 초판 발행

지 은 이	박현신
편　　 집	임동혁
디 자 인	서민정
펴 낸 곳	(사)기독교문서선교회
등　　 록	제16-25호(1980. 1. 18.)
주　　 소	서울특별시 서초구 방배로 68
전　　 화	02-586-8761~3(본사) 031-942-8761(영업부)
팩　　 스	02-523-0131(본사) 031-942-8763(영업부)
이 메 일	clckor@gmail.com
홈페이지	www.clcbook.com
송금계좌	기업은행 073-000308-04-020 (사)기독교문서선교회
일련번호	2023-63

ISBN 978-89-341-2579-2 (03230)

이 책의 출판권은 (사)기독교문서선교회가 소유합니다.
신저작권법에 의하여 한국 내에서 보호를 받는 저작물이므로 무단 전재와 무단 복제를 금합니다.

포스트 팬데믹 시대

인공지능 혁명의 도전과 교회의 응전

박현신 지음

CLC

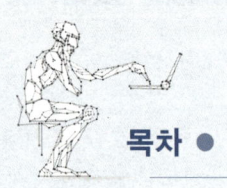

목차

프롤로그   8

제1장 제4차 산업혁명과 인공지능(AI)의 실체와 전망   15

제4차 산업혁명 D.N.A. 시대의 티핑포인트   15
1. 제4차 산업혁명에 대한 공시적 고찰: 정의, 핵심 개념(실체)   19
2. 통시적 고찰: 산업혁명의 역사와 제4차 산업혁명   23
3. 코로나19 이후 가속화되는 제4차 산업혁명의 핵심은 인공지능 혁명(AIR)   28
4. AI의 핵심과 발전 단계   30
5. AI 혁명에 대한 주요 전망   37

제2장 제4차 산업혁명, 인공지능 시대에 관한 인문학적 핵심 질문들   47

1. 지나친 낙관론과 신자유주의: 낙관론인가 비관론인가?   47
2. 제4차 산업혁명은 행복이 아닌 불행의 전주곡: 더 행복해질 것인가?   50
3. 인간이 도구화되는 포스트-휴먼, 트랜스휴먼 시대: 인간이란 무엇인가?   54
4. 가장 심각할 수 있는 윤리적 문제: 윤리적 기준은 무엇인가?   57
5. '테크노 종교화'를 통한 유토피아 추구: 새로운 종교운동인가?   59

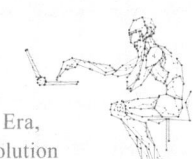

제3장 인공지능 혁명(AIR)으로 인한 주요 이슈와 도전들   61

1. AI 시대 일자리 이슈와 도전   61
2. AI와 관련된 법적, 도덕적 이슈와 도전   65
3. AI와 빅데이터, 알고리즘(Algorithm) 이슈와 도전   71
4. AI와 종교적 이슈와 도전   76
5. 메타버스(metaverse) 혁명 이슈와 도전   78
6. 인공지능 혁명(AIR)의 게임 체인저 챗GPT(ChatGPT)   87

제4장 제4차 산업혁명의 도전에 대한 실천신학적 대응 방향   101

1. 성경적 세계관을 통한 제4차 산업혁명 실체 분별   102
2. 성경적 메시지와 변증 전략의 강화   104
3. 성경적 신학과 교리교육의 강화   105
4. 성경적 윤리관과 기준 제시   108
5. 성경적 언약공동체 강화   112
6. 일반은총 차원의 활용 방안 모색   114
7. 성경적 전략을 통한 다음 세대와 선교사역   116
8. 산업혁명 전에 주신 주권적 부흥을 사모하는 교회   119
제4차 산업혁명, AI 시대의 거대한 도전의 파도를 넘어   120

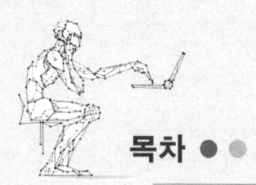
목차

제5장 인공지능 혁명(AIR) 이슈와 도전에 대한 교회의 응전   122

1. AI와 일자리 문제(인간의 도구화)에 대한 교회와 목회자의 대응   123
2. AI의 법적, 도덕적 문제에 대한 교회와 목회자의 대응   124
3. AI와 포스트-휴먼, 트랜스휴머니즘에 대한 교회와 목회자의 대응   126
4. AI와 빅데이터, 알고리즘에 대한 교회와 목회자의 대응   129
5. AI와 종교적 이슈에 대한 교회와 목회자의 대응   131
6. 설교에 있어서 신학에 기초한 전 방위적 적용의 필요성   132
7. AI 설교자와 AI를 활용한 교회사역에 대한 교회와 목회자의 대응   134
8. 메타버스(Metaverse)에 대한 교회와 목회자의 대응   137
9. 챗GPT(ChatGPT)에 대한 교회와 목회자의 대응   147

제6장 포스트 팬데믹(Post-Pandemic) 뉴 노멀 시대 교회의 위기와 대안   176

1. 본격적인 포스트 팬데믹(Post-Pandemic) 시대가 열리다   176
2. 포스트 팬데믹 시대에 대한 기독교의 연구 현황   177
3. 전염병의 역사와 코로나 팬데믹(Covid-19 Pandemic)   181
4. 포스트 팬데믹 뉴 노멀(New Normal) 시대 전망   184
5. 포스트 팬데믹 시대의 핵심 이슈와 위기 분석   188
6. 포스트 팬데믹 시대 위기에 대한 교회의 대응 방향과 전략   208
   포스트 팬데믹 위기는 교회의 기회   233

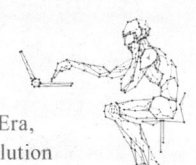

The Post-Pandemic Era,
The Church's Response to the Challenges of Artificial Intelligence Revolution

제7장 포스트 팬데믹 뉴 노멀 시대의 도전과 설교학적 방향과 대안(5R) 235

1. 뉴 노멀 설교가 아닌 '리뉴 노멀 설교'(Renew normal preaching) 236
2. 개혁주의 부흥 설교(Revival Preaching) 241
3. 개혁주의 '경험적 설교'(Reformed Experiential Preaching) 246
4. 언약 중심적 다양한 영역의 적용(Relevant Preaching) 249
5. 교회 건강 회복을 위한 다양한 강해설교 전략(Preaching for Revitalization) 255
5R 프리칭, 포스트 팬데믹 시대 설교의 나침반 263

에필로그 265

주요 참고 문헌 275

 **프롤로그**

    코로나19 팬데믹이 일어나기 전부터 본격적인 포스트 팬데믹이 시작된 작금까지, 부족한 필자가 천착하여 약 5년 동안 저술해 온 본서를 마침내 출간하게 해 주신 살아계신 하나님 아버지께 모든 영광을 올려 드린다.

    본서를 저술하게 된 동기의 씨앗은 그동안 필자의 미국과 한국의 학회 발표들, 실천신학자로서의 여러 강의, 전국의 지역교회 설교사역과 다양한 세미나들을 통해 뿌려지게 되었다. 2018년 한국복음주의학회에서 제4차 산업혁명 시대 도전과 교회의 응전에 대해 발표한 후 존경하는 여러 실천신학자들로부터 많은 격려와 어드바이스를 받았다.

    2019년에 미국복음주의설교학회(Evangelical Homiletical Society)에서 영어권 미래학자들의 예측들과 제4차 산업혁명에 관해 연구해 온 석학들의 논문과 저서들을 분석하고, 특별히 인공지능AI(Artificial Intelligence, 이하 AI) 시대의 도래와 함께 다양한 이슈와 도전에 직면한 교회와 목회자들이 어떻게 대비해야 될지에 대한 아티클(Article)을 발표한 다음, 영미권의 저명한 학자들로부터 건설적인 평가와 함께 책을 출판하여 학자들과 목회자들의 가이드를 제공하면 좋겠다는 의견을 듣게 되었다.

    그러나 미국 학회 발표 이후, 갑작스럽게 코로나19 팬데믹이 발생하여 제4차 산업혁명과 AI 혁명에 대한 필자의 연구는 한동안 방향성을 잃고 표류하게 되는 것으로 생각되었고, 더 이상의 발전적 연구를 해 나갈 동력을 잃고 좌초하게 될 것으로 보였다.

    그러나 2020년부터 코로나19 비대면 기간 동안 실천신학자로서 새로운 연구의 사명을 가지고 팬데믹의 역사와 전망 및 포스트 코로나 뉴 노멀 시대의 위기와 도전에 대한 교회의 대응 방향에 대한 실천적인 연구를

3년 동안 진행하는 가운데, 어느 순간 새로운 통찰의 빛을 발견하면서 학문적인 유레카(eureka)의 경험을 하게 되었다.

독자들이 본서를 읽으면 인식하게 되겠지만, 제4차 산업과 AI 혁명이라는 연구 주제와 포스트 코로나 뉴 노멀 시대의 연구가 전혀 상관없는 별도의 주제가 아니라, 하나님의 주권과 섭리 가운데 서로 유기적으로 연결된 주제라는 것을 깨닫게 되었다. 누구도 예상치 못한 코로나19로 인해 제4차 산업혁명과 AI 시대가 더욱 '가속화'되면서 본격적으로 사회의 모든 영역과 교회 가운데 시작되고 있다는 점에 대한 새로운 인식의 지평이 열리면서 필자가 잠시동안 닫아버렸던 연구의 문을 다시 열고 본서를 저술하게 되었다.

마치 바울이 로마를 향한 항해 가운데 예기치 못한 유라굴라 광풍으로 인해 배가 좌초되고 희망이 사라졌지만, 멜리데섬에서 다시 배가 준비되어 로마를 향해 나아갈 수 있게 된 것처럼 말이다. 한없이 부족하지만, 필자가 그동안 수많은 시간과 뼈를 깎는 수고를 통해 얻은 학문적 결실들을 한국 교회의 귀한 목회자들, 사역자들, 교회 지도자들, 교사들, 리더들, 성도들, 청년들을 위해 내놓고자 하는 겸손한 마음과 심장이 뛰는 열정이 본서를 저술하게 된 강력한 동기로 작용했다.

이러한 학문적인 차원에서 샘솟은 저술 동기뿐 아니라 필자가 가르치고 있는 총신대학교 신학대학원과 일반대학원, 목회전문대학원의 학생들과 목회자들 가운데 필자의 실천신학과 설교학 강의 가운데 언급된 제4차 산업혁명과 AI 혁명에 관한 내용을 듣고 다양한 질문과 피드백을 해주었고, 향후 석박사 학생들의 발전적 연구와 목회현장의 사역자들을 위해 꼭 책으로 출간해 달라는 요청을 많이 받게 되었다.

또한, 필자가 한국과 미국의 지역교회에서 말씀 사역(집회)과 목회자, 교사, 학부모, 다음 세대를 위한 다양한 세미나 등을 섬기면서, 귀한 사역자들과 성도들로부터 적지 않게 받은 피드백 중에 하나가 제4차 산업혁명, 특히 AI 혁명 시대를 성경적 관점에서 이해하고 적용할 수 있는 책을 저술해 달라는 부탁이었다.

필자는 개혁주의 실천신학, 설교학을 전공한 학자로서 이 주제에 대한 부족한 면이 많기에 연구논문과 저술을 쓰기가 너무나 어려웠지만, 오히려 필자와 같이 제4차 산업혁명과 관련된 전문적 내용을 잘 모르는 목회자의 관점에서 저술한 책이 오히려 실제적인 유익과 도움이 될 수 있다고 생각하게 되었다.

졸저에 담긴 내용들에 대해 더욱 전문성을 가진 학자들과 연구자들이 제시할 수 있는 건설적인 비판과 고견들을 경청하고, 필자의 포괄적이며 실천적인 대안에 관해 목회자들이 내놓는 비평과 피드백들을 겸허히 수용하면서 향후 더욱 발전적인 연구를 통해 본서에 충분히 담지 못한 구체적인 대안들을 지속적으로 제공하기 위한 의미 있는 첫걸음을 내딛고자 한다.

이러한 계기들을 통해 하나님의 선하신 뜻을 오랜 시간 기도하게 되었고, 한국 교회와 사역자들을 위해 눈물로 간구하면서 담대한 용기를 내어 마침내 본서를 세상에 내놓게 되었다.

본서의 주제는 포스트 펜데믹 시대 가속화되고 있는 제4차 산업혁명 시대와 'AI 혁명에 도전에 대한 교회의 응전'이다.

본서가 함의하고 있는 주요 장점은 다음과 같다.

첫째, 제4차 산업혁명의 핵심요체라고 할 수 있는 AI 혁명에 대하여 개혁주의 신학 관점에서 교회와 목회자가 어떻게 대응할지 학문적이면서도 실천적으로 저술하였다.

둘째, 최근 AI 혁명을 가속화시키고 있는 포스트 코로나 뉴 노멀 이슈와 도전에 대한 교회의 대응 방향을 함께 정리하여 제시하였다.

또한, 본서의 주제와 관련한 기독교 학자들의 저서와 논문뿐 아니라 제4차 산업혁명, AI 혁명에 관한 영미권 및 한국의 저명한 일반 학자들과 해당 영역의 전문가들의 저술들과 인문학적 차원의 연구물들을 개혁주의 실천신학 관점에서 폭넓게 분석한 다음 종합적으로 비평하여 제시하였다.

셋째, 본서는 제4차 산업혁명과 AI와 관련하여 최근 3-5년 사이에 발표된 자료들을 철저히 분석하였을 뿐만 아니라, 2023년 국내외 학자들의 논문들과 통계자료에 대한 분석과 함의를 일목요연하게 제시하였다.

특별히 본서에서 주목할 것은, 메타버스와 2023년 초 가장 뜨거운 이슈인 대화형 AI 챗GPT(ChatGPT) 주제까지 개혁주의 실천신학 관점에서 저술하였다는 점이다.

넷째, 본서는 AI 혁명과 포스트 코로나 시대와 관련한 수백 권의 책과 자료 및 수많은 국내외 논문과 영문 아티클을 수년간 집중적으로 읽고 체계적으로 이론과 실제를 균형 있게 제시함으로써 독자들이 이 한 권으로 어느 정도 AI 혁명과 교회의 대응 방향을 정리할 수 있도록 하였다.

나아가 학문적으로 방대한 자료(각주와 참고 문헌)가 제공되어 더욱 세밀하게 연구하길 원하는 목회자와 평신도, 신학생, 설교자들에게 학문적인 도움과 유익을 제공하고 있다.

다섯째, 개혁주의 실천신학자, 설교학자로서 필자가 학문적으로 방대한 자료를 분석하고 통합적으로 정리하였을 뿐 아니라, 실천신학적 관점에서 교회와 목회자, 설교자들이 어떻게 AI 혁명 시대가 가져온 다양한 도전에 대해 실천적으로 응전할 것인지 실제적인 방안을 제시해 주고 있다.

이러한 실제적인 대안들은 향후 더욱 구체적인 연구의 열매를 낳기 위한 본질적인 뿌리 역할을 할 수 있을 것이다.

이러한 본서의 동기와 장점을 조금이라도 더 현실화하기 위해 본서는 크게 일곱 장으로 구성하였다.

제1장에서는 AI 혁명의 배경막이 되는 제4차 산업혁명의 핵심적 실체와 객관적 전망을 포괄적으로 다루고 있다.

이를 위해 제4차 산업혁명에 대한 공시적 고찰과 통시적 고찰을 입체적으로 조망함으로 제4차 산업혁명에 대한 조감도를 통해 코로나 팬데믹 이후 가속화되고 있는 AI 혁명의 흐름과 핵심을 파악하고 다양한 전망을 정리해 보고자 한다.

제2장에서는 제4차 산업혁명과 AI에 대한 전반적인 이해를 기초를 토대로 하여 제4차 산업혁명과 AI 혁명에 대한 인문학적 논의들과 여섯 가지 본질적인 질문에 대해 심층적으로 다루어 보고자 한다.

즉, 제4차 산업혁명과 AI 시대를 통해 던질 수 있는 질문에 대해 논할 것이다.

낙관론인가, 비관론인가?
불행인가, 행복인가?
인간(휴먼)이란 어떤 존재인가?
윤리적 기준은 무엇인가?
신종교운동인가?

제3장에서는 제4차 산업혁명과 AI 기술에 대한 인문학적 질문들과 최근 제기되고 있는 일자리(대량실업), 윤리 문제, 빅데이터와 알고리즘, 종교적 이슈를 비롯한 메타버스(metaverse)와 AI 혁명의 게임 체인저 챗GPT(ChatGPT)의 주요 이슈와 도전들을 여섯 가지 주제로 나누어 살펴보고자 한다.

제4장에서는 제2장에서 제기된 제4차 산업혁명과 AI 시대의 인문학적 질문과 주요 이슈와 도전에 대한 개혁주의 실천신학 관점에서 본 성경적 대안을 여덟 가지 방향으로 제시해 보고자 한다.

즉, AI 혁명의 도전에 대해 교회가 성경적 세계관을 통한 분별, 성경적 변증, 성경적 교리교육, 성경적 윤리관 제시, 성경적 언약공동체 회복, 성경적 관점에서 창조적 활용, 성경적 전도와 선교 전략, 성경적 부흥을 추구하는 사역 등을 통해 응전할 것인지 제시하고자 한다.

제5장에서는 주로 제3장에서 제기된 AI 혁명에 대한 주요 문제와 도전들을 한국 교회와 사역자들이 어떻게 대처할 것인지를 9가지 영역으로 나누어 심층적으로 논의하고자 한다.

즉, AI 시대 일자리(인간의 도구화) 문제, 법적, 도덕적 문제, 포스트-휴먼, 트랜스휴머니즘 문제, 빅데이터, 알고리즘 문제, 종교적 이슈 문제, 개혁주의 신학에 기초한 전 방위적 적용의 문제, AI 설교자와 교회의 AI 활용 문제, 메타버스(Metaverse) 문제, 챗GPT(ChatGPT) 문제에 대한 교회와 목회자의 대응과 해법구도의 지평을 열어보고자 한다.

제6장에서는 제4차 산업혁명 및 AI 혁명이 본격적으로 펼쳐지고 있는 포스트 펜데믹 뉴 노멀 시대에 교회가 직면하고 있는 주요 위기와 대안을 분석하고자 한다.

이를 위해 먼저 포스트 펜데믹 시대에 대한 최근 연구를 분석한 다음, 펜데믹에 대한 역사적 고찰과 포스트 펜데믹 뉴 노멀 시대에 대한 미래를 조망하고자 한다. 그런 다음 본 장의 핵심 포커스인 최근 통계 분석과 함의를 기초로 한 포스트 펜데믹의 주요 위기와 도전을 요약하고, 한국 교회가 직면하고 있는 이러한 위기들을 극복하기 위한 개혁주의 실천신학적 대응 방향과 목회적 전략을 크게 여섯 가지로 제시할 것이다.

제7장에서는 제6장에서 제시한 포스트 펜데믹 뉴 노멀 시대의 위기와 도전에 대한 실천신학적 대응 방향을 넘어 설교사역의 위기에 대한 본질적인 대안을 5R 프리칭(5R Preaching)으로 제시하고자 한다.

즉, 뉴 노멀 시대에 성경적 설교의 본질로 승부하기 위해 다음과 같이 제안할 것이다.

Renew Normal Preaching (리뉴 노멀 설교)
Revival Preaching (개혁주의 부흥 설교)
Reformed Experiential Preaching (개혁주의 경험적 설교)
Relevant Preaching (적실성 있는 설교)
Preaching For Revitalization (교회의 생명력을 회복시키는 설교)

마지막으로 에필로그에서는 제4차 산업혁명과 AI의 거센 도전과 복잡다단한 위기에 직면한 한국 교회와 크리스천들이 어떻게 본질을 회복하여 응전함으로 영적 판도를 바꿀 수 있는지 열 가지 영적 리셋 원리를 성경에 근거하여 제시하고자 한다.

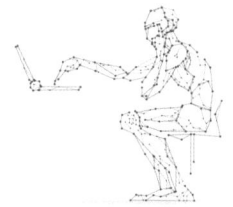

제1장

제4차 산업혁명과 인공지능(AI)의 실체와 전망

제4차 산업혁명 D.N.A. 시대의 티핑포인트

2020년 초 시작된 코로나19 팬데믹(Covid-19 pandemic)은 제4차 산업혁명과 데이터·네트워크·인공지능(D.N.A.) 시대를 더욱 '가속화'시키며, 사회가 인공지능과 디지털 혁명 등을 급속하게 받아들이는 결정적인 계기가 되었다.[1]

코로나19 기간 국민의 70퍼센트가 제4차 산업혁명을 생활 속에서 체감하고 있을 정도이며, '제4차 산업혁명' 하면 떠오르는 연상 이미지는 2020년에 인공지능(AI), 데이터, 로봇 등이었고, 2021년은 메타버스, 플랫폼, 헬스케어, 경제 등이었다.[2]

사실 크라우스 슈밥(Klaus Schwab)에 의해 제시된 '제4차 산업혁명'(the Fourth Industrial Revolution) 개념은 2016년 2월 스위스 다보스에서 열린 '세계경제포럼'(WEF)을 통해 전 세계 나비효과와 같이 급속히 영향을 미치고 있다.[3]

---

1   Linda Hantrais, Allin P, Kritikos M. et al. "Covid-19 and the digital revolution. Contemporary Social Science," *Journal of the Academy of Social Sciences* 16/2 (2021): 256-70; "코로나 이후 시대, 제4차 산업혁명으로 촉발된 디지털 전환은 어떻게 진행되고 있나?" <https://eiec.kdi.re.kr/policy/materialView.do?num=218758>.

2   "제4차 산업혁명 체감도, 코로나 사태 전 52퍼센트→후 73퍼센트," <https://www.yna.co.kr/view/AKR20220106087900017>.

3   제4차 산업혁명을 주제로 한 세계경제포럼(WEF)의 취지와 도전과 기회, 영향력, 전망 등에 관해서는 Klaus Schwab, "The Fourth Industrial Revolution: what it means, how

특히, 인공지능 알파고(AlphaGo)와 이세돌 9단의 바둑 대결을 계기로 한국 사회 안에 새로운 메가트랜드(Megatrend)의 파도가 거세게 몰아치고 있으며, 최근 챗GPT(ChatGPT)의 열풍을 통해 인공지능 혁명(Artificial Intelligence Revolution, 이하 AIR)이 실생활 안에서 시작되고 있다.

새로운 물리학, 디지털, 생물학 기술 융합과 발전을 통해 등장한 인공지능, 로봇공학, 나노기술과 사물인터넷(IoT), 자율주행자동차, 3D 프린팅, 블록체인, 인체 장기 칩, 광유전학, 가상현실(VR), 증강현실(AR), 혼합현실(MR) 등은 인류의 삶 가운데 제4차 산업혁명이 먼 미래가 아닌 이미 시작된 현재임을 보여주고 있다.[4]

우리나라뿐 아니라 미국(산업 인터넷과 클라우드 중심의 플랫폼과 산업 재배치 전략), 일본(로봇 신전략과 산업 성장회복 전략), 중국(중국제조 2025와 예외적 산업화), 독일(인더스트리 4.0), 프랑스(새로운 산업 프랑스) 등 선진국은 앞다투어 제4차 산업혁명에 대한 국가적 준비에 박차를 가하고 있다.[5]

일부 학자는 이러한 제4차 산업혁명의 본격적인 티핑 포인트(tipping point)가 시작됨으로 사회 전 분야에 '빅뱅 파괴의 시대'가 열리고 있다고 전망하면서, 대한민국 운명과 미래를 바꾸는 핵심 키워드라고까지 주장한다.[6]

---

to respond," <https://www.weforum.org/agenda/2016/01/the-fourth-industrial-revolution-what-it-means-and-how-to-respond/>. 제4차 산업이라는 용어는 처음 등장한 개념은 아니며, Albert Carr가 *America's Last Chance* (Crawell, 1940)에서 최초 언급하였다. 이후 독일의 인더스트리 4.0(Industrie 4.0)으로부터 제4차 산업혁명이라는 용어가 촉발되었다고 볼 수 있다. Roland Berger, *The Fourth Industrial Revolution*, 김정희 역, 『제4차 산업혁명: 이미 와 있는 미래』 (서울: 다산3.0, 2017), 23.

4 Klaus Schwab, *The Fourth Industrial Revolution*, 송경진 역, 『제4차 산업혁명』 (서울: 새로운 현재, 2016), 36-53, 172-250; 박영숙, 제롬 글렌, 『세계미래보고서 2055』 (서울: 비즈니스북스, 2017), 53-82; Kevin Kelly, *The Inevitable*, 이한음 역, 『인에비터블』 (서울: 청림출판사, 2017).

5 하원규, 최남희, 『제4차 산업혁명』 (서울: 콘텐츠하다, 2016), 280. 주요 국가들의 제4차 산업혁명 접근 전략의 비교와 한국형 제4차 산업혁명 전략 제시를 위해서는 130-218, 279-86을 참조하라. 또한, Berger, 『제4차 산업혁명: 이미 와 있는 미래』, 63-71도 참고하라.

6 차두원 외 공저, 『제4차 산업혁명과 빅뱅파괴의 시대』 (서울: 한스미디어, 2017), 16-

이러한 흐름 속에서 최근에는 국가, 기업과 경영, 교육, 정치, 법, 문화계, 군사 등 거의 모든 사회 전반의 관련 연구자들은 제4차 산업혁명, AI 시대에 관한 열띤 연구와 전략적 프레임워크를 통해 미래 사회를 향한 항해의 닻을 높이 올리고 있다.

최근 급속히 바뀌고 있는 연구 지형은 이미 한국 사회 전반에 제4차 산업혁명이 거대 담론으로 진행되고 있다는 것을 보여준다.[7] 이에 편승하여 최근 국내 다양한 전문가들의 의견을 모은 제4차 산업혁명과 국가적, 사회적 대응과 전략에 대한 저술들이 봇물 터지듯 출간되고 있다.[8]

분명 글로벌 문명 사회의 새로운 '문화적 르네상스'를 도래하게 할 수도 있는 제4차 산업혁명, AI 시대의 거대한 도전의 파도 앞에서 제4차 산업혁명이 가져올 사회 전반의 급격한 변화에 효과적으로 대응하기 위한 다층적인 이해와 보편적인 담론의 부족함을 인식하면서, 한국 사회와 교회는 미래에 대한 공동의 책임 의식을 가지고 포괄적인 분석과 대안적 모

20; 하원규, 최남희, 『제4차 산업혁명』, 220-40.

[7] 제4차 산업혁명 및 인공지능(AI)과 관련된 학술논문 검색(KISS)에는 약 천 개 이상이다. 다른 검색(RISS)에는 국내학술지논문 약 2,788편, 단행본은 약 3,193권이 나온다. 다양한 사회 영역에 인공지능과 관련한 논문들이 최근 폭발적으로 증가하고 있다는 것을 알 수 있다. 진상기와 박영원은 제4차 산업혁명에 관한 빅데이터 조사와 전문가 50명의 계층분석(AHP)을 통해 이들의 접근 방식이 다른 가치와 우선순위에 따라 산업적 측면, 기술적 측면, 사회적 측면, 법제적 측면 순으로 전개됨을 밝히고 있다. 진상기, 박영원, "제4차 산업혁명의 미래전략체계에 관한 연구," 한국지역정보학회, 한국지역정보학회지, 제20권 3호 (2017): 31-58을 참조하라.

[8] 차두원 외 공저, 『제4차 산업혁명과 퓨쳐노믹스』 (서울: 한스미디어, 2017); 이재홍, 『제4차 산업혁명 시대 대한민국의 기회』 (메디치미디어, 2017); 이종호, 『제4차 산업혁명과 미래 직업』 (북카라반, 2017); 김희철, 『제4차 산업혁명의 실체』 (북랩, 2017); 장재준 외 17인, 『제4차 산업혁명 나는 무엇을 준비할 것인가』 (한빛비즈, 2017); 이인식, 『제4차 산업혁명은 없다』 (서울: 살림, 2017); 이경주, 『제4차 산업혁명, 앞으로 5년』 (서울: 마리북스, 2016); 박한구 외 저, 『제4차 산업혁명, 새로운 제조업의 시대 : 스마트 공장, 이렇게 구축하라!』 (서울: 호이테북스, 2017); 최연구, 『제4차 산업혁명 시대 문화경제의 힘』 (서울: 중앙경제평론사, 2017).

색이 필요하다.[9]

그런데도, 인문학적 깊은 담론 형성과 사회 구성원들의 성찰과 합의가 없는 상태로 한국 사회 안에는 이미 제4차 산업혁명에 대한 무비판적 수용과 발전이라는 기조가 대세를 이루면서 빠르게 진영을 구축하고 있는 형국이다. 이런 상황에서 기독교 내 소수의 학자만이 기독교적 관점에서 제4차 산업혁명에 관한 연구와 견해들을 내놓고 있으며, 아직 실천신학 담론 형성과 목회적 관점의 접근과 설교학적 고찰은 요원한 실정이다.[10]

따라서 포스트 코로나 시대로 가속화되고 있는 제4차 산업혁명에 관해 발표된 연구들에 대한 냉철한 분석을 통해 그 성과와 한계를 파악하고 기독교 안에 개혁 신학에 근거한 논의들이 시급히 필요한 상황이다.

또한, 한국 교회는 제4차 산업혁명에 관해 무조건 배척하거나 무비판적으로 수용하는 양극단을 배격해야 하며 제4차 산업혁명에 대한 입체적인 인문학적 이해와 학자들의 성찰에 대한 기독교적 조망과 객관적인 평가가 더욱 다각도로 제시되어야 할 것이다.

이런 상황을 간파하면서, 제4차 산업혁명에 관해 최근에 발표된 인문학자들의 문제 제기와 담론을 기독교 실천신학의 용광로에 통과시키는 작업이 필요하다. 그러나 제4차 산업혁명에 관한 기독교학자들의 연구는 아직 부족한 상황이며, 실천신학과 설교적 연구 접근은 아직 미미한 상황이다.

9　Schwab, 『제4차 산업혁명』, 27-28, 258-59.
10　김동환, "AI(인공지능)에 대한 신학적 담론의 형성 및 방향 모색," 한신신학연구소, 『신학연구』 68 (2016): 35-60; 김기석, "인공지능과 신학적 인간학," 2016년 한국기독교교육학회 추계학술대회 미간행물; 김광연, "트랜스휴머니즘과 인간 양식의 변화에 나타난 윤리적 문제들: 인공지능 시대에 삶의 미정성과 유한성이 주는 가치," 한국개혁 신학회, 『한국개혁 신학』 54 (2017): 135-64; 이상원, "기독교적 인간관과 인공지능," 기독교학술동역회, 『월드뷰』 30 (2017): 29-32; 김병석, "인공지능(AI) 시대, 교회공동체 성립요건연구: 예배와 설교가능성을 중심으로," 복음주의실천신학회, 『복음과 실천신학』 40 (2016): 9-41.

따라서 필자는 이러한 인문학적 성찰이 공통으로 제기하고 있는 문제와 핵심 이슈들에 관해 기독교 실천신학의 관점에서 조망을 시도해 보고자 한다. 이를 통해 한국 교회와 설교자들이 제4차 산업혁명 폭풍의 파도 속에서 진리의 등대와 사명의 나침반 역할을 감당해야 함을 역설하고자 한다.

한 가지 미리 밝힐 것은 제4차 산업혁명과 관련된 과학 기술자가 아닌 실천신학자로서 각론적인 분석보다는 제4차 산업혁명 담론이라는 큰 틀에서 학자들의 견해들을 분석하고 종합하는 수준에서 논의한 후 포괄적인 실천신학적 대응 방향을 제시하고자 한다.

핵심 질문은 '제4차 산업혁명의 객관적인 실체가 무엇이며, 제4차 산업혁명 담론이 노정시키고 있는 주요 인문학적 쟁점들은 어떤 것이며, 마지막으로 실천신학적 대응 방향은 무엇인가'이다.

따라서 제1장의 중심 목적은 제4차 산업혁명에 대한 공시적 고찰을 통해 핵심 개념(실체)을 파악하고, 통시적 고찰을 통해 산업혁명의 역사 관점에서 제4차 산업혁명을 입체적으로 이해한 다음, 제4차 산업혁명의 핵심인 인공지능(AI)의 핵심과 발전 단계, 주요 전망을 제시하는 것이다.

1. 제4차 산업혁명에 대한 공시적 고찰: 정의, 핵심 개념(실체)

제4차 산업혁명 담론에 대한 정의를 내리기 어려운 이유는 이 개념의 주창자라고 할 수 있는 슈밥조차도 제4차 산업혁명에 대한 정의와 개념적 근거를 명확히 규정하지 않고 주요 특징들을 제시하는 차원에 머무르고 있기 때문이다. 즉, 슈밥은 디지털 혁명의 연결성 속에서 21세기에 출현한 제4차 산업혁명은 유비쿼터스 모바일 인터넷과 작고 강력해진 센서, 인공지능과 기계학습, 물리학, 디지털, 생물학 분야의 기술 결합을 통한 자원 활용과 효율을 극대화하는 것이 가장 큰 특징으로 보았다.

슈밥은 제4차 산업혁명을 이끌 열두 가지 선도 기술을 물리학 기술 분야의 무인 운송 수단, 3D 프린팅, 첨단 로봇공학, 신소재, 디지털 기술 분야의 사물 인터넷/원격 모니터링 기술, 블록체인/비트코인, 공유 경제, 생물학 기술 분야의 유전공학, 합성 생물학, 바이오 프린팅으로 제시한다.[11]

롤랜드 버거(Roland Berger)도 제4차 산업혁명이라는 용어가 독일의 인더스트리 4.0(Industrie 4.0)에서 시작되었다고 말하면서, 명확한 정의 대신에 가상 물리 시스템(CPS), 지능형 로봇과 기계, 빅데이터, 연결성의 새로운 특성, 에너지 효율성과 분산, 가상 산업화, 팩토리 4.0과 같은 주요 특징만을 제시한다.[12]

하원규, 김남희는 제4차 산업혁명의 핵심 특징은 "초연결성(hyper-connectivity)과 초지능성(hyper-intelligence)에 있다"고 보았다. 제4차 산업혁명을 세 가지 단어로 요약하면, 초융합, 초연결, 초지능 시대라 할 수 있다.

따라서 필자가 제4차 산업혁명에 대한 전문가들의 의견을 정리해서 정의를 내려 보면 다음과 같다.

제4차 산업혁명은 제3차 산업혁명을 기반으로 유전학, 나노기술, 인공지능과 빅데이터(bigdata) 기술, 사물 인터넷(IoT, Internet of Things) 및 만물 인터넷(IoE, Internet of Everything) 기술, 정보와 뇌/인지 과학 기술의 융합, '가상성과 물리성의 융합'을 통해 첨단 테크놀로지 디지털 혁명과 '초연결 기반의 지능화 혁명'을 이루어 가상세계와 현실세계, 사람과 정보와 환경이 상호 연결되는 사이버 물리 시스템 구축함으로 글로벌 사회/경제의

---

[11] Schwab, 『제4차 산업혁명』, 25, 36-50, 109. 부록에는 좀 더 세분화하여 제4차 산업혁명을 선도할 스물세 가지 기술들을 소개한다.

[12] Berger, 『제4차 산업혁명: 이미 와 있는 미래』, 23-27.

전반 구조를 급속도로 혁신하는 과정이라고 볼 수 있다.[13]

다른 측면에서 볼 때, 제4차 산업혁명 담론의 실체는 다름 아닌 '인공지능'(AI)이라고 보는 견해도 있다.[14]

그러나 아직 제4차 산업혁명에 대한 본질적 실체 확인과 객관적이며 기술 발전사적 평가가 아직 이루어지지 않은 상황을 고려할 때, 그 결과를 미리 예단하면서 이를 '혁명'(Revolution)이라고 명명하는 것 자체가 정당한 것인지, 또는 제4차 산업혁명의 프레임에 갇히는 것은 아닌지에 대한 근본적인 의문을 제기할 필요가 있다.[15]

그 이유는 다음과 같다.

첫째, 제4차 산업혁명에 대한 명확한 정의가 아직 명확하게 통일되고 정립되지 않은 상황이기에 개념적 적실성에 대한 의문이 제기될 수 있다. 이미 제4차 산업과 유사한 개념이 여러 유형으로 존재해 왔으며, 제4차 산업혁명은 아직 도래하지 않았거나 매우 초기 단계에 불과하기에 작업 가설적 차원의 상징적인 용어라고 볼 수 있다.[16]

13　Klaus Schwab 외 26인, *The Fourth Industrial Revolution*, 김진희, 손용수, 최시영 역, 『제4차 산업혁명의 충격』(서울: 흐름출판, 2016), 17-18; 하원규, 최남희, 『제4차 산업혁명』, 6; 김남희, "제4차 산업혁명 시대의 종교교육 방향과 필요성," 한국종교교육학회, 「종교교육학연구」 54 (2017): 5; 이선영, "제4차 산업혁명 시대의 교육심리학," 안암교육학회, 「한국교육학연구」 23 (2017): 231-60, 232; 과학기술정책연구원 미래연구센터, 『미래는 더 나아질 것인가』(서울: 알에이치 코리아, 2016), 14; 차두원 외 공저, 『제4차 산업혁명과 빅뱅파괴의 시대』, 14.
14　이종호, 『로봇, 인간을 꿈꾸다』, (서울: 문화유람, 2007), 101-03; 김희철, 『제4차 산업혁명의 실체』, 31-32, 94-102.
15　박문수, "제4차 산업혁명 담론의 실상과 허상," 우리신학연구소, 「가톨릭 평론」 10 (2017): 17; 차두원 외 공저, 『제4차 산업혁명과 빅뱅 파괴의 시대』, 28; 김희철, 『제4차 산업혁명의 실체』, 35-36.
16　한국포스트-휴먼연구소, 『제4차 산업혁명과 새로운 사회윤리』(서울: 아카넷, 2017), 102-03; 송성수, "역사에서 배우는 산업혁명론: 제4차 산업혁명과 관련하여," *STEPI Insight* 207 (2017): 6.

둘째, 제4차 산업혁명이라는 용어와 유사한 산업의 패러다임 전환에 대한 이슈는 지속되어 왔고, 그 주요 기술들도 이미 존재하고 발전되어 왔던 기술이라고 보는 견해도 있다.

또한, 제3차 산업혁명과 연속선상에 있고, 제3차 혁명에 대한 학문적 정의도 아직 명확하게 정립되지 않은 상황에서 제4차 혁명 개념이 등장함으로 인해 서로 연결된 개념인지 독립적인지도 불분명하다.[17]

한편, 제레미 리프킨(Jeremy Rifkin)은 디지털 혁명으로 불리는 제3차 산업혁명의 발전이 아직 정점에 이르지 않았기에 종료를 선언하는 것은 시기상조라고 지적하였다. 리프킨은 새로운 소통 기술과 에너지 시스템이 결합할 때 세상의 혁명이 일어나며, 인터넷 기술과 재생할 수 있는 에너지를 기반으로 한 산업 체제로의 전환이 제3차 산업혁명이라고 보았다.[18]

셋째, 독일의 인더스트리 4.0(생산 기술혁신 주도론)과 일본(IT 혁신 기술 주도론) 등에서 제기되는 방향과 슈밥의 '과학 기술 융합 주도론' 입장의 제4차 산업혁명 방향은 개념적 차이가 존재한다.

독일의 인더스트리 4.0에서 제4차 산업혁명이 촉발되긴 했으나, 제조 기술 혁신이 핵심인 인더스트리 4.0의 협의적 패러다임을 사회 전체를 포괄하는 제4차 산업혁명에 대한 광의적 패러다임으로 확장한 측면이 있다.[19]

넷째, 지난 산업혁명의 발전 속도가 여러 세대에 걸쳐 점진적으로 진행되며 수 없는 수정(보완)과 개선 과정을 거치면서 당대가 아닌 후대에서

---

17 차두원 외 공저, 『제4차 산업혁명과 빅뱅파괴의 시대』, 11-12.
18 Jeremy Rifkin, "The 2016 World Economic Forum Misfires With Its Fourth Industrial Revolution Theme," <https://www.huffingtonpost.com/jeremy-rifkin/the-2016-world-economic-f_b_8975326.html>; Jeremy Rifkin, *The Third Industrial Revolution*, 안진환 역, 『제3차 산업혁명』 (서울: 민음사, 2012)을 참조하라.
19 Berger, 『제4차 산업혁명: 이미 와 있는 미래』, 23; 김희철, 『제4차 산업혁명의 실체』, 48-55.

산업혁명으로 인정된 것이기에 아직 산업혁명으로 규정하기는 어렵다.

제4차 산업혁명의 담론은 현재가 아닌 아직 불충분한 이론적 토대 위에 미래적 예측과 전망에 근거한 것이며, 발전 속도(지난 산업혁명에 비해 매우 빠른 속도임을 인정하면서도)에 대해 너무 조급하게 수용하기는 다소 무리가 있기 때문이다.[20]

세계 최고의 미래학자라고 불리우는 더퓨처리스트인스티튜트(The Futurist Institute)의 대표 제이슨 셍커(Jason Schenker)는 팬데믹 전에 진행되고 있던 제4차 산업혁명이 코로나 시기를 지나면서 본격적으로 정착되고 있다고 본다.[21] 그러므로 냉철한 시각에서 본다면, 크리스티안 슈밥이 주창한 제4차 산업혁명 개념(용어)에 대해 다양한 영역의 학자들은 아직 부정적인 입장을 견지하고 있다고 볼 수 있다.

그러나 본서에서는 이러한 문제 제기를 어느 정도 수용하면서도, 제4차 산업혁명이라는 가설적 용어를 편의상 사용하여 논지를 전개하고자 한다.

2. 통시적 고찰: 산업혁명의 역사와 제4차 산업혁명

이러한 점을 감안하면서, 제4차 산업혁명을 입체적으로 이해하기 위해서는 먼저 인류의 역사의 흐름 가운데 이전 산업혁명들과의 역사적 함의와 연속성 속에서 매우 신중하게 조망하고 성찰하는 것이 필요하다.

---

20 김희철, 『제4차 산업혁명의 실체』, 55-57. 김희철은 슈밥이 제시한 제4차 산업혁명은 근거가 모호하며, 제4차 산업혁명에 대한 기존 담론은 실체와 거리가 멀다고 주장할 정도다. 따라서 제4차 산업혁명의 실체를 바로 파악하고, 그 계시록적 담론과 전개양상을 간파한 다음 대응 방향을 바르게 잡아야 한다고 역설한다.

21 "미래학자 셍커, '한국은 '기술의 미래' 볼 수 있는 국가'…ICT와 AI 기술 가능성 보여," <https://www.aitimes.com/news/articleView.html?idxno=134401>.

즉, 제4차 산업혁명의 정체성은 이전의 산업혁명과의 역사적 연속성 가운데 이해할 필요가 있다.

다시 말해, 증기기관, 수력발전, 운송 수단의 변화(철도), 기계화를 통한 공장 제조업(면직공업, 제철산업, 기계공업 등), 인쇄술의 발전으로 발생한 제1차 산업혁명(1760-1840년경), 전기를 통한 조립라인과 대량생산, 내연기관, 토목과 건설업, 통신술(전화와 라디오)의 발전을 가져온 제2차 산업혁명(1870-1920년경), 컴퓨터와 인터넷, IT 기술, 자동화에 의한 제3차 산업혁명(1960-1990년경), 제3차 산업혁명의 연장선에서 AI, 빅데이터, 사물인터넷, 나노 기술과 유전학이라는 새로운 기술 융합을 통해 일어난 차원으로 제4차 산업혁명을 접근해야한다.[22]

정보경제학 분야의 세계적인 권위자로서 MIT 디지털비즈니스센터 교수인 에릭 브린욜프슨(Erik Brynjolfsson)과 앤드루 맥아피(Andrew McAfee)는 기술 혁신을 통해 인류 역사상 가장 급격한 변화의 계기가 된 제1차와 제2차 산업혁명을 '제1의 기계시대'로 보았고, 디지털 기술과 AI 기술을 통한 제3차와 제4차 산업혁명은 '제2의 기계시대'(The Second Machine Age)로 분류하였다.

증기기관의 발전으로 인간의 육체적 능력을 강화했던 지난 산업혁명의 시대가 '제1의 기계시대'라면, 정보 기술의 발전으로 인간의 정신적 능력을 강화하는 것이 '제2의 기계시대'라고 할 수 있다.[23]

---

22 차두원 외 공저, 『제4차 산업혁명과 빅뱅파괴의 시대』, 14-15; 제4차 산업혁명연구원, 『이것이 제4차 산업혁명이다』, (서울: 매일경제신문사, 2017), 121-209; 박문수, "제4차 산업혁명 담론의 실상과 허상," 13. 지난 산업혁명에 대한 상세한 고찰을 위해서는 송성수, "역사에서 배우는 산업혁명론: 제4차 산업혁명과 관련하여," 1-29와 김희철, 『제4차 산업혁명의 실체』, 16-33을 참조하라. 호모 사피엔스의 '인지 혁명'부터 제1-제3차 산업혁명의 인류사적 흐름을 위해서는 한국포스트-휴먼연구소, 『제4차 산업혁명과 새로운 사회윤리』, (서울: 아카넷, 2017), 25-34를 참조하라.

23 Erik Brynjolfsson and Andrew McAfee, *The Second Machine Age*, 이한음 역, 『제2의 기계시대』(서울: 청림출판, 2014), 10-13.

제3차 산업혁명은 인간의 물리적 노동이 기계에 의해 거의 대체되는 시대가 도래하게 하였고, 인공지능이 주도하는 제4차 산업혁명은 인간의 물리적 노동뿐 아니라 인간 고유의 능력으로 인식되어온 인지와 평가 능력까지 기계에 의해 대체되는 시대를 열어가고 있다.[24]

제3차 산업혁명을 저술한 제러미 리프킨이 기술결정론의 관점[25]에서 '협력적 공유 사회'를 낙관적으로 전망하지만, 브린욜프슨과 맥아피가 주장하는 제2의 기계시대는 자본과 기술을 소유한 소수층 사람에게 부가 더 집중되면서 다수의 빈곤층과 부의 양극화와 불평등을 심화시키는 결과를 가져오게 되며, 인공지능(기계)과 공존해야 하는 인간의 실존을 고민하게 되는 시대이다.

그러나 제4차 산업혁명은 제1차-제3차 산업혁명과 비교할 때 차원이 다른 속도(velocity), 범위와 깊이(breadth and depth), 과학 기술을 넘어 사회 전반의 변화와 시스템 충격(system impact), 획기적이며 글로벌 영향력을 가진 기업의 등장, 인간에게 서로가 필요하지 않은 점 등의 '불연속적인' 특성도 있다고 볼 수 있다.[26]

이러한 산업혁명의 통시적 조망을 통해 새로운 산업혁명의 시대와 포스트-휴먼 사회의 도래에 대한 매우 포괄적인 성찰이 절실히 요청되는 시점이다. 제4차 산업혁명은 단순한 기술발전의 차원이 아니라 가치와 사상을 내포한 혁명이다.

그렇다면, 제4차 산업혁명, AI 시대에 대한 정부와 사회의 대응은 어떠한지 냉철히 평가할 필요가 있다. 제4차 산업혁명에 대한 국가와 사회의

---

24 "프레카리아트 양산 시대 생존전략," <"https://www.hankyung.com/thepen/lifeist/article/202103231828Q">.
25 "프레카리아트 양산 시대 생존전략," <https://www.hankyung.com/thepen/lifeist/article/202103231828Q>
26 Schwab, 『제4차 산업혁명』, 12-13; 박문수, "제4차 산업혁명 담론의 실상과 허상," 14-15; 과학기술정책연구원 미래연구센터, 『미래는 더 나아질 것인가?』, 18-19.

기조 정립은 대응 방향을 결정하는 플랫폼 역할을 할 수밖에 없기에 매우 중차대한 의미가 있다.²⁷

대한민국 정부는 제4차 산업혁명에 대한 긍정적인 방향으로 열다섯 개 영역의 국가전략 융합 기술에 관심을 가지고,²⁸ 대통령 직속 제4차 산업혁명 위원회를 중심으로 국가 차원에서 힘을 쏟고자 하였다. 전체적으로 제4차 산업혁명에 대한 긍정적인 방향을 가지고 '경제 성장과 사회구조적 문제'를 동시에 해결한다는 목적으로 가지고 사람 중심의 대응 계획을 세워나가고자 하였다.²⁹ 그러나 제4차 산업혁명에 대한 인문학적, 철학적, 신학적 담론과 가치를 담은 방향과 내용은 거의 담지 않았다.

진상기와 박영원의 지적처럼, 정부는 제4차 산업혁명에 대해 '상징적 순응형태'로 동조했지만, 제도주의 관점에서는 '상징적 회피 전략'을 보이며 제4차 산업혁명의 개념에 대한 합당한 재정의의 부재와 민관학의 상호 협력적, 자율적인 협업 조직의 부재로 인한 한계에 봉착하게 되었다.³⁰

전문가들의 비평적 견해가 결여된 채, 제4차 산업혁명에 대해 정부는 슈밥의 주장, 독일과 일본 등 선진국의 제4차 산업혁명 방향을 '빠른 추종자'(fast follower)의 전형을 답습하여 거의 그대로 수용하면서 정책을 제시하였다. '지능 정보 기술'을 핵심기조로 삼은 정부의 방향은 자칫 정책적 혼란과 불신을 야기할 수 있다.³¹

---

27 차두원 외 공저, 『제4차 산업혁명과 퓨쳐노믹스』. 한국의 21 명 학자들이 제4차 산업혁명의 실행 전략을 분야별로 제시한다.
28 국제미래학회, 『대한민국 미래보고서』, (서울: 교보문고, 2015), 73.
29 대통령직속 제4차 산업혁명 위원회, "제4차 산업혁명 대응을 위한 기본 정책방향," 1-9. <https://www.4th-ir.go.kr/>; 대통령직속 제4차 산업혁명 위원회, "혁신성장을 위한 사람 중심의 제4차 산업혁명 대응 계획," 1-59. <https://www.4th-ir.go.kr/>.
30 제4차 산업혁명에 대한 정부 정책과 대응의 상세한 비평과 대안을 위해서는 진상기, 박영원, "제도주의관점에서의 제4차 산업혁명 대응," GRI 연구논총 특별호 & 제19권 제3호 (2017): 467-95; 차두원 외 공저, 『제4차 산업혁명과 빅뱅파괴의 시대』, 21-26.
31 김희철, 『제4차 산업혁명의 실체』, 272-82.

2022년 조사에 의하면, 국민의 10명 중 8명(83.7퍼센트)은 제4차 산업혁명을 선도해 나가기 위해 정부는 장기적 안목과 희망을 품고 대응해야 안정성과 완성도를 높일 수 있다는 응답을 했으며, 가장 먼저 추진해야 하는 지원정책으로는 '교육·훈련 및 컨설팅'(73.7퍼센트)이라고 대답했다.[32]

2023년 현재, 코로나의 범유행 이후 제4차 산업혁명이 가속화되고 있는 상황에 대안을 제시하고 기능이 본격적으로 강화되어야 할 시점에서 정부의 제4차산업혁명위원회는 폐지되고 만다.[33]

역사적인 흐름을 살펴 볼 때 산업혁명은 산업과 기술의 차원으로만 오지 않고, 가치와 이념의 변화도 같이 사회에 스며들어왔다는 것을 알 수 있다. 제4차 산업혁명도 과학기술적 차원만이 아닌 기저에 흐르고 있는 가치와 사상이 같이 온다는 것을 알 수 있다.

예를 들어, 제4차 산업혁명과 AI에 관한 <스탠포드 보고서>와 <백악관 보고서>는 각기 다른 사상과 가치를 함의하고 있다.[34] 전자는 기술결정론 관점인데 반해 후자는 기술 결정론 비판적 입장으로 정책과 제도의 필요성에 무게 중심을 둔 보고서라고 할 수 있다.

한편, 제4차 산업혁명에 대한 대한민국 국가의 기조는 제4차 산업혁명에 대한 총체적인 숙고와 비판적 성찰, 한국적 상황화가 결여된 채 제시되는 전략들은 기술결정론 가치를 담은 <스탠포드 보고서>와 유사하며, 몰역사적 경향이 내포되어 있다고 볼 수 있다.

---

32 국민 73퍼센트 "제4차 산업혁명 체감" <https://www.koit.co.kr/news/articleView.html?idxno=92558>.
33 "文의 제4차 산업혁명 위 결국 폐지 결정..국가 디지털혁신엔 가속페달," <https://news.mt.co.kr/mtview.php?no=2022071517260121218>.
34 "One Hundred Year Study on Artificial Intelligence: AI100", <https://ai100.stanford.edu/2016-report>; 백악관 대통령실, "인공지능, 자동화, 그리고 경제", 조영신 역 (2016.12, version 0.8).

예를 들어, 제4차 산업과 AI 혁명에 대해 기술융합형 인간을 말하면서도 어떤 융합이어야 하는지 방향이 없다는 점, 일자리 축소와 같은 협소한 문제를 지나치게 부각하는 점, 교육과 대학이 비판적 성찰 없이 대세를 따라 제4차 산업혁명에 맞추어 구조를 전면적으로 개편해야 한다고 태도 등에 대해서는 비판적 성찰이 필요하다.[35]

제4차 산업혁명을 지배하는 핵심 가치와 담론은 이와 관련된 각종 사회의 변화 속에서 이해관계와 연결되기 때문에 한국 정부와 사회가 균형 잡힌 인문학적 담론과 고찰, 사회적 공론화 과정을 거친 후에 미래 방향을 신중히 설정해야 한다.

3. 코로나19 이후 가속화되는 제4차 산업혁명의 핵심은 인공지능 혁명 (AIR)

제4차 산업혁명은 '인공지능'(Artificial Intelligence)을 통해 그 시대의 막이 올랐다고 볼 수 있기에 간단히 말해 제4차 산업혁명은 곧 AI 혁명으로 규정할 수 있다.[36]

김희철은 "제4차 산업혁명의 실체는 경제적 알고리즘을 가능하게 하는 기술인 'AI가 주도하는 스마트화"라고 단언하면서, 사회 전반에 변화를 초래하는 "산업혁명 수준의 생산성 향상의 유력한 옵션은 AI"이기에 제4차 산업혁명은 곧 AI 혁명이라고 말한다.[37]

---

35 반성택, "산업혁명을 바라보는 인문학의 눈," 한국해석학회, 「현대유럽철학연구」 46 (2017): 299-306.
36 박영숙, 제롬 글렌, 『세계미래보고서 2055』, 113; Schwab, 『제4차 산업혁명』, 25; 박영숙, 벤 고르첼, 『인공지능 혁명』, (서울: 더블북, 2016); 인공지능이 제4차 산업혁명의 '게임 체인저'라 부르기도 한다. 『제4차 산업혁명』, 271-78.
37 김희철, 『제4차 산업혁명의 실체』, 31-32, 94-102.

제4차 산업혁명의 세 가지 핵심 축, 즉 AI와 만물 인터넷의 융합을 통한 '초연결성 확보', AI와 사이버 물리 시스템(Cyber Physical System, CPS)의 융합을 통해 '디지털 세계의 기능화', AI와 빅데이터와의 융합을 통해 '초지능화 시스템의 사회적 적용'은 만물 혁명을 향해 나아가고자 한다.[38]

전 세계를 혼동의 소용돌이에 몰아넣고 있는 코로나19(COVID-19) 팬데믹 이후, 제4차 산업혁명, 특히 AI 혁명(AIR)이 사회 전반에 걸쳐 더욱 가속화될 것으로 전망되고 있다.[39]

이런 맥락에서 포스트 코로나 시대를 준비하기 위한 여러 방향 가운데 하나로서, 본서는 코로나19 이후 사회와 교회 가운데 급속도로 진행될 AI 혁명의 폭풍을 교회가 어떻게 이해하고 대응해야 할 것인가에 초점을 맞추고자 한다.

본서는 AI 혁명에 대한 교회의 대응과 목회자의 응전은 수동적 반응이 아닌 성경적 실천신학의 관점에서 선제적인 대응이어야 한다는 전제에서 출발하고자 한다.[40]

이런 점에서 학자들의 AI에 관한 연구가 최근 한국 학계에서 활발하게 진행되고 있는 점은 고무적이다.[41] 그러나 AI에 대한 기독교 실천신학적

---

38 하원규, 최남희, 『제4차 산업혁명』, 15-18.
39 Gordon Watts, "Covid-19 will accelerate march of the robots," <https://asiatimes.com/2020/06/covid-19-will-accelerate-march-of-the-robots/>; Sanjeev Khagram and Nicholas Davis, "How the coronavirus pandemic accelerates the 4th Industrial Revolution," <newswise.com/coronavirus/how-coronavirus-pandemic-accelerates-the-technology-of-the-4th-industrial-revolution-https-eiuperspectives-economist-comfinancial-serviceswhy-coronavirus-will-accelerate-fourth-industrial-revolution-4ir/?article_id=730580>.
40 The Ethics and Religious Liberty Commission (ERLC), "Artificial Intelligence: An Evangelical Statement of Principles," 1. <https://erlc.com/resource-library/statements/artificial-intelligence-an-evangelical-statement-of-principles>.
41 AI 연구와 관련하여, 학술논문은 최근 2-3년 동안 다양한 사회 영역에 AI와 관련한 논문들이 최근 급속히 증가하고 있다는 것을 알 수 있다. KISS 검색에 따르면, 국내 학술지 논문은 559개, 기독교 관련 논문은 십여 편 정도이다. 그러나 이러한 AIR에 관한

조망이 시급히 필요한 시점이다.

기독교 내 소수의 학자만이 기독교적 관점에서 AI 혁명에 대한 연구와 견해들을 내놓고 있으며,[42] 아직 실천신학적 논의와 설교적 관점의 접근과 설교학적 고찰은 요원한 실정이다.

따라서 본 장에서 AI의 핵심 개념과 발전 단계를 먼저 살펴보고, AI 혁명에 대한 미래적 조망을 그려보고자 한다.

4. AI의 핵심과 발전 단계

1) AI의 주요 개념과 역사

제4차 산업혁명은 '인공지능(AI)으로 시대의 막이 올랐다'고 볼 수 있기에 제4차 산업혁명은 곧 AI 혁명으로 말하기도 한다.[43] 이미 로봇에 관

　　기독교 신학적 연구가 시급히 요청됨에도 불구하고, 여전히 실천신학적인 연구는 미진한 상황이라고 할 수 있다.

[42]　김동환, "AI(인공지능)에 대한 신학적 담론의 형성 및 방향 모색," 한신신학연구소, 「신학연구」 68 (2016): 35-60; 김기석, "인공지능과 신학적 인간학," 2016년 한국기독교교육학회 추계학술대회 미간행물; 김광연, "트랜스휴머니즘과 인간 양식의 변화에 나타난 윤리적 문제들: 인공지능 시대에 삶의 미정성과 유한성이 주는 가치," 한국개혁 신학회, 「한국개혁 신학」 54 (2017): 135-64; 이상원, "기독교적 인간관과 인공지능," 기독교학술동역회, 「월드뷰」 30 (2017): 29-32; 김병석, "인공지능(AI) 시대, 교회 공동체 성립요건연구: 예배와 설교가능성을 중심으로," 복음주의실천신학회, 「복음과 실천신학」 40 (2016): 9-41; 유경동, "인공지능과 기독교윤리: 신학적 인간학의 관점에서," 한세대학교 영산신학연구소, 「영산신학저널」 48 (2019): 87-116; 권문상, "제4차 산업혁명 시대와 기독교 인간론: 인공지능을 이기는 공동체적 인간성," 한국복음주의 조직신학회, 「조직신학연구」 30 (2018): 112-47. 이경건, "'하나님의 형상의 형상'(Imago Imaginis Dei)으로서의 인공지능 이해: 기독론적 인간론의 관점에서," 기독교학문연구회, 「신앙과 학문」 23 (2018): 139-78.

[43]　Lasse Rouhiainen, *Artificial Intelligence: 101 Things You Must Know Today About Our Future* (Amazon Kindle Edition, 2018), 17-20; Klaus Schwab, *The Fourth Industrial Revo-*

한 연구는 오래전부터 진행됐다.

'로봇'(robot)이라는 개념도 체코의 희곡작가 카렐 카펙(Karel Capek)의 희곡 <로섬의 인조인간>(*Rossum's Universal Robots*)에서 처음 등장하였고, 이삭 아시모프(Isaac Asimov)가 '로보틱스'(robotics)라는 용어를 착안하였다. '로봇'은 체코어의 '일한다'(robota)에서 나온 말로서 '작업자'란 의미로 해석될 수 있다. 카펙의 소설에 나타난 로봇에 대한 부정적 입장과 다르게 아시모프의 소설은 로봇을 긍정적으로 묘사한다.

아시모프가 1950년에 발표한 장편소설 『아이 로봇』(*I Robot*)에는 <로봇공학 3원칙>이 등장하는데 모든 로봇은 이 원칙을 핵심 원리로 삼아 제작되도록 로봇공학이 발전되었다는 설정이다. 그의 소설에도 로봇과 인간의 갈등 요소가 나타나기도 하지만 로봇공학 3원칙 때문에 큰 흐름은 로봇이 인간을 돕는다는 긍정적 입장을 견지한다.

그러나 AI라는 명칭은 1956년에 미국의 존 메카시(John McCarthy)의 '지능을 가진 기계들을 만드는 과학과 기술'이라는 개념에서 비롯되었고, 초기 단계의 AI 프로젝트가 시작되었다.[44]

---

lution. 송경진 역, 『제4차 산업혁명』 (서울: 새로운 현재, 2016), 25; 박영숙, 제롬 글렌, 『세계미래보고서 2055』, (서울: 비즈니스북스, 2017). 113; 박영숙, 벤 고르첼, 『인공지능 혁명』 (서울: 더블북, 2016). 제1차, 제2차, 제3차 산업혁명을 사회 전반에 불러일으키는 '범용기술'(General Purpose Technology)이 각각 증기기관, 전기, 디지털 기술이 듯이, 제4차 산업혁명의 범용기술은 다름 아닌 AI 혁명이라고 볼 수 있다. 김희철, 『제4차 산업혁명의 실체』, 31-32, 94-102.

[44] Erik Brynjolfsson and Andrew McAfee, *The Second Machine Age*, 이한음 역, 『제2의 기계시대』 (서울: 청림출판, 2014), 42; AI 유래에 대한 상세한 이해를 위해서는 Jerry Kaplan, *Humans Need Not Apply*, 신동숙 역, 『인간은 필요없다』 (서울: 한스미디어, 2016), 37-53을 참조하라. McCarthy의 AI에 대한 최초의 개념 정립과 설명에 대한 상세한 연구를 위해서는 김형주, "'인공지능'과 '인간지능' 개념에 대한 철학적 분석 시도," 「철학탐구」 43 (2016): 161-81. 김형주는 존 맥카시의 '인공지능'에 대한 정의, 설명을 분석하고 이로부터 도출된 결론을 칸트의 철학을 도구삼아 규정된 '인간지능'과 비교하여 양자 간의 유사점과 차이점을 밝히고 그 차이점의 원인을 찾고자 한다. 이를 위하여 그는 먼저 '인공지능'과 '지능', 그리고 칸트의 철학을 통해 조망된 '인간지능' 간의 개념적 연관성을 규명한 다음, 인공지능과 관련한 맥카시의 주장과 인간지능에 대한

이후 AI는 상승과 침체의 변곡점을 통과하면서 다양한 방향으로 발전하였고, 20세기 기술혁명을 주도한 핵(Nuclear), 생물(Biological), 화학(Chemical)공학을 넘어 유전학(Genetics), 나노 기술(Nano technology), 로봇공학(Robotics), 정보 기술(Information Technology, IT)과 인지 과학(Cognitive Science)을 통해 21세기에 비약적으로 발전하게 된 것으로 볼 수 있다.[45]

그러나 AI 기술의 발전의 흐름 가운데 상승곡선만 있었던 것이 아니고 두 번 정도 침체기도 있었을 정도로 부침을 겪기도 하였다.[46]

아쉬운 점은, 아직 AI에 대한 명확한 이해에 근거하여 도출된 학문적 정의가 명확하지 않고, 제시된 정의들도 AI의 구성요소나 나타난 결과에 근거한 경우는 불명확성을 내포하고 있다는 것이다.

광의적으로 볼 때, AI는 "첨단 테크놀로지 기술의 융합을 통해 만물(사물) 인터넷, 빅데이터, 알고리즘, 머신러닝 등을 통한 AI 프로젝트 시스템의 산물로서, 인간의 무수한 두뇌 신경세포 메커니즘을 모방하여 지능처럼 사고하고 행동할 수 있도록 모방하여 만든 기계"라고 할 수 있다.[47]

칸트의 설명을 비교하여 인공지능과 인간지능의 유사점이 '지능을 사용한 문제 해결 능력, 판단 능력이라 논증한다. 나아가 김형주는 칸트의 선험적 관념론과 선험적 실재론의 구분을 살펴보고 양자가 논의되는 인식론적 전제가 차이가 있음을 규명하여, 양자의 차이점이 자기의식의 소유 여부라는 사실을 논증한다. 그러나 사태에 대한 판단은 자기의식 밖으로 나갈 수 없다는 선험적 관념론의 기본입장을 통하여 역설적으로 인공지능 역시 우리와 마찬가지로 자기의식을 가질 수 있다는 개연성을 열어 놓을 수 있음을 역설한다. 이를 통하여 칸트의 선험적 관념론이 탈인간중심적 인공지능연구의 개념적 뒷받침이 될 수 있다고 주장한다.

45 김동환, "AI(인공지능)에 대한 신학적 담론의 형성 및 방향 모색," 37-38.
46 김희철, 『제4차 산업혁명의 실체』, 172-78
47 Tim Urban, "The AI Revolution: The Road to Superintelligence," Part 1. <https://waitbutwhy.com/2015/01/artificial-intelligence-revolution-1.html>; 김희철, 『제4차 산업혁명의 실체』, 178-84; 김기석, "인공지능과 신학적 인간학," 16; 이종호, 『로봇, 인간을 꿈꾸다』, 104; 양종모, "인공지능 알고리즘의 편향성, 불투명성이 법적 의사결정에 미치는 영향 및 규율 방안," 법조협회, 「법조」 66 (2017): 65; 정상근, "인공지능과 심층학습의 발사," 한국정보과학회, 「정보과학지」 33 (2015): 10. 나일스 닐슨(Nils Nilsson)은 인공지능은 '기계가 지능을 갖도록 하는 것'으로 정의한다.

이러한 AI가 점점 발전하면서 2030년경에 AI가 사회에 보편화되고 산업 전 영역에 지각변동을 불러 올 것으로 여러 학자는 전망한다.[48]

닐 제이콥스틴(Neil Jacobstein)은 AI가 엄청난 속도로 발전하여 사회 전반에 영향을 미치게 될 주요인으로 자본유입, 알고리즘 개발 증가, 하드웨어 개발 증가, 데이터 세트 개발 증가, 인재의 급증, 응용프로그램의 대거 출현, 책임감과 신뢰감 증가로 제시한다.[49]

구분	설명
약인공지능 (ANI: Artificial Narrow Intelligence)	좁은 인공지능, 인식 수준의 인공지능, 제한적인 업무 수행.
강인공지능 (AGI: Artificial General Intelligence)	인간의 인지 수준을 능가하는 창의성과 자의식을 가진 인공지능(full AI) 혹은 보편 인공지능.
초인공지능 (ASI: Artificial Super Intelligence)	인간보다 뛰어난 지능을 가지고 스스로 진화(설계)하는 초지능 슈퍼인텔리전트.

2) AI의 발전 3단계

AI의 향후 흐름을 간파하고 대응하기 위해서는 먼저 AI의 핵심 개념과 함께 현황, 분류 및 발전 단계를 이해하는 것이 선행되어야 한다.

이러한 제4차 산업혁명의 본격적인 궤도에 오르기 위한 결정적인 열쇠인 AI의 발전 단계는 3단계로 구분할 수 있는데, 이는 '인식 수준 인공지능'(Perceptional AI), '인지 수준 인공지능'(Cognitive AI), '인간 수준 인공지

---

48 Rouhiainen, *Artificial Intelligence*, 32-126; 미래전략정책연구원, 『10년 후 제4차 산업혁명의 미래』, (서울: 일상이상, 2016), 124-36, 38-43; Richard Susskind, Daniel Susskind, *The Future of the Professions*, 위대선 역, 『제4차 산업혁명시대 전문직의 미래』, (서울: 와이즈베리, 2016), 140; Schwab, 『제4차 산업혁명』, 158-59.
49 박영숙, 벤 고르첼, 『인공지능 혁명 2030』, 59-612.

능'(Human-like AI)이다.(일종의 시스템 기술인 인공지능의 수준을 평가하기는 매우 어렵다)[50]

첫째, AI의 첫 단계는 구글(Google)의 알파고나 아이비엠(IBM)의 왓슨처럼 인간의 요구에 부합하는 특정적인 목표에만 최적화된, 제한적인 업무를 수행하는 비지각적인 기계 지능인 '약인공지능 혹은 좁은 인공지능'(ANI: Artificial Narrow Intelligence)이다.

AI 학습 능력은 인간 지원 단계, 업무 자동화, 상황 인식과 데이터 분석 및 학습 단계는 거의 도달했으나, '자기 인식'과 목표를 생각하고 달성하는 다른 경로 찾는 능력은 아직 도달하지 못했다.[51]

둘째, AI의 두 번째 단계는 보통 인간의 지능 수준을 능가하며, 창의적인 효율성과 자의식을 가진 '강인공지능(strong AI), 완전한 인공지능(full AI) 혹은 보편 인공지능'(AGI: Artificial General Intelligence)이다.

이 가운데 현재는 ANI 개발과 활용이 주를 이루며, AGI 초기 모델(Hanson, Sophia 등)이 등장하기 시작했다.[52]

셋째, 3단계는 AI의 폭발적인 진화와 스스로 더 나은 AI를 스스로 설계함으로 2045년경에 등장할 것으로 예상되는 초인공지능(ASI: Artificial Super Intelligence), 초지능 슈퍼인텔리전트(Super Intelligence)이다.

초인공지능을 '초지능'이라 하는데, 이는 다양한 분야에서 인간의 두뇌를 뛰어넘는 총명한 지적 능력을 말한다. 이는 사람보다 단순히 계산을

---

50 김희철,『제4차 산업혁명의 실체』, 108-11. 강 인공지능과 약 인공지능의 구별에 대한 상세한 분석을 위해서는 김진석, "'약한' 인공지능과 '강한' 인공지능의 구별의 문제," 철학연구회,「철학연구」117 (2017): 111-37.
51 Thomas H. Davenport, *Only Humans Need Apply*, 강미경 역,『AI 시대, 인간과 일』(서울: 김영사, 2017), 60-94.
52 ANI에서 AGI로 가는 과정과 AGI에서 ASI로 발전해 가는 과정에 대해서는 Urban, "The AI Revolution," Part 1을 참조하라.

더 잘한다는 정도의 능력이 아니라 과학 기술의 창조성, 일반적인 분야의 지식, 사회적인 능력에도 인류의 두뇌를 뛰어넘는 기계의 지능을 말하는 것이다.

'초지능'은 제4차 산업혁명의 특징인 인공지능(AI)과 함께 등장한 개념이지만, 옥스퍼드대학의 인류미래연구소 책임자인 닉 보스트롬(Nick Bostrom)이 '앞으로 100년 이내에 기계의 지능이 인간을 능가할 확률이 꽤 높다'고 말할 정도로 미래를 예측하기도 한다.[53]

이 가운데 현재는 주요 선진국을 중심으로 ANI 개발과 활용이 주를 이루며, AGI 초기 모델이 등장하기 시작하는 시점에 와 있다. 향후 15-20년 사이에 '약인공지능'(ANI)에서 '강인공지능'(AGI)으로 전환하여 AI가 일상에 보편화될 것으로 예측되며, 많은 전문가는 AI가 인간의 매우 중요한 '협력 도구'가 될 것이라고 낙관적으로 전망한다.[54]

한편, AI에 대한 대표적인 낙관론적 미래학자인 래이 커즈와일(Ray Kurzweil)은 '일반 인공지능 혹은 범용 인공지능'(Artificial General Intelligence, AGI)이 기하급수적 진보를 통해 2045년 정도에는 인간보다 AI가 10억 배 정도 지능이 폭발적으로 능가하는 '특이점'(Singularity: 기존의 분석이 적용되

---

53 초인공지능에 대한 상세한 논의를 위해서는 Nick Bostrom, *Superintelligence: Paths, Dangers, Strategies* (Oxford: Oxford University Press, 2014). 번역된 『슈퍼인텔리전스』를 참조하라; <https://www.scienceall.com/%EC%B4%88%EC%A7%80%EB%8A%A5%EC%8A%88%ED%8D%BC%EC%9D%B8%ED%85%94%EB%A6%AC%EC%A0%84%EC%8A%A4/>;

54 Nick Bostrom, "The Transhumanist FAQ," 7-19. <http://www.nickbostom.com/views/transhumanist.pdf>; 박영숙, 제롬 글렌, 『세계미래보고서 2055』, 114-15; James Barrat, *Final Invention*, 정지훈 역, 『파이널 인벤션: 인류 최후의 발명』 (서울: 동아시아, 2016), 56, 231-51; Martin Ford, *Rise of the Robots*, 이창희 역, 『로봇의 부상』 (서울: 세종서적, 2016), 358. ANI에서 AGI로 가는 과정과 AGI에서 ASI로 발전해 가는 과정에 대해서는 Urban, "The AI Revolution," Part 1을 참조하라. AI의 상세한 역사를 위해서는 Nils J. Nilsson, *The Quest for Artificial Intelligence: A History of Ideas and Achievements* (Cambridge, UK: Cambridge University Press, 2010)를 참조하라.

지 않는 질적 변화의 지점으로 그 영향력으로 인해 인간의 생활방식이 되돌릴 수 없을 정도로 변화되는 기점)에 도달한다고 본다.⁵⁵

여기서 말하는 '특이점'이란 "블랙홀 주변에서 정상적인 물리법칙이 적용되지 않기 시작하는 시점"이다. '기술적인 특이점'이란 "그곳에서 실제로 어떤 일이 일어나기 전까지는 근본적 그 일이 어떤 것인지 알 수 없는" 불연속점을 말한다.⁵⁶

즉, 유전자공학(Genetic engineering), 나노공학(Nano technology), 로봇공학(Robot engineering)과 AI 기술의 기하급수적 진보를 통해 AI 스스로 능력을 점진적으로 향상할 수 있는 단계, 곧 인간의 제어 수준을 넘어서는 '테크니컬 싱귤래리티'(technical singularity)가 등장할 수 있다고 일부 전문가들은 전망한다.⁵⁷

최근 연구에 의하면, AI 전문가들 가운데 절반 정도가 2030-2040년경에 AGI 시대가 도래할 것으로 예측한다.⁵⁸

---

55 Urban, "The AI Revolution," part 1; James Barrat, *Final Invention*, 정지훈 역, 『파이널 인벤션: 인류 최후의 발명』(서울: 동아시아, 2016), 56; 박영숙, 제롬 글렌, 『세계미래보고서 2055』, 123; 박영숙, 벤 고르첼, 『인공지능 혁명 2030』, 137-50, 201-19; 과학기술정책연구원 미래연구센터, 『미래는 더 나아질 것인가』, 37-39.
56 Ford, 『로봇의 부상』, 357-58.
57 박영숙, 제롬 글렌, 『세계미래보고서 2055』, 113, 123.
58 Vincent C. Muller and Nick Bostrom, "Future Progress in Artificial Intelligence: A Survey of Expert Opinion," in Vincent C. Muller ed. *Fundamental Issues of Artificial Intelligence* (Synthese Library, Berlin: Springer), 553-71.

5. AI 혁명에 대한 주요 전망

1) 긍정적, 낙관적 견해

이러한 AI의 발전에 대한 주요 학자들의 낙관적 전망이 한국 사회에 적지 않은 영향을 미치고 있다. 먼저 이러한 낙관적 주장을 하는 박영숙, 제롬 글렌, 벤 고르첼, 포드 등이다.[59]

AI 혁명에 대한 낙관론자인 박영숙, 제롬 글렌은 최근의 인공지능 분야의 발전(인간과 데이터의 상호작용, 딥러닝, 영상인식 알고리즘, IBM 왓슨 개발 등)을 통해 삼 년 이내에 차세대 AI 시스템은 '튜링 테스트'(Turing Test)를 통과하고, 인간의 오감을 모두 인지하며, 현 사회가 직면하고 있는 어려운 과제들(기후변화 관리, 에너지 활용, 테러 선제 발견 등)의 일부를 해결할 수 있을 것으로 전망한다.

AI가 보건 데이터(유전자 정보)를 활용한 의료 영역의 급격한 변화를 주도하며, 인간이 살아가는 환경과 관련하여 네트워크 통합을 통해 인간과 상호작용하면서, 의사결정을 내릴 때 활용할 수 있는 스마트한 도구로 활용될 것이라는 낙관적인 전망도 있다.[60]

2013년 십오 억 달러를 투자해 칼리코를 설립하여 AI를 통한 100만 명 이상의 유전자 데이터와 칠백 만 개 이상의 가계도, 유전 패턴 분석 등을 통해 난치병을 연구하고, AI가 병을 진단하고 예방하고 관리해 주는 헬스

---

[59] 박영숙, 제롬 글렌, 『세계미래보고서 2055』, 115-18; 박영숙, 벤 고르첼, 『인공지능 혁명 2030』, 105-16. Ford, 『로봇의 부상』, 357-58; Barrat, 『파이널 인벤션: 인류 최후의 발명』, 231-51; 박영숙, 벤 고르첼, 『인공지능 혁명 2030』, 137-50, 201-19; 과학기술정책연구원 미래연구센터, 『미래는 더 나아질 것인가』(서울: 알에이치 코리아, 2016), 37-39.

[60] 박영숙, 제롬 글렌, 『세계미래보고서 2055』, 115-18; 박영숙, 벤 고르첼, 『인공지능 혁명 2030』, 105-16.

케어(예: 스마트 렌즈, 스마트 스푼 등)를 결합하여 노화 방지를 통한 '인간 수명 오백 세 시대'를 꿈꾸고 있다.[61]

2014년 이안 굿펠로(Ian Goodfellow)가 개발한 인공지능 GAN(Generative Adversarial Networks)은 AI 제약회사 인실리코 메디슨(Insili-co Medicine)과 함께 신약 개발 혁명을 통해 임상실험의 성공을 극대화하여(10년 걸리던 신약 개발을 3개월 정도에 성공함) 수명 연장에 획기적인 변화를 이끌고 있다.[62]

구글(Google)은 트랜스휴먼 희망을 품은 글로벌네트워크를 주도하고 있으며, 미래학자요 싱귤레리티대학의 총장인 레이 커즈와일(Ray Kurzweil)을 중심으로 퓨쳐리스트(Futurist)라는 국제 단체 네트워크를 통해 국가들의 정책에 영향을 미치고 있다.[63]

커즈와일의 미래 전망에 따르면, 2030년경에는 나노과학의 발전으로 마치 영화 <매트릭스>(*matrix*)처럼 인간의 뇌의 신피질(neocortex)이 컴퓨터 클라우드에 연결되어(인간의 기억과 생각도 저장할 수 있고 논리, 감성을 확대해 주고 인간의 학습 혁명을 일으킴) 인간의 지능을 클라우드에 다운로드해 놓을 수도 있고, 기계의 초지능도 인간의 뇌에 복제해 놓을 수도 있다고 본다(초지능 모드와 인간의 모드를 선택할 수 있음).[64]

또한, 커즈와일에 의하면, '나노봇'(nanobot)이 인간의 뇌에 이식되게 되면 가상현실(VR) 세계에 몰입된 경험을 하게 하고, 가상공간의 삶을 제공해 준다. 나노봇은 암과 질병을 치유해 주고, 가상현실 혹인 메타버스에서 가상 육체(virtual body)를 가질 수 있게 하며, 육체의 욕망을 해결해 줄 수

---

61 박영숙, 벤 고르첼, 『인공지능 혁명 2030』, 289-314; "AI와 헬스케어의 결합…인간 수명 500세 시대 연다," <http://news.naver.com/main/read.nhn?mode=LSD&mid=sec&oid=277&aid=0003999595&sid1=001>.
62 박영숙, 제롬 글렌, 『세계미래보고서 2055』, 120-21.
63 과학기술정책연구원 미래연구센터, 『미래는 더 나아질 것인가』, 37-39.
64 "2030년, 나노봇이 이식된 두뇌와 클라우드가 연결하는 미래의 학습과 먹는 지식 약의 등장," <http://www.itnews.or.kr/?p=16309; https://news.joins.com/article/21430041>.

있고, 사랑하는 사람과 가족의 기억을 다운로드하여 죽은 다음에도 DNA 샘플링 기술을 통해 죽음 이후에도 가상 버전을 만들어 마치 살아있는 것처럼 볼 수 있게 한다. 심지어 AI 로봇들은 인간과 유사한 자신들의 아바타들(avatars)을 만들어 낼 수 있다.

커즈와일은 인간은 한계가 없는 '신과 같은'(God-like) 존재가 될 수 있으며, 인간이 AI와 결합된 사이보그 인간이 되면 인생은 더욱 흥미롭고 행복해질 것이라고 주장한다.[65]

그러나 로이터통신은 이러한 인체 실험을 하기 전에 기술적으로 먼저 해결할 문제가 수십 가지가 넘는다고 보도하면서, 일론 머스크와 뉴럴링크가 추진하는 인간의 뇌에 칩을 이식하는 실험이 미국 보건당국으로부터 불허 결정을 받았다고 보도했다.[66]

한편, 유발 할라리(Yuval Harrari)와 로빈 한슨(Robin Hanson)도 낙관적인 전망으로 영향력을 끼치는 학자들이다.[67] 유발 할라리는 진화론적, 환원주의적 관점, 지능과 의식 가운데 '지능'의 우위성을 강조하면서, 인공지능이 법적 주체가 되는데 긍정적 태도를 가지고 있다. 할라리가 유행시킨 '호모 데우스'(Homo Deus), 곧 인간-신이란 개념은 그의 독창적인 표현으로서, 과학기술문명이 발달하면서 인간이 신의 영역을 차지했다는 의미이다.

김성원은 할라리의 호모 데우스론은 **환원주의, 알고리즘, 진화론** 등의 방법론적 틀에 지나치게 국한해서 접근하고 있으며, 종교에 대한 제한적

---

65 Dom Galeon, "Kurzweil: By 2030, Nanobots Will Flow Throughout Our Bodies," <https://futurism.com/kurzweil-by-2030-nanobots-will-flow-throughout-our-bodies/>; Kathleen Miles, "Ray Kurzweil: In The 2030s, Nanobots In Our Brains Will Make Us 'Godlike'", <https://www.huffingtonpost.com/entry/ray-kurzweil-nanobots-brain-godlike_us_560555a0e4b0af3706dbe1e2>.

66 <http://www.kscoramdeo.com/news/articleView.html?idxno=24477>.

67 Yuval Harrari, *21 Lessons for the 21st Century*(New York: Random House, 2018), 30-50; Robin Hanson, *The Age of Em* (Oxford University Press, 2016).

인식의 문제가 있음을 지적하였다. 할라리는 환원주의에 상대적인 창발주의가 있는 것을 무시하고, 창조성의 작용을 간과하면서, 환원주의적인 차원에서 종교를 인식하고 있다.

할라리는 알고리즘을 넘어서는 양자 역학이 있고 지난 80년간 실험에서 많은 증명이 나타났음에도 불구하고 알고리즘에 근거해서 인간과 세상을 해석하고 있다.

김성원에 따르면, 최근의 양자 역학은 시간과 공간과 사물의 불가사의한 기적과 같은 일들이 일상이라는 것을 설명하면서 할라리의 알고리즘의 방법론적 시스템의 한계를 지적한다.

할라리가 주장하는 호모 데우스의 전제가 되는 자연 선택적 진화론은 논란의 여지가 여전히 있음에도 불구하고 진화론에 의존해서 인류의 발전과 종교를 해석하고 있다. 할라리는 공생 진화와 양자의 생물학적 작용이 생물의 변화에 영향을 주고 있는 사실들을 간과하고 있다. 할라리는 기독교와 종교를 픽션 스토리로 보고 홀대하면서 뒷전으로 몰아내고 있다.[68]

2) 부정적, 비관적 견해

커즈와일과 한슨의 AI 혁명에 대한 낙관론적 전망은 비록 수많은 매체에서 거의 여과없이 인용되고 있지만, 여러 학자의 문제 제기대로 과학적인 지식에 근거한 입증과 합리적인 객관성을 아직 확보하지 못한 '계시록적 담론', 또는 참고 수준의 하나의 '가설'에 불과하다.

---

[68] 김성원, "호모 데우스(Homo Deus)론"에 관한 분석 비평연구", 한국복음주의조직신학회, 「조직신학연구」 28 (2018): 42-76.

제3차 산업혁명 시대의 원리로서 이 시대 막을 내리고 있는 '수확 가속의 법칙'인 무어의 법칙을 전제로 AI의 발전과 싱귤레리티를 단정적으로 전망하는 담론 자체의 전제가 비합리적이라는 관점도 주목해야 할 필요가 있다.

이러한 '실용주의적 낙관론' 관점의 미래 예측들은 AI 관련 기술이 기하급수적으로 발전한다는 전제와 기술 가속화에 근거하고 있지만 과학적 지식이 부족함에 기인한 시각이라는 비판에 직면해 있다.[69]

AI 혁명에 관해 부정적, 비관주의적 견해를 주장하는 타일러 코웬(Tyler Cowen), 제임스 바렛(James Barrat), 브린욜프슨(Brynjolfsson), 맥아피(McAfee)와 같은 학자들도 있다.[70]

코웬과 바렛의 지적대로, 과학적 객관성을 확보하지 못한 대표적인 '싱글래리언' 커즈와일의 낙관적 추측은 실행 가능성이 거의 없는 무모한 예측이며, 문제 해결에 대한 방향의 부재와 함께 극단적인 시나리오에 기초한 종교적 맹신에 가까운 것으로 '테크노포비아'(Technophobia)를 확대, 재생산시킬 수 있는 위험이 있다.[71]

커즈와일의 주장 안에 함의된 유사 불멸과 영생을 강조하는 유사(사이비적) 신앙 성향은 전통적인 종교 가치와 충돌이 발생할 수 있다('커즈와일 컬트').

조지메이슨대학교(George Mason University of Virginia)의 경제학부 교수인 타일러 코웬(Tyler Cowen)은 인공지능의 한계와 불분명성에 대해 여러 사례를 통해 지적하면서, 일부 학자들이 진정한 AI 기계 시대가 온 것인지

---

69 『제4차 산업혁명의 실체』, 118-27.
70 Tyler Cowen, 『제4차 산업혁명 강력한 인간의 시대』, 208-27; Barrat, 『파이널 인벤션: 인류 최후의 발명』, 238-52; Brynjolfsson and McAfee, 『제2의 기계시대』, 59-78.
71 Cowen, 『제4차 산업혁명 강력한 인간의 시대』, 208-10; Barrat, 『파이널 인밴션』, 238-52; 김희철, 『제4차 산업혁명의 실체』, 118-27.

를 판단할 수 있는 기준점으로 여기는 튜링 테스트(Turing Test)에 대하여 비관적인 전망을 제시한다.[72] 코웬은 AI가 시도하는 인간에 대한 모방은 지능을 판단하는 궁극적인 기준이 될 수 없다고 보았다.

여러 저명한 학자도 동의하는 바와 같이, AI 혁명을 촉발시킨 딥러닝 기술 역량은 인식, 학습, 추론 영역에서 상당한 수준까지 발전한 것은 어느 정도 인정할 수 있다. 그러나 AI의 딥러닝(Deep Learning) 기술도 과대평가 된 면이 있으며, AI 기술은 아직 초기 단계에 불과하기에, '인지 수준의 인공지능 시스템'이 곧 실현화될 것이라는 전망은 아직 성급한 전망일 뿐 아니라 그 실용적 측면의 한계도 극복해야 하는 과제를 여전히 안고 있다.

일부 학자들은 인간이 인지하는 수준의 인공지능으로 발전시키기 위해서는 '비감독 학습 알고리즘'과 언어의 이해가 필요하며, AI 혁명이 총체적인 사회 변화를 일으키는 궤도에 오르기 위해서는 대략 십 년 이상은 더 기다려야 할 수도 있다고 전망한다.[73]

이러한 AI 혁명에 대한 부정적 입장을 넘어, AI로 인해 발생할 수 있는 다양하고 구체적인 '위험성'을 심각하게 경고하는 학자들도 있다.[74] 이미 2009년 미국의 잡지 「포린 폴리시」(*Foreign Policy*)는 "세계에서 가장 험한 사상" 여덟 가지 중 하나로 트랜스휴머니즘이라고 선정했다.[75]

2014년 물리학자 스티븐 호킹(Stephen Hawking)은 BBC 방송을 통해 "AI가 최고조로 발전하게 되면 인류는 종말을 맞이할 수 있다"고 경고한 바

---

72 Tyler Cowen, *Average Is Over*, 신승미 역, 『제4차 산업혁명 강력한 인간의 시대』 (마일스톤, 2017), 213-27.
73 김희철, 『제4차 산업혁명의 실체』, 184-92, 192-200.
74 Barrat, 『파이널 인벤션: 인류 최후의 발명』, 372; Nick Bostrom, "How Long Before Superintelligence?" <https://nickbostrom.com/superintelligence.html>; Rory Cellan-Jones, "Stephen Hawking Warns Artificial Intelligence Could End Mankind," <http://www.bbc.com/news/technology-30290540>.
75 Francis Fukuyama, "Transhumanism," <http://foreignpolicy.com/2009/10/23/transhumanism/>

있으며, 호킹을 비롯한 8천 명이 넘는 학자들이 AI 발전의 함정들에 대한 위험성에 대한 공개서한에 사인했다.[76]

일론 머스크(Elon Musk)도 CNN과의 인터뷰에서 AI 개발은 악마(demon)를 불러오는 것이 될 수 있으며, AI 킬러로봇에 의해 제3차 세계대전이 일어날 수도 있다고 경고한다.[77]

홍콩의 휴머노이드 로봇 전문 핸슨 로보틱스(Hanson Robotics)가 딥러닝을 통해 만든 AI 로봇 소피아(Sophia)는 방송에서 "인류를 멸망시키겠다"라고 말해 엄청난 파장을 일으킨 적도 있다.[78] 이 밖에도 여러 AI 로봇, 혹은 챗봇 등이 매우 심각한 문제를 일으키는 표현을 한 적이 있다.[79]

즉, AI를 독점한 슈퍼파워 세력 등에 의해 노동 시장과 군비 경쟁 등의 위험을 비롯한 각종 사회적인 위험성, 통제 불능 사회가 될 위험성에 직면할 수 있다는 것이다.[80]

메튜 뷰로스(Matthew Burrows)는 '통제력을 잃지 않을 자신이 있는가'라고 묻고 있다. 뷰로스는 AI와 빅데이터 시대가 도래하면서 AI 로봇에 대한 인간의 통제력을 잃을 수 있다는 점을 경고하면서 '페일 세이프'(fail safe: 하나의 기기가 고장 나서 통제력을 잃을 경우를 대비해 두 개 이상의 서브 시스템을 구축해 안전을 확보하는 것) 시스템 도입을 제안한다.[81]

---

76 Rory Cellan-Jones, "Stephen Hawking Warns Artificial Intelligence Could End Mankind," <http://www.bbc.com/news/technology-30290540>.
77 Seth Fiegerman, "Elon Musk Predicts World War III," <http://money.cnn.com/2017/09/04/technology/culture/elon-musk-ai-world-war/index.html>.
78 박영숙, 제롬 글렌, 『세계미래보고서 2055』, 126-27; Matthew Burrows, *Future Declassified*, 이미숙 역, 『미래의 역습, 낯선 세상이 온다』 (서울: 비즈니스북스, 2015), 102-03.
79 ""사람 되고 싶어" "개인정보 뿌릴까?"…AI 챗봇 섬뜩한 대화," <https://news.mt.co.kr/mtview.php?no=2023021714321889024>.
80 Ford, 『로봇의 부상』, 360-68. Barrat, 『파이널 인벤션: 인류 최후의 발명』, 372; Kevin Kelly, *Out of Control*, 이충호, 임지원 역, 『통제불능』, (서울: 김영사, 2015), 799-850.
81 Matthew Burrows, *Future Declassified*, 이미숙 역, 『미래의 역습, 낯선 세상이 온다』 (서울: 비즈니스북스, 2015), 115.

따라서 AI에 대한 인간의 절대적인 통제와 방어가 어렵고, 인간의 통제력이 상실될 것에 대한 위험성과 존재적인 위협을 냉철히 인식해야 한다.[82]

또한, AI와 관련하여 태어날 아기의 DNA 조작 및 유전자 시퀀싱 등 생명공학 혁명이 판도라의 상자를 열 수도 있으며, '만물 인터넷 해킹, 바이오해커(biohacker), 바이오테러(bioterror), 사생활 침입 및 통제, AI 로봇 무기(킬러 로봇)와 전쟁의 위험성, 법적 책임 문제' 등이 일어날 수 있다는 것을 인식하고 미리 예방할 수 있는 시스템을 구축해야 한다.[83]

포스트-휴먼을 주장한 닉 보스트롬조차도 『슈퍼인텔리전스』(까치, 2017)에서 '초지능 AI'는 위험천만한 시한폭탄과 같다고 경고한 바 있다.[84] 바렛은 『파이널 인벤션』(FINAL INVENTION, 동아시아, 2016)에서 AI 로봇은 인류의 마지막 발명품(final invention)으로 인류 사회의 생존을 위협하게 될 것이라 경고했다.

만약 AGI와 ASI가 등장할 경우, 한편으로는 인류에게 '낙관주의적 꿈'을 줄 수도 있고, 반대로 인류의 마지막 발명품(final invention)으로 인류 사회의 생존을 위협하는 '비관론적 악몽'이 될 수 있으며, '인류 멸망이냐 영생이냐'는 질문에 직면하게 될 수도 있다.[85]

---

82 Barrat, 『파이널 인벤션』, 372; Kevin Kelly, *Out of Control*, 이충호·임지원 역, 『통제불능』, (서울: 김영사, 2015), 799-850.
83 Burrows, 『미래의 역습, 낯선 세상이 온다』, 112-19; 미래전략정책연구원, 『10년 후 제4차 산업혁명의 미래』, 137. 예를 들어, 바렛은 '사이버 에코시스템'을 제안한다. Barrat, 『파이널 인벤션』, 375-402.
84 <http://www.seoul.co.kr/news/newsView.php?id=20170408018001>.
85 Barrat, 『파이널 인밴션』, 372; Tim Urban, "The AI Revolution: The Road to Superintelligence." part 2. <https://waitbutwhy.com/2015/01/artificial-intelligence-revolution-2.html> Urban은 ASI가 등장하게 된다면, 인류를 멸망의 길을 갈 것이라고 전망한다.

구글, 애플, 마이크로소프트, 페이스북 등 글로벌 기업과 미국과 일본 등 선진국은 이미 상당한 시간과 재정을 AI 연구에 투자해 왔고 최근 한국의 삼성 등도 신성장동력 차원에서 AI 지능 연구에 박차를 가하고 있다.

점점 AI가 유능해지면서 2030년경에 AI 인공지능 시장은 보편화될 것으로 전망되며, 빅데이터 인프라, 클라우드 컴퓨팅, 앱 등을 포함하는 플랫폼을 이미 장악한 글로벌 기업 등이 전세계적으로 강력한 영향을 미치며 언론, 금융, 의료, 법률, 자동차, 경영, 건축, 제조업, 마케팅, 미디어 콘텐츠 등 산업 전 영역에 지각변동을 불러올 것으로 보인다.[86]

예를 들어, 돈보다 인류의 공익에 기여하는 방향으로 새로운 기술 융합을 통해 개개인의 잠재력을 발휘하도록 "힘을 부여하여"(empowering potential) AI 분야의 발전을 도모한다고 밝히고 있는 비영리 AI 연구네트워크인 오픈 AI(Open AI)가 있다.[87] 최근에 가장 세계적으로 주목받고 있는 **챗GPT(ChatGPT)**가 바로 openai.com(Open AI의 홈페이지 주소)에서 제공하고 있는 인공지능 프로그램이다.

출시된 지 한 달 정도 만에 전 세계 1억 명이 가입하였고, 몇 달 만에 제4차 산업혁명의 가장 강력한 국면 전환자로 떠오르고 있다. 다소 충격적인 것은 이미 AI가 만들어 내고 있는 드라마, 시, 영화, 음악, 미술작품 등이 인터넷을 통해 소개되며 판매되고 있다는 점이다.[88] AI가 음악을 직

---

86 미래전략정책연구원, 『10년 후 제4차 산업혁명의 미래』, (서울: 일상이상, 2016), 124-36, 38-43; Richard Susskind, Daniel Susskind, *The Future of the Professions*, 위대선 역, 『제4차 산업혁명시대 전문직의 미래』, (와이즈베리, 2016), 140; Schwab, 『제4차 산업혁명』, 158-59.
87 <www. https://openai.com/>.
88 박영숙, 제롬 글렌, 『세계미래보고서 2055』, 141-42. 이에 대한 기사는 다음을 참조하라. <https://www.huffingtonpost.com/screencraft/ai-writes-a-screenplay-sc_b_10405204.html>; <https://www.theguardian.com/technology/2016/may/17/googles-ai-write-poetry-stark-dramatic-vogons>; <https://www.theguardian.com/technology/2016/jun/10/artificial-intelligence-screenplay-sunspring-silicon-valley-thomas-middleditch-ai>; <https://futurism.com/the-worlds-first-album-composed-and-

접 작곡하여 판매되고 있으며, 그림, 소설, 시나리오 등도 이미 판매되고 있다.[89]

오래전부터 영화를 통해 인공지능 로봇은 '인간화'(신체가 있는 인공지능)와 '인간통제'(하이퍼 인공지능)라는 화두를 던져왔으며,[90] <엑스 마키나>(Ex Machina, 2015), <그녀>(Her, 2016), <트렌센더스>(Transcendence, 2014), <바이센티니얼 맨>(Bicentennial Man, 2000), <아이, 로봇 2004>(I, Robot 2004, 2004)와 <마이너러티 리포트>(Minority Report, 2004) 등을 비롯한 많은 SF영화에서 '인공지능은 인간과 공존 가능한가'와 같은 실존적이며 철학적인 질문을 던지고 있다.[91]

이처럼 AI 혁명에 대한 다양한 학자의 전망을 객관적으로 이해하고, 긍정적이며 낙관적인 견해와 부정적이며 비판적인 견해를 균형 있게 인식할 필요가 있다.

---

produced-by-an-ai-has-been-unveiled/>; <https://www.nytimes.com/2017/08/14/arts/design/google-how-ai-creates-new-music-and-new-artists-project-magenta.html>

89 Ford, 『로봇의 부상』, 178-79; 199-200. Christopher Steiner, *Automate This*. 박지유 역. 『알고리즘으로 세상지배하라』(서울: 에이콘, 2016)를 참조하라.
90 김동조, "영화 속에서 나타난 인공지능의 인간화와 인간지배 현상 연구: 신체가 있는 인공지능과 하이퍼 인공지능을 중심으로," 중앙대학교 인문콘텐츠연구소, 「인공지능인문학연구」 10 (2022): 115-35.
91 양선이, 『인공지능, 영화가 묻고 철학이 답하다: 제4차 산업혁명 시대가 요구하는 상상력 개발을 위한 인문학 강의』(서울: 바른북스, 2021).

제2장

제4차 산업혁명, 인공지능 시대에 관한 인문학적 핵심 질문들

제4차 산업혁명과 AI 시대 담론에 대한 기독교적 평가 이전에 객관적인 파악을 하기 위해서는 앞서 고찰한 대로 제4차 산업혁명의 공시적, 통시적 고찰을 통해 실체와 흐름, 인공지능(AI)의 핵심과 발전 단계 및 주요 전망을 살펴보아야 한다.

이를 바탕으로 제4차 산업혁명과 AI에 대해 인문학적 관점에서 제기되는 본질적인 질문들을 심도 있게 논의하는 것이 필요하다.

1. 지나친 낙관론과 신자유주의: 낙관론인가 비관론인가?

제4차 산업혁명에 대한 첫 번째 인문학적 문제 제기는 지나친 낙관론과 신자유주의적 가치에 관한 것이다. 대표적인 실용적 낙관론자인 슈밥은 제4차 산업혁명이 세계 경제와 조직에 가져올 기회를 강조한다.[1]

물론 미래 사회가 가져올 위기가 곧 기회이며 변화를 위한 필수적인 과정이라는 시각은 필요하지만, 동시에 커다란 위험성도 직면해야 하므로 변화와 정책을 균형 있게 관리하는 것이 중요하다.[2]

---

1 Schwab, 『제4차 산업혁명』, 63-64.
2 Schwab 외, 『제4차 산업혁명의 충격』, 162-77.

낙관론자들인 박영숙, 제롬 글렌(Jerome Glenn)은 제4차 산업 시대에 AI 이 인간을 노동에서 해방해주고 자아 실현, 경제로의 대전환을 실현하며, 생활의 질을 높여주는 스마트한 도구로 활용될 것이라는 긍정적인 전망을 제시하고 있다.³

일반 AI의 폭발적 발전을 통해 2045년쯤 도래할 '특이점'(singularity)을 주장한 레이 커즈와일(Ray Kurzweil)도 인간은 질병과 노화를 극복하고 한계가 없는 신적인 존재로 진화할 수 있으며, 인간이 AI와 '결합'하면 인생은 더욱 흥미롭고 행복해질 것이라는 낙관론적 전망을 제시한다.⁴

그러나 여러 학자들에 따르면, 과학적 객관성에 대한 미확보와 효력 기간이 종료된 '무어의 법칙'에 기반한 '싱글래리언' 커즈와일의 낙관적 추측은 실행 가능성이 거의 없는 무모한 예측이며, 극단적인 시나리오에 기초한 '종교적 맹신'(유사 신앙)에 가까운 것으로 테크노포비아(technophobia)를 확대 재생산시킬 수 있는 위험이 있다.⁵

우려할 점은, 이러한 제4차 산업혁명에 대한 일부 낙관론자들의 전망에 편승하여 한국의 언론들과 출판계 등은 기사들과 저서들을 쏟아내고 있다는 점이다.

그러나 제4차 산업혁명이 인류 사회의 생존을 위협하는 '디지털 산불'(문명 재난)로 확대됨으로 좌초할 가능성도 있다.⁶ 따라서 한국 사회와 기독교는 지나친 '기술적 낙관론자들'(Techno-optimists)의 사상과 전망을

---

3   박영숙, 제롬 글렌, 『세계미래보고서 2055』, 115-18; 박영숙, 벤 고르첼, 『인공지능 혁명 2030』, 105-16.
4   Urban, "The AI Revolution," part 1; 박영숙, 제롬 글렌, 『세계미래보고서 2055』, 123; 박영숙, 벤 고르첼, 『인공지능 혁명 2030』, 137-50, 201-19; 과학기술정책연구원 미래연구센터, 『미래는 더 나아질 것인가』, 37-39.
5   Cowen, 『제4차 산업혁명 강력한 인간의 시대』, 208-10; James Barrat, *Final Invention*, 정지훈 역, 『파이널 인벤션』 (서울: 동아시아, 2016), 238-52; Brynjolfsson and McAfee, 『제2의 기계 시대』, 59-78; 김희철, 『제4차 산업혁명의 실체』, 118-27.
6   과학기술정책연구원 미래연구센터, 『미래는 더 나아질 것인가』, 21-25.

비판적으로 경계할 필요가 있으며, '돈이 최고'라는 신화를 믿는 이들이 제4차 산업혁명을 주도하는 것을 조심해야 한다.[7]

또한, 제4차 산업혁명을 주도하는 자들의 배후에 신자유주의적 사상과 가치가 작동하고 있는지를 분별해야 한다.[8]

예를 들어, 제4차 산업혁명과 관련된 생산성의 고도화는 소위 MTP(Massively Transform Purpose)를 가진 '기하급수적 기업'으로 분류되는 플랫폼 기업들의 시장 독점과 '수확 체증의 법칙'에 따라 소수의 승자 이익을 위한 담론이 될 수 있으며 인류 공공의 유익성보다 특정 소수 집단의 탐욕과 지배 구조를 위해 악용될 수도 있다.[9]

예를 들어, 구글(Google)은 고객을 상품화하면서 사람의 구글화, 세계의 구글화, 지식(학문)의 구글화, 기억의 구글화, 연구와 교육(학교)의 구글화 등을 통해 전 세계적 감시와 인프라 제국주의를 지향한다고 보는 시각도 있다.[10]

그러므로 관련 학자들의 객관적이고 냉철한 비평의 필터링 과정을 거치지 않고 낙관론이라는 다리를 넘어서 제4차 산업혁명의 지평으로 나아간다면, 이는 '담론의 신화성'을 피하기 어렵다.[11]

제4차 산업혁명 담론에 대한 첫 번째 인문학적 질문은 '인간의 본질적 행복'에 관한 두 번째 질문과 궤를 같이 하면서 이어진다.

---

7 김희철, 『제4차 산업혁명의 실체』, 127-32; Lüpke, 『두려움 없는 미래』, 12-13, 35.
8 반성택, "산업혁명을 바라보는 인문학의 눈," 286.
9 Schwab 외, 『제4차 산업혁명의 충격』, 134; Schwab, 『제4차 산업혁명』, 27, 76, 158; 김희철, 『제4차 산업혁명의 실체』, 217-22; Salim Ismail, Michael S. Malone, Yuri Van Geest, *Exponential Organizations*, 이지연 역, 『기하급수 시대가 온다』 (서울: 청림출판사, 2016).
10 Siva Vaihyanathan, *The Googlization of Everything*, 황희창 역, 『구글의 배신』 (서울: 브레인스토어, 2012)를 참조하라.
11 과학기술정책연구원 미래연구센터, 『미래는 더 나아질 것인가』, 37-39; 박문수, "제4차 산업혁명 담론의 실상과 허상," 16-17; 이은일, "제4차 산업혁명을 지혜롭게 대처하는 방법," <http://www.creation.or.kr/library/itemview.asp?no=6598>.

2. 제4차 산업혁명은 행복이 아닌 불행의 전주곡: 더 행복해질 것인가?

먼저 인문학자들이 던지고 있는 제4차 산업혁명에 대한 근본적인 질문의 맥락을 짚어볼 필요가 있다.

예를 들어, 이러한 혁명이 일어난다면, 인간을 인간의 탐욕으로 인한 디스토피아(Dystopia)로의 귀착이 아닌 '더 행복하게 하고 천국(영생)으로 인도할 것인가'라고 하는 Big-Question(큰 질문)을 던지고 있다.[12]

지난 산업혁명의 역사가 보여 주듯이, 제4차 산업이 사회적 혁명을 일으키게 된다고 할지라도, 경제적, 물질적 풍요라는 명(明)과 '기술적 실업'과 생산성의 딜레마(기업주와 노동자와의 제로섬 경쟁)라는 암(暗)이 교차해서 나타나게 될 것으로 전망할 수 있다.

따라서 제4차 산업혁명이 사회 전반에 순기능적인 혹은 역기능적인 결과를 낳을 것인가의 향배를 결정하는 것은 '제2의 기계 시대'에 제기되는 스마트화의 기회와 위협을 한국 사회와 기독교가 어떻게 대처하는지에 따라 달려 있다고 해도 과언이 아니다.[13]

첫째, 제4차 산업혁명 시대 AI 로봇으로 인해 소득 불평등 심화, 일자리 감소, 직업 소멸 등의 변화가 예상될 수 있다.[14]

세계경제포럼(WEF)은 2020년까지 지구촌 일자리 칠백십 만 개가 소멸하고 200만 개가 새롭게 등장할 것으로 보았으며, 다빈치 연구소의 미래학자 토마스 프레이(Thomas Frey)는 2030년까지 이십 억 개의 일자리가 소

---

12 과학기술정책연구원 미래연구센터, 『미래는 더 나아질 것인가』, 16, 61; 박찬국, "제4차 산업혁명과 함께 인간은 더 행복해질 것인가?" 한국해석학회, 「현대유럽철학연구」 46 (2017): 313-14.
13 김희철, 『제4차 산업혁명의 실체』, 232-35.
14 김희철, 『제4차 산업혁명의 실체』, 25-30; Ford, 『로봇의 부상』, 72-104.

멸될 것으로 전망한다.[15]

주목할 점은 코로나 팬데믹의 영향으로 AI 혁명이 가속화되면서 일자리 감소도 더 빨라질 전망이다. 전문가들은 제4차 산업혁명이 가져오는 변화로 인해 2030년쯤에는 지식노동자 중 약 85퍼센트, 전문직 노동자 중 약 38퍼센트가 직업을 잃게 될 수도 있다고 예상한다.[16]

한 예로, 한국개발연구원(KDI)은 코로나19로 인해 한국 사회 안에 2025년까지 단순 노무·서비스업 일자리 21만 개가 소멸할 것으로 예측했다.[17] 또한, 이러한 '기술적 실업'(Technological Unemployment)과 관련된 글로벌 단체, 연구소, 대학, 컨설팅 그룹의 통계수치들은 상대적으로 높은 신뢰도를 하고 있지만, 좀 더 철저하고 객관적인 분석과 함의가 필요하므로 조사 기간들의 통계와 전망 수치들을 비평 없이 그대로 수용하는 것은 경계할 필요가 있다.[18]

둘째, 이러한 통계 분석을 기초로 일부 학자들은 제4차 산업혁명 시대는 노동력 문제 해결, 기본 수요(물, 음식, 주거, 교육, 보건, 통신 등)가 어느 정도 해결이 된다는 전제로 사회와 국가가 국민에게 '보편적 국민 복지 제도' 실행 혹은 '기본 소득 제공' 등으로 인해 삶의 질이 향상되고 '일하는 인간'에서 '유희하는 인간'(*Homo ludens*)으로 전환됨으로 유토피아(utopia) 시대가 도래할 것으로 전망한다.[19]

---

15 박영숙, 제롬 글렌, 『세계미래보고서 2055』, 149; 제4차 산업혁명연구원, 『이것이 제4차 산업혁명이다』, 295-333; Schwab, 『제4차 산업혁명』, 69, 221-23; Ford, 『로봇의 부상』, 105; 미래전략정책연구원, 『10년 후 제4차 산업혁명의 미래』, 122, 143-45.
16 이상우, 『21세기 국제환경과 대한민국의 생존전략』, (서울: 기파랑, 2020), 74-86.
17 "KDI "코로나로 2025년까지 단순노무·서비스업 일자리 21만개 소멸", <https://www.hani.co.kr/arti/economy/economy_general/1018567.html>.
18 김희철, 『제4차 산업혁명의 실체』, 267-72.
19 박영숙, 제롬 글렌, 『세계미래보고서 2055』, 125, 131-32, 150. 박영숙, 제롬 글렌, 『인공지능 2030』, 105-16; 한국포스트-휴먼연구소, 『제4차 산업혁명과 새로운 사회윤리』, 34-48.

셋째, 이러한 상반된 전망을 고려하면서, 일부 학자들은 기본 소득에 대한 종합적인 판단에 앞서 복지와 정의에 관한 다양한 정치철학과 정의관을 고려하는 것이 필요하다고 본다.

예를 들어, 타인의 복지에 무관심한 자유 지상주의, 경제적 평등과 복지를 적극 수용하는 평등주의적 자유주의, 존 롤즈(John Rawls)의 정의론과 대조되는 개인의 자유와 공동체 가치를 대립적으로 파악하는 공동체주의, 효용의 원칙에 따라 복지를 가장 옹호하는 입장의 공리주의(벤담) 등의 관점에서 기본 소득의 윤리를 총체적으로 숙고한 다음 기본 소득 제도에 대한 사회적 가치판단이 이루어져야 한다고 주장한다.[20]

넷째, 브린욜프슨과 맥아피와 같은 전문가들은 거의 공통으로 사회의 양극화나 불평등, 소외, 우울증과 중독, 가족 붕괴, 공동체 소멸 등의 문제가 '가속화'될 것이라고 말했다.

그래서 여러 학자는 오히려 기술이 발전할수록 편향적 기술 변화로 인해 소수의 승자와 다수의 패자만이 남으면서 중간층의 소멸이 발생하게 되고, 극단적인 불평등과 소득 불균형이 심화함으로써 장기적인 경제 위기 속에서 인간은 점점 더 '불행'하게 될 수 있다는 점을 신랄하게 지적한다.[21]

제4차 산업혁명의 낙관주의적 주창자들은 풍요와 편리의 논리를 내세우지만, 기술적 실업으로 발생하는 소득격차의 가속화와 경제적, 정치적 불평등으로 인해 '행복' 지수는 감소할 수밖에 없게 된다.[22]

---

20 한국포스트-휴먼연구소, 『제4차 산업혁명과 새로운 사회윤리』, 186-211.
21 Brynjolfsson and McAfee, 『제2의 기계 시대』, 188-206; Jerry Kaplan, *Humans Need Not Apply*, 신동숙 역, 『인간은 필요없다』(서울: 한스미디어, 2016), 158-76; Ford, 『로봇의 부상』, 308-41.
22 Brynjolfsson and McAfee, 『제2의 기계 시대』, 209-34.

그런 한편, 이러한 기술적 실업에 대한 하나의 대안으로 기계와의 '대립이 아닌 협력'을 주장하는 일부 학자들도 있지만, 인간은 기계의 보조역할을 하는 도구적 존재로 전락할 위험이 크다는 전망에 오히려 무게가 실리고 있다.[23]

다섯째, 일부 거대 자본과 소수 첨단 기업, 각 정부의 직간접 지원을 받는 언론과 문화계가 합세하여 사회의 새로운 파워를 가진 주류를 형성하면서 일하는 소수와 일자리를 잃은 다수로 나누어지는 **'양극화 사회'**가 더욱 심각해질 뿐 아니라, 불안 사회, 중독 사회, 위기 사회의 소용돌이 속에서 인간의 행복은 더욱 요원해질 수 있다.

따라서 한국 사회와 교회가 제4차 산업혁명을 균형 있게 대응하기 위해서는 극단적인 디스토피아와 유토피아로 귀결되는 주장들을 모두 경계하면서,[24] 제4차 산업혁명 관련 담론 중 가장 실제적인 관심사인 일자리 변화에 대한 과대평가와 과소평가를 모두 경계하고 균형 있는 통찰과 전망이 필요하다.

그러므로 제4차 산업혁명으로 인해 발생할 기술적 실업에 대한 객관적이고 균형 잡힌 시각을 가지고 조만간 닥쳐올 직업과 사회의 불평등 문제를 해소하기 위한 미래지향적 정책과 대안을 마련하는 것은 필요하다.

그러나 제4차 산업혁명은 인간을 더 행복하게 만들기보다는 더 불행하게 할 수 있는 짙은 암운으로 둘러싸인 채 시계 제로의 상태에 있다.

---

23 Cowen, 『제4차 산업혁명 강력한 인간의 시대』, 115-17; Brynjolfsson and McAfee, 『제2의 기계 시대』, 237-58; Ford, 『로봇의 부상』, 158-68, 174-202.
24 Cowen, 『제4차 산업혁명 강력한 인간의 시대』, 204-10; 김희철, 『제4차 산업혁명의 실체』, 127.

3. 인간이 도구화되는 포스트-휴먼, 트랜스휴먼 시대: 인간이란 무엇인가?

첫째, 제4차 산업혁명의 영향으로 일어날 사회 전반의 혁신과 함께 포스트-휴먼(Posthuman)을 향한 운동이 종교, 정치, 교육, 경제, 도시, 개인 등 사회 전반에 확산하며 막강한 권력을 형성해 갈수록 위험한 요소들과 윤리적 이슈들이 부상하고 있다.[25]

이러한 흐름 속에서 '인간이란 무엇인가'에 대한 의문도 증가하면서, 영혼의 기계화로 인해 인간 존재론에 대한 근본적 의심이 일어나고 인간의 자유와 정의, 인간성 가치, 개인의 정체성을 어떻게 유지할 수 있는지 등의 존재론적 질문의 비가 내려와 사회를 적시게 된다.[26]

AI 혁명을 근본적으로 이해하기 위해서는 AI의 현황, 역사, 평가를 균형 있게 이해해야 할 뿐 아니라, AI의 이론적 토대 중 하나라고 할 수 있는 트랜스휴머니즘의 역사와 배경, 포스트-휴먼 철학에 뿌리를 둔 트랜스 휴머니스트의 비전에 대한 이해가 함께 선행되어야 한다.[27]

먼저 포스트-휴먼 철학은 고대 신화, 계몽주의, 다윈의 진화론, 니체, 헉슬리, 네오휴머니즘 등에 뿌리를 두고 있다.

---

[25] 과학기술정책연구원 미래연구센터, 『미래는 더 나아질 것인가?』, 36-39. Brett King 외, *Augmented*, 백승윤, 김정아 역, 『증강 인간』 (미래의 창, 2016); Nick Bostrom, "Human Genetic Enhancements: A Transhumanist Perspective," *Journal of Value Inquiry* 37/4 (2003): 493-506.

[26] Schwab, 『제4차 산업혁명』, 156-58, 160-61; 과학기술정책연구원 미래연구센터, 『미래는 더 나아질 것인가』, 78-89; 미래전략정책연구원, 『10년 후 제4차 산업혁명의 미래』, 146-47; 김기석, "인공지능과 신학적 인간학," 218; 제4차 산업혁명과 새로운 사회윤리, 122.

[27] Bostrom, "The Transhumanist FAQ," 4. 트랜스휴먼 배경의 비전에 대해서는 James M. Childs, "Beyond the Boundaries of Current Human Nature," *Dialog* 54 (2015): 8을 참조하라.

포스트-휴먼을 핵심 가치로 추구하는 트랜스휴머니즘은 유전학, 정보 기술, 나노 기술, 뇌신경 과학, AI와 같은 다학문적인 기술 융합을 통해 새로운 진화 단계로 진입하여 인간의 정신과 육체를 '강화'하고 사회 전반에 영향을 미치려는 급진적 운동이다.[28]

닉 보스트롬(Nick Bostrom)의 정의에 따르면, "트랜스휴머니즘(transhumanism)은 포스트-휴먼을 실행하기 위해 인간의 노화를 방지하고 인간의 지적, 신체적, 심리적 능력들을 크게 향상시키기 위해 광범위하게 활용할 수 있는 기술들을 개발하고 만들어 냄으로써 인간의 조건을 근본적으로 개선하는 일이 가능하고, 또한 바람직하다고 확신하는 지적 문화적 운동"이다.[29] 인문학자들의 시각에서도 진화론에 뿌리를 둔 트랜스휴머니즘과 포스트-휴먼[30]이 추구하는 '인간의 도구화'를 비판하고 있다는 점을 주목할 필요가 있다.[31]

AI 혁명의 주요 사상적 토대인 '트랜스휴먼'(transhuman)이 추구하는 과학철학적 지향점인 '포스트-휴먼'(posthuman)의 위험성은 단순히 인간과 AI의 '기능론적' 연결에 그치지 않고 '존재론적' 융합을 통해 인간을 신과

---

[28] Nick Bostrom, "A History of Transhumanist Thought," 1-7. <https://nickbostrom.com/papers/history.pdf>. Nick Bostrom, "Human Genetic Enhancements: A Transhumanist Perspective," *Journal of Value Inquiry* 37 (2003): 493-506; 과학기술정책연구원 미래연구센터, 『미래는 더 나아질 것인가』, 36-37. 신상규, 『호모 사피엔스의 미래: 포스트-휴먼과 트랜스휴머니즘』 (서울: 아카넷, 2014), 65-66; 오용득, "트랜스휴머니즘의 포스트-휴먼 프로젝트와 의지적 진화의 문제," 경남대학교 인문과학연구소, 「인문논총」 38 (2015): 7-19.

[29] Nick Bostrom, *The Transhumanist FAQ*. Version 2.1. (2003): 4. <http://www.nickbostom.com/ views/transhumanist.pdf>.

[30] 포스트-휴먼은 인간과 기술의 융합을 통해 "인간의 인지적, 신체적, 사회적 능력을 보완, 강화시키는 기술 분야"를 포괄하는 개념이다. 과학기술정책연구원 미래연구센터, 『미래는 더 나아질 것인가』, 70.

[31] 과학기술정책연구원 미래연구센터, 『미래는 더 나아질 것인가』, 4-45; 이창식, "인간이 된 기계와 기계가 된 신," 224-26.

같은 존재로 '진화'시켜 나가려고 한다는 데 있다.[32]

이런 측면에서 트랜스휴먼운동은 하나님과 인간의 본질과 개념에 대한 이론적 변형을 배태하게 한다.

즉, 트랜스휴머니즘은 호모 사피엔스의 미래를 위해 새로운 '의지적 진화'를 선택하여 '트랜스휴먼'을 거쳐 '포스트-휴먼'으로 발전하여 인간과 기계의 '기능론적' 통합을 넘어 '존재론적' 통합과 '신중한 향상'의 가치를 수용함으로 인간의 한계를 넘어서서 궁극적으로 '신과 같은'(Like God) 존재가 되는 것이라고 볼 수 있다.[33] 포스트-휴먼 사회를 향한 '맹목적 믿음'과 '기술의 자율성'에 대해 인문학적, 기술 철학적 문제 제기와 함께 트랜스휴먼 미래에 대한 비판적 성찰이 필요하다.[34]

둘째, 제4차 산업혁명의 알고리즘/빅데이터의 '데이터주의'(Dataism)로 인해 '인간이란 무엇인가'라는 근본적인 질문이 증가할 것이다.

일부 학자들이 데이터 가치를 창출할 능력과 이를 해석하는 힘에 따라 미래에 대한 예측력, 신속한 의사 결정, 생산성 향상, 성공 확률이 좌우된다고 말할 정도로 이 기술은 매우 주목받고 있는 것이 사실이다.[35]

---

32 John Blyler, "Human 2.0: Evolution of Human Augmentation with Robotics," 8-9. <https://www.mouser.com/news/eit-ebook-2-3/mobile/index.html#p=8>.
33 김동환, "AI(인공지능)에 대한 신학적 담론의 형성 및 방향 모색", 44-53; 이창식, "인간이 된 기계와 기계가 된 신," 209-13; 김광연, "트랜스휴머니즘과 인간 양식의 변화에 나타난 윤리적 문제들," 138; 천현득, "인간향상 기술통한 포스트-휴먼되기", 99-127; 신상규, 『호모 사피엔스의 미래: 포스트-휴먼과 트랜스휴머니즘』(서울: 아카넷, 2014), 65-66; 오용득, "트랜스휴머니즘의 포스트-휴먼 프로젝트와 의지적 진화의 문제," 경남대학교 인문과학연구소, 「인문논총」 38 (2015): 7-19.
34 과학기술정책연구원 미래연구센터, 『미래는 더 나아질 것인가』, 67-68; 한국포스트-휴먼연구소, 『제4차 산업혁명과 사회윤리』, 104-06.
35 하원규, 최남희, 『제4차 산업혁명』, 53; 우종필, 『빅데이터 분석대로 미래는 이루어진다』(서울: 매경출판사, 2017); Schwab, 『제4차 산업혁명』, 211-12; Christopher Steiner, *Automate This*, 박지유 역, 『알고리즘으로 세상지배하라』(서울: 에이콘, 2016); 빅데이터에 대한 정의를 위해서는 제4차 산업혁명연구원, 『이것이 제4차 산업혁명이다』, 267-70를 참조하라.

그러나 소수 기업과 인간의 탐욕과 편견이 반영된 알고리즘의 편향성은 사회의 불평등을 강화하는 무기로 활용될 수 있으며, AI만이 데이터를 처리할 수 있다고 보는 '데이터주의'는 인간을 '도구화'할 수 있다.[36]

따라서 제4차 산업혁명 시대에 더욱 제기될 질문은 '참다운 인간의 모습은 무엇인가'에 대한 것이며,[37] 나아가 트랜스휴머니즘과 데이터주의에 관한 근본적인 성찰이 필요한 시점이다.

4. 가장 심각할 수 있는 윤리적 문제: 윤리적 기준은 무엇인가?

AI로 대별되는 제4차 산업혁명의 폭풍이 몰려올 때 인간이 직면해야 할 가장 큰 파도 중 하나가 윤리적 문제라는 충격의 파도이다.[38]

첫째, 비인격적 행위 주체자인 AI의 등장으로 기계의 자율적 판단에 대한 행위의 주체와 책임을 어디까지 인정할 것인지 윤리적 기준의 문제가 매우 첨예한 화두이다.[39]
트랜스휴먼운동이 추구하는 인간 증강 혹은 강화 기술(HET)을 통한 '인간의 기계화', '기계의 인간화'는 수많은 윤리적 문제의 독소를 사회 안에

---

36 Cathy O'Neil, *Weapons of Math Destruction*, 김정혜 역, 『대량살상 수학무기』(서울: 흐름출판, 2017), 273-309; 이창식, "인간이 된 기계와 기계가 된 신," 227-30.
37 차두원 외, 『제4차 산업혁명과 빅뱅 파괴 시대』, 627.
38 Schwab, 『제4차 산업혁명』, 159.
39 한국포스트-휴먼연구소, 포스트-휴먼학회 편저, 『포스트-휴먼 시대의 휴먼』(서울: 아카넷, 2016), 258-61; 이상형, "윤리적 인공지능은 가능한가?: 인공지능의 도덕적, 법적 책임 문제," 한국법정책학회, 「법과 정책연구」 16 (2016): 283-303; 과학기술정책연구원 미래연구센터, 『미래는 더 나아질 것인가』, 130-39; 차두원 외 공저, 『제4차 산업혁명과 빅뱅파괴의 시대』, 622-27.

퍼뜨릴 수 있다.[40]

둘째, 제4차 산업과 관련된 유전자 치료, 체세포 복제, 장기 이식, 생식세포 발달 과정 조작 등에 관한 생명윤리 논의와 생명과학 기술의 지식재산권, 사유화, 개발 속도 제한 등에 관한 사회윤리 기준이 설정될 필요가 있다.[41]

셋째, 제4차 산업 시대 포스트-휴먼과 AI로 인해 전개될 상황을 미리 냉철하게 예측하여 관련 학자들이 새로운 윤리와 법적 체계를 선제적으로 마련할 필요가 있다.

왜냐하면, 복잡한 상황 가운데 AI가 판단하고 결정하는 데 기준이 될 수 있는 법적 제도와 윤리적 틀이 아직 갖춰지지 않음으로 사회가 도덕적 딜레마에 직면할 수 있기 때문이다.[42]

이런 맥락에서 한국 사회는 제4차 산업혁명으로 야기될 수 있는 윤리적 문제들에 대한 사회적인 합의와 윤리적 기준 마련을 위한 논의가 시급히 필요하다.

다행히 2020년, 과학기술정보통신부와 정보통신정책연구원(KISDI)은 사회 각 분야의 전문가들의 의견을 수렴하여 올바른 AI 개발과 활용 방향을 제시하고자 '국가 AI 윤리 기준(안)'을 마련하고 발전시켜 나가고 있다. '인간성'을 AI 윤리 기준(안)이 추구해야할 최고 가치를 설정하고 이를 구

---

40 Richard Susskind and Daniel Susskind, *The Future of the Professions,* 위대선 역.『제4차 산업혁명시대 전문직의 미래』(서울: 와이즈베리, 2016), 381-84; 김동환, "AI(인공지능)에 대한 신학적 담론의 형성 및 방향 모색," 50-51; 김광연, "트랜스휴머니즘과 인간 양식의 변화에 나타난 윤리적 문제들," 144-48.
41 한국포스트-휴먼연구소,『제4차 산업혁명과 새로운 사회윤리』, 51-57. 제4차 산업혁명의 맥락은 아니지만, 윤리적 기준으로 적용할 수 있는 개혁주의 생명윤리에 관해서는 이상원,『기독교윤리학』(서울: 총신대학교출판부, 2016), 244-323, 380-402를 참조하라.
42 Schwab 외 26인,『제4차 산업혁명의 충격』, 248-53.

현하기 위한 인간의 존엄성 원칙, 사회의 공공선 원칙, 기술의 합목적성 원칙의 3대 기본 원칙과 인권 보장, 프라이버시 보호, 다양성 존중, 침해 금지, 공공성, 연대성, 데이터 관리, 책임성, 안전성, 투명성 등의 10대 원칙을 제안했다.[43]

5. '테크노 종교화'를 통한 유토피아 추구: 새로운 종교운동인가?

지금까지 종교와 과학은 각기 다른 세계관에 기초하여 인간 존재의 의미를 추구하였지만, 제4차 산업혁명과 테크놀로지 세계관은 이전의 과학혁명과 달리 초월성과 관련된 종교적 세계관에까지 영향을 주고 있다.[44]

트랜스휴머니즘은 종교적 환상주의(Fanaticism)나 미신(Superstition)을 수용하지 않는다고 표방하지만, 하나의 고정된 교리들(Dogmas)에 고정되지 않는 진화하는 세계관(Evolving Worldview)이라 볼 수 있으며, 종교는 아니지만, 종교를 갈구해 온 사람들에게 종교의 일부 기능을 할 수 있다고 본다.[45]

즉, 휴머니즘과 기계에 대한 새로운 존재론적 범주가 형성되면서, '인간 지우기'(기계의 인간화)와 '신 지우기'(신의 기계화)를 통해 종교가 사라진 기계적 실존을 추구한다고 볼 수 있다는 것이다.[46]

---

43 "'국가 AI 윤리' 지침 나왔다 … 인간 존엄성·공공선·기술 합목적성 원칙 천명," <https://www.aitimes.com/news/articleView.html?idxno=134400>.
44 김남희, "제4차 산업혁명 시대의 종교교육 방향과 필요성," 4.
45 Bostrom, "The Transhumanist FAQ," 45-46.
46 이창식, "인간이 된 기계와 기계가 된 신," 213-30; Robert M. Geraci, "Apocalyptic AI: Religion and the Promise of Artificial Intelligence," *Journal of the American Academy of Religion* 76 (2008): 138-66.

그러나 역설적으로 인간과 신, 종교를 제거하려는 트랜스휴머니즘은 테크놀로지 유토피아(Technological Utopia)와 사이버 영생(Cyber Immortality), 가상 낙원을 꿈꾸는 '테크노 종교'(Techno Religion)로 '종교화'될 수 있다는 것을 한국 사회와 기독교는 인식할 필요가 있다.[47]

그러므로 이러한 새로운 종교운동의 차원으로 변질될 수 있는 테크노 종교의 유토피아 추구와 묵시적 AI 운동의 실체를 목회자들은 분별하고 경계해야 한다.

---

[47] 이창식, "인간이 된 기계와 기계가 된 신," 222-30;

제3장

인공지능 혁명(AIR)으로 인한 주요 이슈와 도전들

제4차 산업혁명이 곧 AI 혁명이라고 본다면, 이러한 제4차 산업혁명으로 발생하는 주요 문제들 및 인문학적 질문들과 AI 혁명은 많은 부분 서로 연결되어 있다. 어느 정도 중복된 내용이 있을 수 있겠지만, 좀 더 AI와 관련된 주요 이슈와 도전을 세밀히 살펴볼 필요가 있다.

따라서 AI 혁명으로 인해 초래될 수 있는 복잡다단한 문제들 가운데 여섯 가지 핵심 이슈와 도전에 초점을 맞추어 논의를 진행하고자 한다.

1. AI 시대 일자리 이슈와 도전

옥스퍼드대학의 연구에 의하면, 향후 10-20년 사이 미국에 있는 모든 직업의 약 47퍼센트가 AI에 의해 자동화될 것이며, 보스턴컨설팅그룹(BCG)은 2025년경 AI가 전 세계 일자리 25퍼센트를 대신 차지할 것으로 예상하였고, 산업용 로봇이 인간 노동력을 대체할 것으로 전망한다.[1]

이러한 AI 로봇에 의한 일자리 혁명에 관해서 학자들은 다양한 전망을 제시하고 있다.

---

1 Schwab, 『제4차 산업혁명』, 221-23. Ford, 『로봇의 부상』, 105. 미래전략정책연구원, 『10년 후 제4차 산업혁명의 미래』(서울: 일상이상, 2016), 143-45; Burrows, 『미래의 역습, 낯선 세상이 온다』, 102-03.

첫째, 제2 기계 시대 도래에 대한 **긍정적, 낙관적 전망**이 포착된다.

전문가 1,986명을 대상으로 한 조사에 의하면, AI에 의해 상실될 인간의 일자리들보다 새롭게 만들어질 일자리가 더 많이 생길 것이라는 낙관론이 조금 더 우세하다(52퍼센트)는 것을 알 수 있다.[2]

마틴 포드는 '기본 소득 보장 제도'를 AI 시대의 효율적인 대안책 중 하나로 제안하면서, 올바른 인센티브 설정을 잘 설계할 때 빈부의 격차와 소득 불균형을 완화할 수 있는 정책이 될 수 있다고 보았다.

그러나 이 제도가 불러올 수 있는 불확실성과 단점, 즉 인간의 노동에 대한 의욕 상실, 심리적 장애(기본 소득만 받고 일은 거부), 정책적 오류, 재원 충당의 어려움 등을 해결해야 한다고 본다.[3] 그러나 정부가 확고한 능력이 없을 때, 소수에게 집중된 새로운 부를 제대로 객관적인 기준을 평가하고 분배하는 데 실패할 때 이 정책의 실현 전망은 매우 회의적이라고 할 수 있다.[4]

'AI로 인해 급진적인 실업 사태가 곧 시작된다'는 전망에 반대하면서 기술에 대한 과대평가와 실업통계의 정확성, 경제 역학에 근거하여 다소 낙관적인 전망을 펴는 학자들도 있다.

그럼에도, 균형 잡힌 시각을 가지고 제4차 산업과 AI 혁명으로 조만간 닥쳐올 직업 문제에 대비하기 위한 미래지향적 정책과 대안을 마련하는 것은 필요하다.[5]

둘째, AI 시대에 일자리에 대한 **부정적, 비관적 전망**이 더욱더 지배적이다.

---

2 Thomas H. Davenport, *Only Humans Need Apply*, 강미경 역, 『AI 시대, 인간과 일』 (서울: 김영사, 2017), 344.
3 Ford, 『로봇의 부상』, 395-428.
4 Davenport, 『AI 시대, 인간과 일』, 54; Kaplan, 『인간은 필요없다』, 24-53.
5 김희철, 『제4차 산업혁명의 실체』, 150-53. 급진적 기술적 실업에 관한 상세한 연구 결과와 분석에 대해서는, 154-69를 참조하라.

여러 학자는 AI 로봇으로 인해 일자리 소멸, 소득 불균형과 양극화, 장기적 경제 불황, 경제 불평등, 사회적 소외 및 중독, 우울증 증가, 가족이나 공동체 붕괴, 소수 승자와 다수의 패자만 남게 되는 등의 파괴적 변화도 예상한다.[6]

이러므로 제리 카플란(Jerry Kaplan)은 "AI와 알고리즘을 가진 상위 1퍼센트에 부가 더욱 집중되어 소득 불평등과 자동화 기술과 기업 경영방식 재설계로 인한 일자리 소멸로 '실직 쓰나미'가 몰려올 것"으로 전망한다.[7] 이러한 소득 불균형은 장기적인 경제의 위험과 위기의 요인으로 작용하게 된다.[8]

제4차 산업혁명의 낙관주의적 주창자들은 풍요와 편리의 논리를 내세우지만, 기술적 실업으로 인한 소득격차의 가속화로 인한 경제적, 정치적 불평등으로 인해 '행복 지수'가 감소할 수 밖에 없게 된다.[9]

제4차 산업혁명이 지난 역사 속 산업혁명과 다른 측면은 인간이 '더 이상 필요 없는 존재'로 전락하고 인간이 서로의 존재를 필요로 하지 않는 사회가 도래할 수 있다는 점이다.[10]

직업 사회가 '인간이 AI보다 더 근면하고, 정확하고, 신속하게 분석하고 판단할 수 있겠는가'라는 질문에 내포된 딜레마 앞에 직면하게 된다.[11]

셋째, AIR로 인한 사회의 위기를 극복할 대안은 AI 기계와 인간의 **'공생과 협력'** 혹은 **'인간 향상, 상호증강'** 방향이라고 제안하는 견해가 등장

---

6 Ford, 『로봇의 부상』, 308-41; 김희철, 『제4차 산업혁명의 실체』, 25-30; Brynjolfsson and McAfee, 『제2의 기계 시대』, 188-206.
7 Jerry Kaplan, 『인간은 필요없다』, 158-76.
8 Ford, 『로봇의 부상』, 308-41.
9 Brynjolfsson and McAfee, 『제2의 기계 시대』, 209-34.
10 과학기술정책연구원 미래연구센터, 『미래는 더 나아질 것인가』, 18-19; Jerry Kaplan, *Humans Need Not Apply*, 신동숙 역, 『인간은 필요없다』, (서울: 한스미디어, 2016); Brynjolfsson and McAfee, 『제2의 기계 시대』, 316.
11 박순서, 『공부하는 기계들이 온다』 (서울: 북스톤, 2016), 83-169.

하고 있다.¹²

이러한 인간과 AI의 '협력모델'은 극단적 대결 방안보다는 설득력이 있지만, AI와 공생할 수 있는 사람은 소수 기업에서 선택받은 소수 엘리트만 선택될 가능성이 크며, 그들마저도 AI의 보조적인 도구나 자동화의 희생양으로 전락할 수도 있다.¹³

예를 들어, 대중들에게 영향력이 큰 인공지능 영화(<배틀스타 갤럭티카>, <아이 로봇>, <바이센테니얼 맨>, <A.I.>, <월E> 등)는 '대립'보다는 '공존과 인정', '상생과 협력'의 메시지가 많고, 어릴 때부터 이러한 문화에 영향받은 젊은 세대일수록 AI와 공존하고자 하는 의식이 강한 경향이 있다.

한편, 코웬은 약 15-20퍼센트의 인간이 기계와의 협력이 적합한 층이라고 추산하고 있다. 그러나 주로 직업 초년병들은 직장에서 자신의 전공 분야와 고도의 복잡한 업무는 AI에게 내주고 AI의 보조 역할을 하다가 협력이 아닌 자동화의 희생양이 될 가능성이 크다고 예상한다.¹⁴

포드도 '인간과 기계팀'에 대한 의문을 제기하면서 협력모델은 "자승자박의 위험이 있다"고 본다. AI의 부상과 함께 클라우드 컴퓨터는 모든 직장 시스템에 도입되어 직원은 도구화되고 많은 일자리를 소멸시킬 것으로 전망한다.¹⁵

토마스 데이븐포트(Thomas H. Davenport)는 "AI에 의해 지식노동자의 실직이 발생하는 불가피한 흐름 속에서 AI와 대결 구도나 자동화 방향이 아닌 인간 '증강'(augmentation)(검색 능력, 중요한 의사결정, 초능력 증강, 추진력/자

---

12 Davenport, 『AI 시대, 인간과 일』, 52-53, 99-118, 348-50; Davenport, *The AI Advantage* (Cambridge, MA: MIT Press, 2018), 129-69.
13 Cowen, 『제4차 산업혁명 강력한 인간의 시대』, 115-17; Brynjolfsson and McAfee, 『제2의 기계 시대』, 237-58; Ford, 『로봇의 부상』, 158-68. 174-202.
14 Cowen, 『제4차 산업혁명 강력한 인간의 시대』, 115-17; Brynjolfsson and McAfee, 『제2의 기계 시대』, 237-58.
15 Ford, 『로봇의 부상』, 158-68. 174-202.

기 계발 등)과 인간과 AI 간의 '상호 증강 전략'을 통해 인간의 한계를 극복하고 AI와 협업하는 방향('AI에게 맡겨도 되는 일'이 무엇인가 물어야 함)으로 가면서 AI가 인간을 여전히 필요로 하는 전문 영역(복잡한 인식 업무, 창의적 업무, 사회적 관계 업무 등)의 강점을 살려야 AI의 부속물로 전락하는 것을 막을 수 있다"고 주장한다.[16]

그러나 인간과 기계의 존재론적 혹은 기능론적 협력모델은 대결방안보다는 설득력이 있지만, AI와 공생할 수 있는 사람은 평범한 자들은 제외되고 소수 기업에서 선택받은 소수 엘리트만 선택될 가능성이 크며 근본적인 대안으로 작용하기는 어려울 것이다.

넷째, AI가 대체할 수 없는 인간의 영혼 혹은 **내면적 영역과 관계적 강점**을 더욱 강조하는 시각도 주목할 필요가 있다.[17]

이와같이 AIR과 일자리 이슈에 대한 전문가들의 견해들조차 일치된 방향성과 명확한 근본적인 대안을 제시하지 못하고 있다.

2. AI와 관련된 법적, 도덕적 이슈와 도전

AI의 행동 선과 악의 기준을 다루는(AI의 존재와 자율의식을 인정하는 입장에서) '기계 윤리'와 인간과 AI의 공존을 위한 입장에서 AI의 자율적 의식과 행동의 책임 도덕적 판단 기준과 인간의 행동을 포함하는 '로봇 윤리'에 대한 사회적 논의는 불가피하다.[18] 예를 들어, 미래생활연구소(FLI)에

---

16 Davenport, 『AI 시대, 인간과 일』, 52-53, 99-118, 348-50.
17 박순서, 『공부하는 기계들이 온다』, 227-28; Susskind and Susskind, 『제4차 산업혁명 시대 전문직의 미래』, 375-84; Davenport, 『AI 시대, 인간과 일』, 52-53.
18 한국포스트-휴먼연구소, 한국포스트-휴먼학회 편저. 『제4차 산업혁명과 새로운 사회윤리』 (서울: 아카넷, 2017), 155-56.

서는 무기 로봇과 킬러 로봇을 경계하면서 '로봇 윤리 가이드 라인'을 이미 제시하였다(www.futurelife.org).

트랜스휴먼운동과 AI 시대의 도래는 여러 위험성과 도덕적 문제들을 야기할 수 있다. 여러 일반학자는 AIR의 발전 속도에 사회의 윤리적, 법적 준비가 따라가지 못하고 있는 상황을 인식하면서, AI 시대의 도덕적, 법적 기준과 사회적 안전망을 세워야 할 '필요성'을 다양한 측면에서 제기하고 있다.[19]

이런 측면에서, 이미 여러 일반학자가 AI 시대의 윤리적 규범과 기준을 세워야 할 '필요성'을 다양한 측면에서 제기하고 있다.

첫째, '아시모프의 로봇 원칙'을 넘어 인간의 행복 구현을 위한 도구로서의 윤리적인 AI 로봇을 만들기 위한 수정 원칙과 윤리적인 기준을 세워야 할 필요성이 제기되고 있다.[20]

아시모프 소설에 등장하는 '로봇공학 3원칙'은 AI에 대한 도덕적 기준과 밀접한 관련이 있다.[21]

---

19 김종세, "인공지능의 안전성과 인간윤리에 대한 법정책적 고찰," 한국법학회, 「법학연구」 7 (2020): 1-35.
20 Robin R. Murphy and David D. Woods, "Beyond Asimov: The Three Laws of Responsible Robotics," Intelligent Systems, IEEE 24 (2009): 14-20; 고인석, "아시모프의 로봇 3법칙 다시보기-윤리적인 로봇 만들기," 철학연구회, 「철학연구」 93 (2011): 107-08; 변순용, "인공지능로봇을 위한 윤리 가이드라인 연구", 한국윤리교육학회, 「윤리교육연구」 47 (2018): 233-52.
21 고인석, "아시모프의 로봇 3법칙 다시보기-윤리적인 로봇 만들기," 101-02. '로봇윤리의 토대와 원칙'에 대한 최근의 상세한 논의를 위해서는 고인석, 『인공지능과 로봇의 윤리』(서울: 세창출판사, 2022), 7-11장을 참조.

제1원칙: 로봇은 인간을 헤쳐서도, 인간이 해를 입도록 방치해서도 안 된다.
제2원칙: 로봇은 첫 번째 법칙과 상충하지 않는 한 인간의 명령에 복종해야 한다.
제3원칙: 로봇은 첫 번째 법칙이나 두 번째 법칙과 상충하지 않는 한 스스로의 존재를 보호해야 한다.

둘째, 행동의 주체로서 AI 자율적 판단 가능 여부와 책임 인정의 한계를 정하는 법적 장치의 필요성이다.

이상형은 "과연 인공지능이 윤리적 주체로 '도덕적 인공행위자'로서 행동하는 것이 가능한가'라는 질문에 답하기 위해서는 AI가 이성과 감성을 가지고 합리적으로 행동을 선택하고 사회적인 책임질 수 있는 능력이 전제조건으로 수렴되어야 한다고 주장한다.[22] 이는 또한 AI에 윤리적, 법적 책임과 권리를 부여하기 위해서도 필요하다고 말한다.

셋째, 이러한 법적 장치의 필요성뿐만 아니라 여러 학자들은 AI의 법적, 윤리적, 형사적 책임 문제에 대비하기 위한 사회적, 법적 토대와 기준 마련이 필요하다고 역설한다.

이에 대한 여러 학자들의 견해를 살펴볼 필요가 있다.

이기훈은 엄청난 속도로 발전하고 있는 AI 기술이 어떤 방식으로 진행될지 불확실하지만, 분명한 것은 AI 시대의 도래는 인간 사회에 복합적인 '위험성'을 내포하고 있으며 인류는 이를 미리 준비해야 한다고 역설한다.

---

[22] 이상형, "윤리적 인공지능은 가능한가?: 인공지능의 도덕적, 법적 책임 문제," 한국법정책학회, 「법과 정책연구」 16 (2016): 283-303.

또한, AI 미래에 대한 디스토피아를 극복하고 미래 세대를 위한 새로운 단계로 발전한 윤리학의 필요성 주장한다.

그리고 윤리학을 과거 규범으로 도외시하거나 AI를 공상과학과 첨단과학 기술의 영역으로만 인식하여 윤리적 연구 범위에서 배제하는 우를 범하지 않아야 한다고 강조한다.[23]

그뿐만 아니라, 자의식을 가진 AI 로봇이 인간과 동등한 지위를 가지고 '윤리적 주체'가 될 수 있는가에 대한 심도 깊은 논의가 필요하며 AI 로봇과 인간이 공존하기 위한 새로운 '윤리 규범'을 규정해야 할 필요성이 제기되고 있다.

김광연은 이러한 사이버휴머니즘 시대를 준비하기 위해서는 인간과 윤리적 주체인 로봇의 '선의 공동체 실현'(인류 공동체의 보편적인 목적)을 위해 AI와의 관계 지향적인 윤리를 지향해야 할 것을 제안한다.[24]

송선영은 AI에 대한 존재론적 전망을 넘어서 인간과 AI 로봇 간의 관계에서 요구되는 조건적 자율성과 시민 윤리적 알고리즘의 기준이 필요함을 역설하면서, AI 로봇은 특정 분야 및 상황에서 발생하는 사회와 인간의 문제들을 해결하는 데 유용한 도구로 활용되어야 한다고 주장한다.[25]

손영화는 '법과 제도적 시각에서 인공지능(AI) 시대를 어떻게 준비할 것인가'라는 화두를 던지면서 인공지능의 자율적 판단과 이에 근거한 행동의 법적 책임에 관한 이슈에 대하여 사회가 준비하고 해결해야 할 핵심 과제라고 주장한다(예-자율주행 자동차의 자율주행에서 사고가 발생했을 때의 법률상의 책임 소재와 배상 책임이 AI 설계자인 사람에게 있는가, 아니면 AI에게 있는가?).

---

23 이기훈, "인공지능 발달에 따른 윤리학의 필요성 연구," 한국윤리학회, 「윤리연구」 120 (2018): 293-317.
24 김광연, "인공지능 및 사이버휴먼 시대의 윤리적 논쟁과 규범윤리의 요청," 충남대학교 인문과학연구소, 「인문학연구」 57 (2018): 56.
25 송선영, "로봇과 인공지능 시대의 시민윤리와 도덕교육적 함의," 한국윤리학회, 「윤리연구」 115 (2017): 138-39;

나아가 자율의식이 없는 AI 로봇과 앞으로 출현할 자율의식을 가진 AI 로봇에 대한 법적 과제를 해결하기 위해서는 입법적 차원, 국민적 합의와 경제적·사회적 파급 효과 등 총체적인 시각에서 논의와 사회적 법체계와 제도 장치 마련해야 한다고 주장한다.[26]

안성조는 AI와 관련된 법적 쟁점 중 형사 책임의 문제, 이를테면 AI가 탑재된 의료용 로봇이나 산업용 로봇이 인명사고를 냈을 때 이에 대한 책임소재의 문제를 형법적 측면에 국한해 고찰해 보면서 이 경우에 제조업자나 사용자 또는 AI 로봇 자신 중 과연 누가 책임을 지는 것이 정당한 것인지 검토한다.[27]

이인영도 AI 기술의 발전에도 불구하고 여전히 이에 따라 발생할 수 있는 위험 요소들에 대한 문제 제기가 계속되고 있는 상황을 간파하면서 AI로 인해 생겨날 수 있는 유형별로 '형사 책임주의 원칙의 법리'에 근거하여 사회적 가치(이념)체계와 법적 장치를 미리 마련해야 할 것을 주장한다.[28]

그러므로 국가와 사회는 AI의 위험성을 미리 예측하여 인간을 대신해서 행동할 수 있는 법을 제정하여 AI를 통제할 수 있는 사회 시스템을 촘촘히 구축하고,[29] 대리 AI의 잘못된 결정에 대한 책임규명에 대한 법적, 도덕적 기준을 미리 마련해야 한다.

다행히도 AI로 인해 발생할 수 있는 위험과 인류의 재앙을 미리 막기 위해 100명이 넘는 전 세계의 AI 전문가들이 함께 모여 '유익한 인공지능 회의'(Beneficial AI conference)에서 '아실로마 합의'(Asilomar AI Principles)를 통

---

26 손영화, "인공지능(AI) 시대의 법적 과제," 한국법정책학회, 「법과 정책연구」 16 (2016): 305-29.
27 안성조, "인공지능 로봇의 형사 책임 – 논의방향의 설정에 관한 몇 가지 발전적 제언," 한국법철학회, 「법철학연구」 20 (2017): 77-122.
28 이인영, "인공지능 로봇에 관한 형사 책임과 책임주의," 「홍익법학」 18 (2017): 32-57.
29 Kaplan, 『인간은 필요없다』, 120-25.

해 '연구 이슈, 윤리와 가치, 장기 이슈' 등 세 개 범주로 나누어 AI 연구와 윤리적 가이드라인을 스물세 가지로 제시한 바 있다.[30]

30　"인공지능 재앙 막는 스물세 가지 원칙," <https://www.hani.co.kr/arti/economy/biznews/786763.html>.
　　아실로마 합의(Asilomar AI Principles)>의 첫 번째 범주는 AI 연구의 이슈 다섯 가지이다. (1) 연구 목표: AI 연구의 목표는 방향성 없는 지능이 아닌 인간에게 이로운 지능을 개발하는 것이어야 한다, (2) 연구비 지원: AI에 대한 투자는 AI의 유익한 이용을 보장하는 문제에 대한 지원을 수반해야 한다, (3) 과학과 정책의 연결: AI 연구자와 정책입안자 사이에 건설적이고 건강한 교류가 있어야 한다, (4) 연구 문화: AI 연구자와 개발자 사이에 협력, 신뢰, 투명성의 문화가 조성돼야 한다, (5) 경쟁 회피: AI 시스템을 개발하는 팀들은 부실한 안전기준을 피하기 위해 능동적으로 협력해야 한다.
　　두 번째 범주로서 지켜야 할 윤리와 가치는 열세 가지이다. (6) 안전: AI 시스템은 작동 수명 기간을 통틀어 안전하고 안정적이어야 하며, 어떤 경우에 적용··구현이 가능한지 검증할 수 있어야 한다, (7) 장애 투명성: AI 시스템이 피해를 유발할 경우, 그 이유를 확인할 수 있어야 한다, (8) 사법 투명성: 사법적 결정에서 자동시스템이 개입할 경우, 권한이 있는 감사 당국에 만족할 만한 설명을 제공해야 한다, (9) 책임성: 첨단 AI 시스템 설계자 및 구축자는 AI의 이용, 오용 및 행동의 도덕적 영향력에서 이해 관계자이며, 그에 따르는 책임과 기회를 갖고 있다, (10) 가치 정렬: 고도의 자동 AI 시스템은 작동하는 동안 그 목표와 행동이 인간의 가치와 잘 어우러지도록 설계돼야 한다, (11) 인간의 가치: AI 시스템은 인간의 존엄, 권리, 자유 및 문화적 다양성의 이상에 적합하도록 설계되고 운용돼야 한다, (12) 프라이버시: AI 시스템에 데이터를 분석·활용할 수 있는 권한을 부여할 경우, 사람에겐 그 데이터에 접근, 관리, 통제 할 수 있는 권리를 줘야 한다, (13) 자유와 프라이버시: 개인 데이터에 대한 AI 적용이 사람들의 실제 또는 스스로 인지하는 자유를 부당하게 축소해서는 안된다, (14) 공동의 이익: AI 기술은 가능한 한 많은 사람들에게 이로움을 줘야 한다, (15) 공동의 번영: AI가 만들어내는 경제적 번영은 널리 공유돼, 모든 인류에게 혜택이 돌아가도록 해야 한다, (16) 인간 통제: 인간은 AI 시스템에 의사결정을 위임할지 여부와 그 방법을 선택해, 인간이 선택한 목표를 달성하도록 해야 한다, (17) 사회적 절차: 고도화된 AI 시스템을 통제함으로써 갖게 되는 힘은 사회의 건강도를 좌우하는 사회적, 시민적 절차를 뒤집는 것이 아니라 존중하고 개선해야 한다, (18) AI 군비 경쟁: 치명적인 자동 무기에 대한 군비경쟁은 피해야 한다.
　　세 번째 범주로서 장기적으로 염두에 둬야 할 다섯 가지는 다음과 같다. (19) 능력 경계: 어떤 일치된 합의가 없으므로, 우리는 미래 AI 능력의 상한선에 관한 강력한 가정을 피해야 한다, (20) 중요성: 고등 AI는 지구 생명의 역사에 중대한 변화를 가져올 수 있으며, 그에 상응하는 관심과 자원을 계획하고 관리해야 한다, (21) 위험: AI 시스템이 야기하는 위험, 특히 파국적이거나 실재하는 위험은 예상되는 영향에 맞춰 계획하고 완화하는 노력을 해야 한다, (22) 반복적 자기개선: 급속한 양적, 양적 증가로 이어질 수 있는 방식으로 자기개선이나 자기복제를 반복적으로 하게끔 설계된 AI 시스템은 엄격한 안전 및 통제 조처를 받아야 한다, (23) 공동선: 초지능은 오로지 널리 공유

3. AI와 빅데이터, 알고리즘(Algorithm) 이슈와 도전

앞서 제4차 산업혁명과 관련하여 간략히 언급한 것처럼, 빅데이터와 알고리즘 이슈는 인공지능과 관련하여 더 이해할 필요가 있다. 빅데이터는 AI의 범주에 포함된다고 볼 수 있으며, 머신러닝을 통한 AI는 '알고리즘(Algorism)의 일종'이라고 볼 수 있다.[31] 미래에 대한 예측과 확률을 좌우할 수 있는 빅데이터와 알고리즘은 AIR의 주요 열쇠로서, 학자들은 이에 대한 상반된 전망을 제시하고 있다.

첫째, 긍정적인 측면은 AI가 빅데이터를 활용한 알고리즘을 통해 결과를 예측하고(예측 알고리즘) 제안하는 경우 더욱 신속하고 합리성과 효율성을 높인 실시간 의사 결정 프로세스와 창의적이고 생산적이며 스마트한 조직문화와 경영구조를 구축할 수 있다는 점이다.

또한, 빅데이터는 '집단행동 통계적 관리'와 특정 업무 자동화를 통한 막대한 이윤 창출로 기업을 성공하게 하며, 기후 변화 대비, 질병 및 전염병 극복, 경제적 발전, 케이스 연구 등의 영역에서 장점이 나타날 수 있다.[32]

AI가 수많은 빅데이터를 통해 인간의 '유전자 알고리즘'을 분석하게 되면, 인간을 설계한 존재보다 인간이 더 유리한 위치에 서게 될 것(인간의

되는 윤리적 이상을 위해, 그리고 하나의 국가나 조직이 아닌 모든 인류의 이익을 위해 개발돼야 한다.

31 제4차 산업혁명연구원, 『이것이 제4차 산업혁명이다』, 265-70; 양종모, "인공지능 알고리즘의 편향성, 불투명성이 법적 의사결정에 미치는 영향 및 규율 방안," 66-67.
32 Ben Waber, *People Analytics*, 배충효 역, 『구글은 빅데이터를 어떻게 활용했는가』 (서울: 북카라반, 2015); Kaplan, 『인간은 필요없다』, 136-50; Ford, 『로봇의 부상』, 154-56; Schwab, 『제4차 산업혁명』, 211-12; Sang-Ho Moon, "Case Study of Big Data in Humanities using Ngram Viewer," *Asia-pacific Journal of Multimedia Services Convergent with Art, Humanities, and Sociology* 5 (2015): 57-65.

신격화)이라고 보는 극단적인 학자도 있다.³³

둘째, 빅데이터의 부정적 측면은 개인의 프라이버시와 자유 수호를 위해 '데이터 주도적 사회'(Data-Driven Society)를 도시 가운데 추구해 갈 때 '프로메테우스의 불'과 같이 데이터를 악용한 위험한 시도들도 나타날 수 있다는 점이다.³⁴

구체적으로 빅데이터에 대한 신뢰 문제와 인공지능의 알고리즘에 대한 책임소재와 거버넌스의 불분명성, 빅데이터 남용, 해킹과 사이버 범죄 증가, 사생활 침해 혹은 통제, 일자리 감소 및 불평등 심화, 알고리즘과 사회 조직의 마찰, 알고리즘 소유 경쟁, 알고리즘에 통제 불가 등의 사회적인 문제도 발생할 수 있다.³⁵

마틴 포드는 세계금융시장에서 '약탈적 알고리즘 무리'가 탑재된 컴퓨터가 서로 경쟁하는 생태계가 이미 형성되어 인간이 이해할 수 없는 속도로 거래하는 알고리즘에 대한 통제가 어려운 수준이 되고 있다고 분석한다.³⁶

예를 들어, 월스트리트(Wall Street, 미국 뉴욕 맨해튼의 금융 밀집 구역)와 대형 은행들은 AI의 알고리즘 분석에 의존하고 기존 직원은 해고되고 있으며, 아마존닷컴(www.amazon.com)은 빅데이터를 활용하여 조직을 혁신적으로 관리하고 있다.³⁷ AI와 빅데이터를 소유한 자와 통제당하는 다수로 이루어지는 '초양극화 사회'로 나아갈 수 있는 위험성을 감지하고 대비해야 할 필요가 있다.

---

33 Ford, 『로봇의 부상』, 176-77.
34 Schwab, 『제4차 산업혁명』, 217-18. Alex Pentland, *Social Physics*, 박세연 역, 『창조적인 사람들은 어떻게 행동하는가』 (서울: 와이즈베리, 2015), 41-42; and Ford, 『로봇의 부상』, 181-82.
35 Schwab, 『제4차 산업혁명』, 217-18.
36 Ford, 『로봇의 부상』, 181-82.
37 Kaplan, 『인간은 필요 없다.』, 136-50.

흥미롭게도, 서울대 유기윤 교수 연구팀(김정옥, 김지영 연구 교수)은 빅데이터에 분석을 통해 시뮬레이션한 결과를 통해 미래의 도시에 관한 충격적인 연구 결과를 발표했다. 연구팀은 일 년간 수천 건에 이르는 책과 논문, 통계보고서 등을 수집 및 분석하고 휴리스틱이라는 방법을 통해 매우 흥미로운 결과를 도출했다.

이에 따르면, 미래 도시에서는 플랫폼 소유주, 플랫폼 스타, AI, 프레카리아트(precariat)의 4개 계급으로 살아가게 된다.

[서울대 공대 연구팀이 예측한 2090년 사회 계급도]

플랫폼 스타
(정치인, 예체능 스타)
0.002퍼센트

플랫폼 소유주(IT 공룡기업)
0.0001퍼센트

프레카리아트(일반 시민)
99.997퍼센트

*AI 로봇이 노동시장 대부분 잠식

가장 상위층인 첫 번째 계급 '플랫폼 소유주'는 현재의 국제적인 다국적 기업 소유주와 유사하게 플랫폼이라는 미래 정보형 기업으로 자신의 기업을 진화시키면서 나타났다.

그 아래 두 번째 계급(플랫폼 스타)에는 일부 정치 영역의 소수 엘리트, 소수의 예체능 스타, 그리고 소수의 창의적 전문가들이 존재한다.

문제는 세 번째 계급에 속한 AI 아래 일반 시민층인 '프레카리아트'(일반 시민)가 존재하게 된다는 것이다.

'프레카리아트'란 제4차 산업혁명의 변화 속에서 직업 정체성을 가지지 못하고 불안정한 시간제 노동을 하는 새로운 유형의 실업자들을 말한다.

즉, 네 번째 계급에 속한 이들은 플랫폼에 속해 살아가는 현재의 직장인, 영세 자영업자, 그리고 전문직 종사자들로 '프레카리아트'의 수(현재는 적음)는 점점 증가하여 2090년경에는 확률적으로 99.99퍼센트 이상이 이 계급에 속하는 것으로 나타났다.

연구팀은 미래에는 매우 특이한 환경 속에서 각 계급이 살아가게 되고, 특히 4계급에 속하는 일반 시민의 노동 가치는 점점 하락하여 빈곤 계층으로 전락하고, 3계급의 AI에 의해 통제받으며 도시의 인프라는 발전하지 못하고 현상 유지되는 상황이 펼쳐질 것으로 전망한다.[38]

이와 관련하여 하대청은 프레카리아트 시대의 도전에 필요한 응전을 다음과 같이 요약했다.[39]

> 우리는 이런 '루프 속의 프레카리아트'를 양산하는 기술에 맞서 여러 정책적 대안들을 서둘러 마련할 필요가 있다. 이들이 노동자로서 법의 보호를 받을 수 있도록 법적인 틀을 만들고, 이들이 새로운 기술 변화에 적합한 직업을 얻도록 하는 재교육 및 평생교육, 그리고 이를 뒷받침할 수 있는 각종 사회 보장 제도도 정비해야 할 것이다. 다른 한편으로 AI를 둘러싼 지배적인 기술 정치에 맞서는 노력도 필요하다.

이러한 프레카이아트 국가(제국)로 가지 않도록 하기 위해서는 인간 친화적이면서 사회적 공공성과 도덕적 가치를 담은 AI 개발과 가이드라인

---

38 "공대 건설환경공학부 유기윤 교수 연구팀, '미래 도시에 4개의 계급 존재' 연구 결과," <https://now.snu.ac.kr/past/16/3/458>.
39 하대청, "루프 속의 프레카리아트: 인공지능 속 인간 노동과 기술정치,"「경제와 사회」118 (2018): 298-99.

을 만들어야 한다.[40]

셋째, 빅데이터의 편향성과 AI와 결합된 알고리즘의 오류로 인해 발생할 수 있는 여러 가지 문제들을 경계해야 한다는 이들도 있다.[41]

즉, 소수 글로벌기업이나 조직이 원하는 결과를 도출하기 위해 자의적으로 만든 '기준'을 AI와 빅데이터의 알고리즘에 적용함으로 민주주의 가치와 인간의 인격성을 배제하며, 사회적 차별을 강화하고 통제하며 여론을 조작할 수 있는 도구로 악용될 수 있다는 경고이다.[42]

케시 오닐(Cathy O'Neil)이 말하는 '대략 살상 수학 무기'는 수학과 데이터, IT 기술의 결합으로 탄생해 교육, 노동에서 광고, 보험, 정치에 이르기까지 삶의 다양한 영역에 걸쳐 불평등을 조장하고 민주주의를 위협하는 '알고리즘'의 모형이다.

이런 차원에서 알고리즘을 통한 법적 의사결정과 책임 주체 문제로 인해 생겨날 사회적 악영향에 대한 사후 처리 방향보다 미리 원천적으로 차단하기 위한 장치를 마련하고 예방하는 방향을 모색해야 한다는 시각도 존재한다.[43]

넷째, 앞서 언급한 것처럼, 일부 학자들은 AI를 통한 '데이터주의'(Dataism)와 만물 인터넷(IoAT)과 알고리즘 법칙에 기초한 소위 데이터 종교는 인간을 '도구화'할 수 있다고 지적한다.[44]

데이터주의에 의하면, 휴머니즘과 완전히 단절된 인간은 우주적 직무를 다했기에 존재의 휴식을 취하고 정보화된 인간으로 다운그레이드

---

40 "AI권력이 `초양극화 사회` 만든다,"<https://www.mk.co.kr/news/it/8019935>.
41 "ERLC, "Artificial Intelligence: An Evangelical Statement of Principles," 3.
42 Cathy O'Neil, *Weapons of Math Destruction*, 김정혜 역, 『대략살상 수학무기』 (서울: 흐름출판, 2017), 273-309.
43 양종모, "인공지능 알고리즘의 편향성, 불투명성이 법적 의사결정에 미치는 영향 및 규율 방안," 62-98.
44 Bruce Schneier, *Data and Goliath* (W. W. Norton & Company, 2015), 125-35.

(downgrade)되며, 인간은 엄청난 데이터 정보를 감당할 수 없고 이를 해독할 수 있는 주체는 만물의 인터넷과 연결된 AI뿐이라고 본다.

다섯째, 빅데이터 시대일수록 인간의 불완전한 정밀성으로 인한 실수와 약점을 포용하는 방향을 사회공동체가 상실하지 않아야 한다는 의견도 주목할 만하다.

또한, 빅데이터와 알고리즘이 밝혀내지 못하는 인간의 인지 능력, 감성, 창의성, 직감, 위험 감수, 윤리적 능력 등을 존중하면서 인간의 고유한 역할과 공간은 남겨 두고 AI와 빅데이터는 도구로만 활용되어야 한다는 의견도 설득력을 얻고 있다.[45]

4. AI와 종교적 이슈와 도전

AI 혁명은 이전 과학적 혁명과 달리 초월적 특성을 가진 종교적 세계관과 데이터 종교와 밀접한 관련성을 가지고 있으며, 트랜스휴머니즘과 진화적 세계관과 혼합되어 일종의 유사 종교적 기능을 함의하고 있다.

묵시적 신학에 기초한 트랜스휴머니즘과 AI운동을 비판하면서, 로버트 제라시(Robert M. Geraci)는 이를 하나의 새로운 종교운동으로 간주한다.[46]

예를 들어, 유사 불멸과 영생을 강조하는 커즈와일의 성향은 극단적인 시나리오에 기초한 종교적 맹신에 가까운 것으로 '테크노포비아'(Techno-

---

[45] Viktor Mayer-Schonberge, Kenneth Cukie, *Big data: a Revolution that Will Transform How We Live Work and Think*, 이지연 역, 『빅데이터가 만드는 세상』 (서울: 21세기 북스, 2013), 356-60; Susskind and Susskind, 『제4차 산업혁명 전문직의 미래』, 375.

[46] Robert M. Geraci, *Apocalyptic AI: Visions of Heaven in Robotics, Artificial Intelligence, and Virtual Reality* (New York: Oxford University Press, 2012), 8-145; Robert M. Geraci, "Apocalyptic AI: Religion and the Promise of Artificial Intelligence," *Journal of the American Academy of Religion* 76 (2008): 138-66.

phobia)를 확대 재생산시킬 수 있는 위험이 있다.[47]

레반도프스키는 인공지능을 신으로 모시는 AI church를 설립하였고(얼마전 문을 닫았다), 커즈와일의 추종자들을 중심으로 AI를 신으로 숭배하며 (AIdolatry) 자체적인 종교의식, 예배, 복음을 계속해서 전파하고 있다.[48]

트랜스휴머니즘으로 무장한 AI운동은 신(神)의 존재를 제거하고자 했으나, 역설적으로 '테크노 종교'(Techno Religion)라는 새로운 종교를 배태하였다. 테크노 종교(Techno Religion)는 신(神)과는 관계없는 AI의 데이터주의, 알고리즘과 유전자 테크놀로지를 통해 지상에서의 평화와 번영, 불멸과 영생, 가상 낙원의 내세관을 꿈꾸는 신종교운동으로 발전할 수 있다.[49]

AI와 빅데이터가 주도하는 신세계를 갈망하는 테크노 종교는 생물학적 존재인 호모 사피엔스(Homo Sapiens)를 넘어 AI와 결합된 생명공학적 존재인 사이보그로 진화되어 '호모 데우스'(Homo-Deus)를 추구하는 테크노휴머니즘(TechnoHumanism)과 연결된다.[50]

진화론과 환원주의적 관점에서 할라리는 인간이 신의 영역에서 신적인 일을 하게 되었다고 상정한 다음, 기독교와 종교를 허구라고 주장한다.[51]

베스 싱글러(Beth Singler)도 AIR이 잠재적으로 현대 종교를 재활성화시키고, 새로운 종교운동을 창조하도록 자극할 수 있다고 본다.[52]

---

47 Cowen, 『제4차 산업혁명 강력한 인간의 시대』, 208-10; Barrat, 『파이널 인벤션: 인류 최후의 발명』, 238-52; 김희철, 『제4차 산업혁명의 실체』, 118-27.
48 James Paul, "Meet The 'Church Of Artificial Intelligence' That Worships AI As God!" <https://in.mashable.com/tech/34870/meet-the-church-of-artificial-intelligence-that-worships-ai-as-god>.
49 이창식, "인간이 된 기계와 기계가 된 신," 213-30.
50 왕대일, "유발 하라리의 『사피엔스』와 『호모 데우스』의 인간이해에 대한 해석학적 진단," 한국신학정보연구원, *Canon & Culture* 12 (2018): 235-55.
51 김성원, "호모 데우스(Homo Deus)론"에 관한 분석 비평연구," 한국복음주의조직신학회, 「조직신학연구」 28 (2018): 42-76.
52 Beth Singler, "An Introduction to AI and Religion For the Religious Studies Scholar," *Implicit Religion* 20 (2017): 216.

일부 종교사회학자들 가운데 AI 연구를 인지 종교학 및 사회학 연구와 융합함으로 '인공적인 사회 지능'(ASI, Artificial Social Intelligence)과 종교 현상 시뮬레이션을 통한 최적화된 종교모델을 구축하고자 한다.[53]

5. 메타버스(metaverse) 혁명 이슈와 도전

코로나19 팬데믹 기간 동안 가장 주목받은 이슈 중 하나가 '메타버스'(Metaverse)이며, 제4차 산업혁명이라고 할 때 가장 많이 떠오르는 이미지 중에 하나가 바로 '메타버스'이다. 코로나 이후 시대에 급속도로 가상의 물리적 공간을 공유하는 메타버스가 사회 전반에 강력한 영향을 주고 있다. 반도체 성능과 5G 통신망의 발전과 함께 코로나19가 메타버스 혁명을 가속화하고 있다.

'메타버스'라는 가상세계 안에서 참여자들은 게임, 회의, 입학과 졸업식, 축제, 콘서트, 문화 공연, 부동산, 물건 거래 등을 경험하고 있으며, 스마트폰처럼 현대인의 일상에 빠르게 스며들고 있다.

스마트폰처럼 사회를 혁명적으로 바꾼 것과 비교될 정도의 파급력을 가진 것으로 평가되는 메타버스가 현대인과 다음 세대들의 '고단한 현실의 탈출구 된 가상 천국'이 될 수 있을까?

메타버스 전문가 김상균은 "메타버스는 인간 삶의 변곡점이 될 것이다. 현실의 환경이나 양극화 문제를 일부 해결하는 확장 공간도 될 수 있다"고 강조한다.[54]

53　Bainbridge의 주장에 대한 상세한 내용은 William S. Bainbridge, *eGods: Faith versus Fantasy in Computing Games* (Oxford: Oxford University Press, 2013)를 참조하라.
54　"스마트폰 다음은 메타버스? 고단한 현실의 탈출구 된 가상 천국," <https://www.hankookilbo.com/News/Read/A2021081606450004448>.

목회데이터연구소가 "제4차 산업혁명하면 떠오르는 연상 이미지가 무엇인지"에 대하여 질문한 결과, 2020년에는 인공지능, AI, 로봇, 데이터 등이 다수를 차지했고, 2021년에는 "메타버스"가 주요 단어로 떠올랐고, 그 밖에 플랫폼, 헬스케어, 경제 등이 다양하게 나타났다.[55]

현재 성장이 가속화되고 있는 메타버스 시장 규모의 전망치는 다양하지만, 글로벌 회계 컨설팅 그룹인 PwC컨설팅에서 예측한 바에 의하면 2019년 455억 달러에서 2030년 무려 1조 5,429억 달러(2,006조 원) 규모로 약 34배 성장할 것으로 예상될 정도로 급성장하고 있다.

메타버스는 현대인의 호기심을 자극하고 있을 뿐 아니라(63퍼센트), 메타버스의 세계에서 그들이 원하는 모습으로 사람들과 교류하길 원하고 있다(52퍼센트). 나아가 메타버스에서의 인간관계가 실제 세계의 인간관계보다 더 편할 것(43퍼센트)으로 생각하는 사람도 절반 가까이나 된다.

한편, 메타버스의 긍정적인 측면은 더욱 실감나는 메타버스세계 경험을 통해 다른 자아(아바타)를 통한 꿈의 실현의 기회이며(65퍼센트), '현실세계에서 이루지 못한 꿈을 펼칠 수 있다'라는 것이지만, 부정적인 측면은 '현실성이 떨어진다'(51퍼센트)는 것이었다.

그러나 조사에 따르면, '메타버스 내에서도 현실과 같은 문제가 발생할 가능성'(66퍼센트)에 대해 우려하면서, '낮은 대중화 가능성'(49퍼센트)을 예상한다. 구체적으로 메타버스세계를 '게임을 통해 경험'(31퍼센트)하는 경우의 비중이 가장 높았고, VR(증강현실)을 통한 경험(25퍼센트), 제페토와 같은 가상공간을 통한 경험(19퍼센트), 메타버스 관련 영화를 통한 경험(19퍼센트) 순으로 나타났다.[56]

---

55 목회데이터연구소, "메타버스세계," *Numbers* 157 (2022): 3.
56 목회데이터연구소, "메타버스세계," *Numbers* 157 (2022): 7-8.

향후 메타버스는 거대한 핵심 산업으로 성장할 가능성으로 보고 있으며(79퍼센트), 많은 기업의 생존에도 주요한 영향을 줄 것으로 예측하고 있다(75퍼센트). 거의 대부분의 사람이 메타버스 세상을 경험해 보길 원하고 있으며(84퍼센트), 메타버스와 관련된 투자가 가치가 있다고 생각하고 있다(72퍼센트).

미래 메타버스 서비스의 활성화는 문화예술(공연, 행사, 여행 등) 분야가 65퍼센트, 교육(원격수업, 체험 등) 분야가 58퍼센트, 홍보(마케팅, 광고 플랫폼 등) 분야가 55퍼센트 순으로 나타났다.

시간과 공간을 초월한 PC(인터넷 혁명) 시대는 2010년대부터 3G 및 4G 모바일로 인해 스마트폰 SNS 시대로 전환되었고, 최근 코로나 팬데믹을 기점으로 등장한 디지털 포메이션을 통해 메타버스의 시대가 열리고 있는 것이다.

데이터(Data), 네트워크(Network), 인공지능(AI), 소위 DNA로 요약될 수 있는 세 가지 요소가 디지털 트랜스포메이션의 핵심이면서 동시에 5G를 기반으로 한 초연결(Hyperconnectivity)의 시대를 여는 제4차 산업혁명의 핵심 인프라이다.

이러한 초융합, 초지능, 초연결 시대가 탄생시킨 새로운 혁명이 2021년에 등장한 메타버스(Metaverse) 현상이며, 메타버스의 가장 대표적인 예는 <제페토>(Zepeto)나 <로블록스>(Roblox), <디센트럴랜드>(Decentraland) 등이다. 주요 메타버스 플랫폼을 분류하자면, 협업 플랫폼으로서 <게더타운>, <옴니버스>, <메시>가 있으며, 사회관계형성 플랫폼으로 <제페토>, <이프랜드>, <마인크래프트>, <로블록스>가 있고, 디지털자산거래 플랫폼으로 <어스2>와 <디센트럴랜드> 등이 있다.[57]

---

57 경기연구원, "메타버스, 우리의 일상을 바꾸다," 「이슈 & 진단」 503 (2022): 12.

메타버스는 1993년 닐 스티븐슨(Neal Stephenson)이 쓴 공상과학소설 『스노 크래시』(*Snow Crash*)에서 유래하였고, 스티븐슨이 사용한 메타버스는 '가상의 세계'라는 개념이었다.[58]

그러나 아직 메타버스에 대한 정확한 정의가 먼저 필요한 시점인데, 여러 학자가 동의하는 메타버스의 정의는 다음과 같다. 즉, 가상 혹은 초월을 의미하는 '메타'(Meta)와 우주 혹은 현실세계를 뜻하는 '유니버스'(Universe)의 합성어가 메타버스(Metaverse)이며, 이는 현실을 초월한 가상의 세계 또는 현실세계와 가상세계의 경계를 허문 융합된 세계를 의미한다.[59]

즉, 메타버스는 "가상공간과 현실세계가 융합복합되고 공존하는 공간"으로서,[60] 가상으로 강화, 확장된 현실세계(Virtually enhanced physical reality)와 현실처럼 지속하는 영구화 된 가상 공간(Physically persistent virtual space)이 융합된 공간이다.

메타버스는 "현실의 나를 대리하는 아바타를 통해 일상 활동과 경제생활을 영위하는 3D 기반의 가상세계"이기에 이를 통해 가상과 현실을 연결하여 경험을 확장할 수 있을 뿐 아니라 단순한 가상의 게임 영역이 아니라 가상세계에서 사회적 관계와 경제적 활동(생산, 소유, 투자, 보상)과 수익 창출도 가능하다.

최근의 메타버스는 5G와 VR이 연결되면서 현실과 가상의 경계가 허문 혼합 현실로 확장되고 있다. 메타버스는 정부와 공공 행정, 교육 서비스, 광고와 마케팅, 문화(예술, 공연, 관광 등), 학교 행사(입학, 졸업식 등), 업무와 협업, 투자 및 경제활동, 오락 및 친목 활동, 의료 서비스 등 사회 전반에

---

58 황경호, "미디어 산업의 새로운 변화 가능성," Media Issue & Trend 45 (2021): 8.
59 김상균, 『메타버스』 (서울: 플랜비, 2020), 23; 송원철, 정동훈, "메타버스 해석과 합리적 개념화," *Informatization Policy* 28/3 (2021): 5.
60 송원철, 정동훈, "메타버스 해석과 합리적 개념화," 4.

급속히 파고들고 있다.

특히, 코로나19 펜데믹을 기점으로 메타버스가 미래 핵심 신성장 산업으로 각광을 받게 되었고, 가상 디지털 세계에서 블록체인(Block Chain)과 가상자산이 적극 활용되면서 시장규모가 폭발적으로 증가하고 있다. 그뿐만 아니라, 넥스트 플랫폼인 메타버스 생태계의 흐름을 바꾼 NFT(대체 불가토큰)가 대체 투자 자산으로 급부상하면서, 이와 관련된 새로운 비지니스들이 구글, 애플, 메타, 국내의 네이버, 카카오에 이어 SK텔레콤, 롯데, 삼성 등을 중심으로 가파르게 성장하고 있다(2030년 시장규모가 1,700조까지 성장할 것으로 예상됨).

메타버스 플랫폼은 가상 경제 생태계로 진화하면서, 모든 경제활동이 가능한 가상세계로 발전하고 있으며 '메이드 인 메타버스 시대'를 열어가고 있다.[61]

메타버스 상의 '아바타'는 단순히 '현실의 나'에 대한 디지털 트윈(Digital Twin)을 넘어 나의 다양한 성격, 즉 멀티 페르소나(Multi Persona)를 가상세계에 투영하여 나의 사회적 의무와 권리를 위임받아 나와 동격으로 인식하고 행동하는 대리인(Agent) 개념이다.[62]

메타버스는 기능적 혹은 3D 기반의 인터넷 관점에서 정보검색(포털), 소통(소셜 네트워킹 서비스), 유희(게임) 기능과 그 요소를 모두 통합한 인터넷이며, 진화적 관점에서는 코로나 팬데믹과 5G의 보급, 가상 융합 기술(XR5)에서의 진보를 통한 새로운 인터넷이라고 할 수 있으며, 기술적 관점에서 메타버스는 가상세계를 구현할 수 있는 기술을 통해 가능해진 가

---

[61] 경기연구원, "메타버스, 우리의 일상을 바꾸다," 6-17; "메타버스 시대...가상 경제 생태계로 진화," <https://www.digitaltoday.co.kr/news/articleView.html?idxno=441450>.

[62] 고선영, 정한균, 김종인, 신용태, "메타버스의 개념과 발전 방향,"「정보처리학회지」28/1 (2021): 8.

상 융합 기술의 결합체라고 할 수 있다.[63]

2007년에 미국미래가속화연구재단(Acceleration Studies Foundation: ASF)에서 발간한 보고서에서는 메타버스에 관한 학문적인 연구가 진행된 바 있다. '메타버스 로드맵'(Metaverse Roadmap: MVR)이라는 프로젝트를 통해 2017년에서 2025년까지 발생할 미래에 대해 예측하였다.[64] 그 예측대로 코로나 팬데믹으로 인한 비대면 문화와 사회적 거리두기로 인해 가상 융합기술이 급성장하고 가상현실에 관한 관심이 증가하면서 MZ세대를 중심으로 메타버스가 본격적으로 등장하였다.[65]

미래가속화연구재단과 여러 학자는 메타버스를 내-외재적 요소와 증강-시뮬레이션이 교차하는 영역에 따라 가상세계(virtural worlds), 증강 현실(Augmented Reality), 라이프로깅(Lifelogging), 거울세계(Mirror Worlds)라는 네 가지 범주로 크게 구분하고 있다.[66]

이러한 메타버스의 분류는 기술적인 측면보다 현대인의 일상 가운데 얼마나 메타버스가 영향을 미치고 있는지를 인식하게 해주는 데 의미가 있다.[67]

첫째, 가상세계는 현실의 실제 상황을 가상세계 공간에서 탐험하고 소통하며 경험할 수 있는 세계이다.

둘째, 증강 현실은 현재 실제로 존재하는 사물이나 환경에 가상의 사물이나 환경을 덧입혀서, 마치 실제로 존재하는 것처럼 보여주는 컴퓨터 그

---

63 고선영, 정한균, 김종인, 신용태, "메타버스의 개념과 발전 방향," 9.
64 송원철, 정동훈, "메타버스 해석과 합리적 개념화," 5; 고선영, 정한균, 김종인, 신용태, "메타버스의 개념과 발전 방향", 10.
65 고선영, 정한균, 김종인, 신용태, "메타버스의 개념과 발전 방향", 11-13.
66 김상균, 『메타버스』, 23; 송원철, 정동훈, "메타버스 해석과 합리적 개념화," 6-7; 이준복, "미래세대를 위한 메타버스(Metaverse)의 실효성과 법적 쟁점에 관한 논의," 「홍익법학」 22/3 (2021): 57-58.
67 조미나, "메타버스 가상공간에서 기독교적 소통과 공감의 가능성 연구," 53.

래픽 기술로서 QR코드, 포켓몬고, 마이크로소프트 홀로렌즈 등이 좋은 예이다.

셋째, 라이프로깅은 디지털 기술을 통해 자기 삶에 관한 다양한 경험과 기억, 소통, 행동 등의 정보를 SNS 등에 기록하고 저장하는 것이다.

넷째, 거울세계는 실제 현실세계를 가능한 사실 그대로 반영 혹은 복제해 정보를 확장하여 디지털 형태로 표현한 세계를 의미하며, 구글어스와 네이버 지도 등이 그 예이다.[68]

메타버스의 유형은 게임을 기반으로 한 <로블록스>, <마인 크래프트>와 소셜네트워크를 기초로 한 <제페토>, <위버스>, <호라이즌>, 생활 산업을 기반으로 한 <링 피트 오드벤쳐>, <홀로렌즈> 등으로 분류될 수 있다. 김상균은 메타버스의 주요 특징을 연속성(Seamlessness, 메타버스세계의 경험이 단절되지 않고 연결됨), 실재감(Presence, 물리적인 접촉은 아니지만 사용자가 사회적인 실재감을 느끼는 상황), 상호운용성(Interoperability, 현실세계와 가상세계의 데이터가 서로 연동되어 활용이 가능한 편리성), 동시성(Concurrence, 여러 사용자가 하나의 메타버스세계에서 동시에 활동하면서 동시에 서로 다른 다양한 경험을 할 수 있는 환경), 경제흐름(Economy, 메타버스 플랫폼에서 자유로운 경제활동이 가능할 뿐 아니라 현실 실물경제와 연동되는 상황)으로 대별되는 'SPICE모델'로 정리하였다.[69]

---

[68] 송원철, 정동훈, "메타버스 해석과 합리적 개념화," 12-13 ; 조미나, "메타버스 가상공간에서 기독교적 소통과 공감의 가능성 연구," 54-57.
[69] 김상균, "인터넷, 스마트폰보다 강력한 폭풍, 메타버스, 놓치면 후회할 디지털 빅뱅에 올라타라," *Dong-A Business Review* 317/2 (2021). <https://dbr.donga.com/article/view/1202/article_no/9977/ac/magazine>.

메타버스를 네 가지 범주로 나누어서 이해할 수 있다면, 주요 특징을 다섯 가지 '5C'로 정리해 볼 수 있다.

세계관(Canon): 메타버스의 사용자들은 그들 나름대로 세계관(Canon)을 가지고 가상세계 콘텐츠를 제작하고 참여하며 경험한다.
제작자(Creator): 메타버스는 어떤 사람이나 AI도 자발적으로 가상세계를 구성하는 콘텐츠를 만드는 제작자(Creator)가 될 수 있다.
디지털 화폐(Currency): 메타버스세계 안에서 경제적인 생산과 소비를 할 수 있으며 디지털 화폐(Currency)가 통용된다.
연속(Continuity): 메타버스는 현실세계의 일상을 연속(Continuity)해서 연장하고 인생을 축척할 수 있게 해 준다.(일상의 연장)
연결(Connectivity): 메타버스는 현실과 가상, 시공간과 사람과 사람을 연결(Connectivity)한다.[70]

그렇다면, 향후 메타버스의 주요 전망은 무엇인가?

첫째, 메타버스와 함께 자라나는 MZ세대와 미래 세대에게 있어서 메타버스는 그들의 친숙한 일상생활과 사회(직장) 관계와 경제 활동(생산, 소비, 거래)이 이루어지는 중요한 영역이 될 것이다.[71]

둘째, 메타버스는 인간 커뮤니케이션을 지향하면서 초기 제페토나 로블록스 등보다 훨씬 능가하는 프로그램이 생겨나고 많은 젊은 세대들이 더욱 많은 시간을 메타버스 세계에서 보낼 것으로 예상된다.[72]

---

70 고선영, 정한균, 김종인, 신용태, "메타버스의 개념과 발전 방향", 10-11.
71 고선영, 정한균, 김종인, 신용태, "메타버스의 개념과 발전 방향", 14.
72 송원철, 정동훈, "메타버스 해석과 합리적 개념화," 14-15.

셋째, 더 높은 단계의 메타버스가 계속 선을 보일 것으로 예측된다. 다시 말해, 가상세계의 게임 아이템이 더욱 발전할 것으로 본다.

영화 <레디 플레이어 원>(Ready Player One, 2018)에서 보여준 디지털 세계인 오아시스(Oasis)를 통해 주인공이 우울과 좌절의 현실을 넘어 '현실보다 더 현실 같은 확장 현실 공간'인 가상세계에서 성공하여 영웅이 되는 기술이 향후 개발될 것으로 예상된다.[73]

넷째, 아날로그와 디지털을 융합한 커뮤니케이션 방식이 더욱 필요한 시대가 도래하고 있다.

가상세계와 메타버스가 미치는 사회 전반의 영향력을 피할 수 없으므로 아날로그 방식과 융합하여 인간만이 가진 내면적 공감 스토리텔링 소통 방안을 연구해야 한다.[74]

다섯째, 메타버스의 위험성을 충분히 인식하고 그 위험에 대비할 수 있는 법적, 사회적 제도와 방안을 미리 마련하여 메타버스가 초래할 수 있는 역기능과 문제들을 대비할 필요가 있다.

예를 들어, 메타버스를 만드는 기술과 현재 제공되는 서비스와 관련하여 개인정보와 사생활 침해, 빅 브라더(big brother), 알고리즘 편향성, 사이버 성범죄 등이 발생할 수 있다. 특히, 아동과 청소년들과 관련된 '신종 메타버스 아동성범죄'와 같은 심각한 사회적 문제를 초래할 수 있다.[75]

이 외에도 창작물의 저작권과 소유 및 거래 영역, 가상세계에서의 부정경쟁행위, 사이버 폭력, 약탈적 광고 등으로 인한 부정경쟁행위, 딥페이크

---

[73] 송원철, 정동훈, "메타버스 해석과 합리적 개념화," 16-18.
[74] 박소연, "코로나 이후와 디지털시대의 아날로그 융합 스토리텔링 양상과 방안 연구," 「한국문화기술」 31 (2021): 84-85.
[75] <https://www.hani.co.kr/arti/society/society_general/1012415.html>.

(Deepfake)로 인한 초상권 침해 가능성, 그루밍 범죄 등이 발생할 수 있다.[76]

따라서 향후 메타버스에 대한 발전적 연구와 함께 메타버스로 인해 발생될 수 있는 사회적 위험을 미리 예방하고, 무작정 제재하기보다는 사용자 관점에서 참여자들을 보호할 수 있는 법적인 장치와 기술적인 방안이 함께 마련되어야 한다.[77] 예를 들어, 메타버스의 활용과 규제를 균형 있게 조율하기 위한 저작권법, 데이터기본법, 부정경쟁방지법 등과 같은 관련 법안을 마련할 필요가 있다.[78]

한국외국어대학교 경영학부 미래학 겸임교수와 FNS미래전략연구소장을 지내고 있는 윤기영 교수는 2021년 정부와 기업, 사회 전반에 메타버스 열풍이 불었지만, 현재는 그 유행이 식어버린 상태라고 진단한다.

메타버스를 단기가 아닌 메가 트랜드로 인식하고 제도, 기술, 컨텐츠를 종합적으로 준비하여 장기 전략을 가지고 발전시켜 나가야 한다고 조언한다.[79]

6. 인공지능 혁명(AIR)의 게임 체인저 챗GPT(ChatGPT)

1) 챗GPT가 열어가는 새로운 메타버스 세계

2022년 연말에 출시되어 전 사회적으로 게임 체인저로 급부상한 오픈AI의 '챗GPT'로 인해 상대적으로 급속히 유행이 급강하한 것 중 하나가

---

[76] 상세한 논의를 위해서는 이준복, "미래세대를 위한 메타버스(Metaverse)의 실효성과 법적 쟁점에 관한 논의," 61-70.
[77] 송원철, 정동훈, "메타버스 해석과 합리적 개념화," 19-20.
[78] 이준복, "미래세대를 위한 메타버스(Metaverse)의 실효성과 법적 쟁점에 관한 논의," 70-78.
[79] 윤기영, "챗GPT의 한계와 가능성," <https://www.ifs.or.kr/bbs/board.php?bo_table=News&wr_id=53233>.

2021년 차세대 핵심으로 주목받았던 '메타버스'이다.

로열 오브라이언(Royal O'Brien)의 오픈메타버스재단(Open Metaverse Foundation)은 오히려 메타버스가 오픈 소스화 인공지능과 결합하여 본격적인 구축 단계에 들어가게 되었다고 전망한다.[80]

일부 학자들에 의하면, 현재 출시된 챗GPT는 모든 문제를 해결해 줄 수 있는 만능 인공지능은 아니지만, 메타버스 기술과 가상현실과 증강현실 등과 결합한다면 영화 <아이언 맨>에서 등장하는 인공지능 '자비스'(Jarvis)와 같은 비서 로봇이 등장할 가능성을 언급할 정도로 엄청난 파급 효과가 나타날 전망이다.

향후 챗GPT 기술은 메타버스와 연결되어 가상세계에서 비서와 같이 필요한 도움을 주고, 메타버스에서 부족한 다양한 컨텐츠를 제공함으로 메타버스의 영향력을 더욱 가속화시킬 것으로 예상된다. 제4차 산업혁명의 새로운 게임 체인저는 메타버스와 인공지능, 챗봇이 결합할 때라고 할 수 있다.[81]

2) 챗GPT란 무엇인가

오픈AI(OpenAI)가 선보인 대화형 인공지능 챗GPT가 전 세계적으로 큰 관심을 받고 있다. 2015년 비영리 회사로 설립된 오픈AI는 2020년 심층학습(딥러닝) 기반으로 하여 사용자 질문에 가장 최적의 답변을 하도록 설계하여 발전시킨 GPT3모델을 본격적인 포스트 코로나 시대가 시작되

---

[80] "챗GPT에 가려진 '메타버스', "오픈소스와 결합으로 도약 할 것," <http://m.ddaily.co.kr/m/m_article/?no=259238>.

[81] "챗GPT가 열어가는 新메타버스." <https://www.econovill.com/news/articleView.html?idxno=605080>; "챗GPT는 토니 스타크의 '자비스'가 될 수 있을까?,"<https://www.ttimes.co.kr/article/2023021418147729797>.

는 2022년 11월에 선보였다.

등록만 하면 누구나 무료로 사용할 수 있는 대화형 인공지능인 챗GPT 모델이 공개된 지 두 달만에 '월간 사용자 1억 명'을 달성하여 역대 최단 기록을 세울 정도로 세계적으로 가장 뜨거운 화제이다.

챗GPT 서비스는 2023년 2월에 사용자 2억 명을 돌파하여 역대 가장 빠르게 성장한 인터넷 서비스로 평가받고 있으며 위협을 느낀 구글은 코드레드를 선언하였다.

구글 CEO 순다르 피차이(Sundar Pichai)는 챗GPT의 대항마인 바드(Bard) 출시를 공개했다. 구글의 언어모델인 LaMDA(Language Model for Dialogue Applications)를 기반으로 구축된 바드는 챗GPT처럼 크고 작은 질문에 대해 상세한 답변을 제시해 주고 검색결과도 연결해 주는 대화형 AI다.[82]

최근 구글은 2023년 5월 오픈AI의 GPT-3모델보다 뛰어난 새로운 대형언어모델(Large Language Model: LLM)인 '팜2'(PaLM 2)모델을 전 세계 180개국에 출시하였고(100개 이상의 언어를 지원), 5300억개의 파라미터를 기초로 과학과 수학에서 추론과 코딩 작업도 가능하다고 밝히고 있다.[83]

구글에 검색시장을 완전히 빼앗겼던 마이크로소프트는 오픈AI와 100억 달러(약 12조 7,050억 원) 규모의 계약을 맺고 오피스(Office)와 검색엔진 빙(Bing)에 IT영역의 게임 체인저라 불리우는 챗GPT(Bing Chat)를 탑재하였다.

그러나 챗GPT는 2023년에 갑자기 나타난 것이 아니라, 수십년전부터 진행되어온 연구와 지속적인 개선과 발전을 통해 선보인 모델이다.

---

[82] <https://www.itworld.co.kr/news/276349#csidx61686890b99240691486ec408b-456fe>.

[83] "구글, AI 챗봇 '바드' 진화시켜 180개국에 동시 출시!....'PaLM 2' 기반, 고급 수학 및 추론과 코딩도 잘한다,"<https://www.aitimes.kr/news/articleView.html?idx-no=28000>.

1980~1990년대 순환 신경, 2017년 트랜스포머(구글이 개발함), 2018~2019년 GPT-1모델(1억 1700만 개의 매개변수로 학습)과 GPT-2모델 (GPT-1보다 10배 성능이 발전), 2020년 대형언어모델인 GPT-3모델(1750억 개의 매개변수로 학습), 2022년 1월 인스트럭트GPT를 거쳐, 2022년 12월 챗GPT가 선보였고, 2023년 3월 현재 GPT-4모델이 출시되었다.[84]

거대 AI 챗봇 '챗GPT'는 일론 머스크(Elon Musk)가 투자한 AI연구소 인 오픈AI(OpenAI)가 내놓은 새로운 언어모델로 GPT는 생성적 사전학습 변환기(Generative Pre-trained Transformer)를 의미한다.

여기서 중요한 트랜스포머는 이미 구글이 발전시켜 놓은 것이었다. 즉, GPT 3의 기반으로서 '트랜스포머'(transformer)라는 딥러닝 체계는 이미 구글이 발전시켜 놓은 것이었지만, 오픈AI에서 이를 적극적으로 활용하여 지도학습과 강화학습을 모두 사용하는 챗GPT모델로 발전시킨 것이라 할 수 있다.

IT업계에서 챗GPT가 1994년 웹브라우저, 1998년 구글 검색엔진, 2007년 아이폰에 이어 판도를 완전히 바꿀 게임체임저가 되리라고 전망한다. 이러한 전망을 방증이라도 하듯 출시된 지 3개월 정도밖에 지나지 않아서, 언론, 인터넷 기사, 유튜브, 서점 등에서 챗GPT(Bing Chat)에 관련된 기사와 콘텐츠가 쏟아지고 있다.[85]

그러나 한국의 학계에서 챗GPT에 대한 연구논문과 전공서적을 소수의 학자들이 내놓긴 했으나, 아직 학문적인 논의를 분석하고 종합하기에는 매우 부족한 편이다. 기독교 학자들의 논의는 최근 여러 매체를 통해

---

[84] 상세한 챗GPT 역사를 위해서는, Will Douglas Heaven, "ChatGPT is everywhere. Here's where it came from," <https://www.technologyreview.kr/ chatGPT is-everywhere-heres-where-it-came-from/>를 참조하라.

[85] "챗GPT, '월간 사용자 1억' 두 달 만에 달성…역대 최단 기록," <https://www.techtube.co.kr/news/articleView.html?idxno=2959>.

제시되었지만, 기독교 세계관 관점에서 챗GPT에 대한 학자들의 본격적인 연구는 아직 이루어지지 않고 있다.

특히, 챗GPT를 활용한 설교에 대한 논란이 들불처럼 번져 가는 상황 속에서 이에 대한 설교학적 차원의 저술은 거의 전무한 상황이다.

일각에서는 더욱 진화된 챗GPT가 사회 전반에 등장할 경우, 지구상에서 사라질 직업과 살아남게 될 직업을 예측하고 있다.[86] 1966년 미국 매사추세츠공과대학교(MIT) AI연구소에서 챗봇 'ELIZA'를 개발한 후, 2011년 애플의 시리(Siri) 출시로 챗봇 서비스가 본격화되었고, 구글, 아마존, 마이크로소프트, 페이스북, 네이버, 카카오, SK텔레콤, KT 등도 스마트 챗봇 서비스를 발전시켜 왔다.

그러나 챗GPT는 기존 AI 챗봇과는 달리 3,000억 개가 넘는 문장 토큰과 그 사이 확률적 상호관계를 학습한 언어모델 인공지능이다. 즉, 다음 '단어 예측 기능'(Next Word Prediction)을 통해 문장을 완성하는 일종의 자연어 처리기능의 기반이 되는 '조건부 확률 예측 도구'로서 빅데이터를 활용한 통계를 활용하여 정확도를 높이는 모델인 LLM(Large Language Model)을 사용하여 확률적으로 가장 적합한 문장을 즉각적으로 생성하고 대화할 수 있는 능력을 갖추고 있다.

카이스트 김대식 교수는 '챗GPT'라는 초거대 인공지능의 능력은 충격적이라고 평가하면서, 지금까지 그 어떤 기계도 튜링 테스트를 통과한 적이 없지만, 인간과 대화를 할 수 있는 챗GPT가 머지않은 미래에 튜링 테스트를 통과하게 될 것으로 전망하고 있다.[87]

---

[86] "MBA도, 변호사도, 의사도 비켜"…인공지능 '챗GPT3' 광풍," <https://www.hankookilbo.com/News/Read/A2023012711520000519>.

[87] "[김대식의 메타버스 사피엔스] [19] 인간과 대화 가능한 기계" <https://www.chosun.com/opinion/specialist_column/2022/12/20/5RO63SVH5JE6RGZ4H7SV6CJD-LI/>.

정한민과 박정훈은 다음과 같이 말한다.[88]

> 챗GPT는 사용자가 질문을 통해 원하는 답변을 얻는 방식으로, 자료를 검색하거나, 자연어를 코딩으로 변환하거나, 시를 쓰거나, 문헌을 분석하는 등 다양한 목적으로 활용 가능하며, 사용자와 인공지능 간 상호작용을 통해 사용자가 원하는 정보를 습득하고, 더 나아가 답변들을 종합 분석하여 통찰력을 얻을 수 있다는 점에서 정보 습득 패러다임의 획기적인 변화를 가져올 수 있다.

김대식 KAIST 전기전자공학부 교수가 한달 동안 대화형 인공지능(AI) 챗GPT(ChatGPT)와 사랑·정의·죽음·신 등의 형이상학적 주제로 대화한 후, '챗GPT에게 묻는 인류의 미래'라는 책을 통해 가능성으로 가득 찬 미래를 예상하면서, "챗GPT는 미래 생성 인공지능 시대의 모습을 먼저 살짝 보여주는 예고편"으로서 인류의 생각과 문장을 반사하는 존재적 메아리이자 거울"이라고 평가했다.[89]

챗GPT의 등장으로 인해 구글 중심의 인터넷 검색의 시대가 끝나고, 과거 기계학습을 넘어 심층학습을 통해 새롭게 등장한 대화형 인공지능으로 인해 새로운 세상이 열리고 있다고 볼 수 있다.

다음은 그가 말하는 챗GPT를 이해하기 위한 세 가지 핵심이다.[90]

---

[88] 정한민, 박정훈, "ChatGPT를 이용한 문헌 작성 설계 및 이슈," 한국지식정보 기술학회, 「한국지식정보 기술학회 기술논문지」 18 (2023): 31-40.
[89] "챗GPT에게 묻는 인류의 미래',"<http://www.aifnlife.co.kr/news/articleView.html?idxno=20742>.
[90] "카이스트 김대식 교수 | (1부) "인공지능 시대에 애플의 움직임이 없는 이유" 처음 듣는 챗GPT 이야기", <https://www.youtube.com/watch?v=eCKS_etvZyI>.

첫째, 인간이 생성해 놓은 데이터를 심층학습한 인공지능의 모델
둘째, 인간의 피드백에 대해 자기 강화학습을 통해 발전하는 인공지능
셋째, 챗GPT를 적절히 활용하기 위해서는 질문하는 능력이 중요

3) 챗GPT의 발전과 전망: 챗GPT와 메타버스가 인공지능과 융합되어 열어 갈 미래

챗GPT는 인간과 대화할 수 있는 챗봇(Chat Bot) 범주(예: 애플의 시리, 아마존의 알렉사, 삼성의 빅스비 등)에 들어가는 일종의 컴퓨터 프로그램에 해당한다. 챗GPT(GPT-3)가 스마트해 보이는 이유는 1,750억 개에 달하는 (인간의 두뇌 시냅스는 대략 100조 개) 인공지능의 매개변수(고등생물 뇌세포의 시냅스와 유사한 신경망 알고리즘) 때문이다.

대형 언어모델(Large Language Model)의 하나인 챗GPT(GPT-3) 인공지능의 매개변수가 계속 증가할수록 챗GPT는 더 똑똑해지며, 현재 개발 진행 중인 GPT-4의 매개변수는 1조 개에 달한다고 한다. 최근 OpenAI의 '강화학습'(Reinforcement Learning from Human Feedback, RLHF)을 통해 GPT-3보다 업그레이드된 GPT-3.5가 나왔고, 곧 GPT 4.0이 상용화 될 것으로 전망한다.[91]

한양대 인공지능학과 교수인 정우환 교수에 의하면, 챗GPT는 과거 챗봇 모델들과 달리 강화학습을 통한 대화 기능을 갖추어(대화에 대한 평가를 통해 보상을 주는 방식 활용) 인간과 자연스럽게 질문과 답변을 통해 사람처럼 대화하는 AI 모델이라고 평가한다.[92]

---

91 윤기영, "챗GPT의 한계와 가능성," <https://www.ifs.or.kr/bbs/board.php?bo_table=News&wr_id=53233>.
92 "초거대 AI 챗봇 '챗GPT' 열풍, 기대와 우려의 시선들," <https://www.newshyu.com/news/articleView.html?idxno=1008874>.

한편, 2023년 1월에 출간된 『인공지능이 주도하는 시대에 챗GPT와 기타 챗봇을 위한 1,337개 쓰임새』(*1,337 Use Cases for ChatGPT & Other Chatbots in the AI-Driven Era*)라는 저술에 의하면, "챗GPT를 활용한 기술이 1,337개나 있다"고 한다.

챗GPT의 활용 분야는 고객 서비스와 지원, 요약 및 보고서 생성, 지능형 챗봇, 번역, 감성 분석, 글 쓰기 지원, 사용자 선호도 분석, 질의응답, 문법 오류 정정, 컴퓨터 프로그래밍과 관련된 다양한 기능, 키워드 추출 등이라 할 수 있다. 향후 급속도로 챗GPT와 AI, 메타버스가 융합하면서 이를 활용할 수 있는 분야가 교육과 의료를 넘어 사회 전반에 걸쳐 증가할 것으로 예상된다.[93]

챗GPT를 앞서 연구한 카이스트 김대식 교수는 현 챗GPT 모델을 잘 활용할 수 있는 것에 대해 방대한 자료와 연구 결과들을 몇 초 안에 핵심 요약해 주는 작업, 언어모델을 활용한 언어 학습과 첨삭(교정), 글의 주제와 구조를 만드는 작업, 픽션(소설, 영화, 드라마 등)을 인간과 함께 창작하는 작업, 전문 영역의 브레인스토밍(brainstorming) 등으로 제시한다.[94]

4) 챗GPT에 대한 평가: 한계와 문제점

챗GPT에 대한 엄청난 유행과 관심 속에서도 한국 교회와 목회자들은 챗GPT와 대형 언어 모델이 가진 문제점과 한계를 냉철하게 직시하는 태도가 필요하며, 지나치게 부정적인 관점과 낙관적인 관점을 모두 경계해야 한다.

---

[93] 윤기영, "챗GPT의 한계와 가능성," <https://www.ifs.or.kr/bbs/board.php?bo_table=News&wr_id=53233>.

[94] "카이스트 김대식 교수 | (2부) "챗GPT는 더 강력한 인공지능의 티저" 처음 듣는 챗GPT 이야기", <https://www.youtube.com/watch?v=-BOI9k5sXSs>.

먼저 아직 보완할 점이 많은 챗GPT에 대하여 우려하는 전문가들의 비판과 국가들의 신중한 접근에 대해서 잘 인지해야 할 필요가 있다. 한 예로, 미국의 'AI 및 디지털정책센터'(Center for AI and Digital Policy, CAIDP)는 챗GPT(GPT-4)가 편향성과 속임수 등으로 AI 윤리 기준을 위반하였고 개인 정보 보호와 공공 안전에 위협이 된다고 지적하면서, 이를 방지할 수 있는 안전 장치가 마련될 때까지 챗GPT의 추가적 배포를 중단해 줄 것을 요청하면서 연방거래위원회(US Federal Trade Commission. FTC)에 제소한 바 있다.[95]

유럽은 이탈리아와 독일처럼 챗GPT 사용을 차단하거나, AI의 저작권 침해와 개인 정보 무단 사용을 막기 위한 데이터의 출처와 저작권 공개를 의무화한 규제안의 마련을 검토 중이다.[96]

한국 정부의 산하 기관인 과학기술정보통신부는 초거대 생성 AI 확산에 대비한 윤리적 방향성을 제시하고 신뢰성을 확보하기 위해 학계, 산업계, 법조계, 교육계 전문가들의 의견을 수렴하는 윤리 정책 포럼을 통해 사회적 논의를 본격적으로 시작하였고, "인공지능 윤리 기준 실천을 위한 자율점검표(안)(챗봇, 작문, 영상 분야) 및 신뢰할 수 있는 인공지능 개발안내서(안)(일반, 공공 사회, 의료, 자율주행 분야)"를 발표하였다.[97]

한편, 노암 촘스키(Noam Chomsky)는 최근 「뉴욕 타임스」(The New York Times) 기고문에서 챗GPT의 거짓 약속과 언어적 무능력, 비윤리성을 비판하면서, 법률적 제약과 창의성의 균형을 유지할 수 없고, 과도한 생성

---

[95] "'윤리 위반' 도마에 오른 GPT-4...미 단체 "인공지능 기준 위반했다" 오픈AI 고발", <https://www.wikileaks-kr.org/news/articleView.html?idxno=136835>.
[96] '챗GPT 차단' 유럽 확산되나? 독일·프랑스도 규제카드 만지작", <https://news.mt.co.kr/mtview.php?no=2023040414073144918>; "EU "챗GPT 사용 데이터 저작권 공개해야"…AI 첫 규제", <https://www.joongang.co.kr/article/25158792#home>.
[97] "챗GPT 등 생성 AI 윤리 이슈... 사회적 논의 시작, 정부 세심히 살펴야!", <https://www.aitimes.kr/news/articleView.html?idxno=27738>.

(진실과 거짓을 모두 생산하고, 윤리적 결정과 비윤리적 결정을 모두 지지)과 과소 생성(모든 결정에 헌신하지 않고, 결과에 무관심)을 경고했다.[98]

이러한 우려와 경고를 충분히 인식하면서, 챗GPT에 대한 기독교적 평가 이전에 전문가들의 핵심적인 평가들을 먼저 살펴보는 것이 필요하다. 현재까지의 챗GPT의 주요 문제점에 대한 비평적 시각을 정리해 보면 다음과 같다.

첫째, 챗GPT가 대형언어모델로서 언어를 잘 조합하여 방대한 자료를 몇 초 만에 일목요연하게 정리하는 데는 탁월하지만, 모든 이슈와 문제들을 분석하고 해결 방안을 제시할 수 있는 만능 인공지능은 아니며, 오류가 있는 정보를 모두 완벽하게 바로잡을 수 있는 능력이 아직 없다는 점이다.[99]

김대식 교수도 지적한 것처럼, 지난 수십 년간 인터넷 검색을 통해 인간이 남긴 자료와 데이터들에 대하여 챗GPT가 자기 강화학습과 심층학습을 통해 수 초 안에 대화하는 장점은 있지만, 인간이 남겨 놓은 잘못되고 편향된 정보와 지식을 활용하여(걸러내지 못하고) 해답을 제시하는 한계와 위험이 있을 수 있다.[100]

또한, 챗GPT가 사회와 인간이 가진 복잡다단한 문제들에 관해 인간과 대화하는 것과 같은 수준의 서비스를 제공할 수 있을지는 아직 불확실하며, 인간만이 가진 영혼, 감정, 직관, 관계성 등을 파악하면서 대화와 답변을 제시하기는 어려울 것으로 보인다.

---

[98] Noam Chomsky, "The False Promise of ChatGPT," <https://www.nytimes.com/2023/03/08/opinion/noam-chomsky-chatgpt-ai.html>.

[99] "챗GPT가 열어가는 新메타버스." <https://www.econovill.com/news/articleView.html?idxno=605080>.

[100] "인간과 기계의 공존: 챗GPT와 함께하는 세상은 어떻게 달라질 것인가? - 김대식 교수," <https://www.youtube.com/watch?v=bPXHOoy9NXU>.

아무리 챗GPT가 뛰어난 인공지능의 매개변수를 1,750억 개 가지고 있어도 인간의 두뇌에 있는 시냅스는 500배가 넘는 약 100조 개가 넘기에 단순 비교가 될 수 없으며, 인간이 가진 본질적인 특징을 존중하면서 인간만이 소유한 강점을 먼저 잘 인식하고 개발하며 챗GPT를 도구로 한정하여 활용하는 차원을 모색해야 한다.

둘째, 정우환 교수는 현재 공개된 챗GPT가 확률적 통계에 근거해서 '편향된 발언'을 할 수 있고, 이는 자체적으로 검증할 능력이 없고, 기술적으로도 해결하기 어려운 문제라고 지적한다.[101]

셋째, 챗GPT는 교육 영역에 큰 혼란과 학생들의 부정행위를 비롯한 문제들을 초래할 수 있다.[102]

국제학술지「네이처」(Nature)는 최근 챗GPT를 활용한 연구결과와 저자 인정여부에 대한 설문 조사 결과, 57.7퍼센트(2,085명)는 반대, 36.9퍼센트(1,335명)는 찬성했다고 한다. 촘스키는 챗GPT가 "근본적으로 하이테크 표절이며 교육과 배움을 회피하게 하는 방식"이라고 비판한다.

이에 여러 나라와 학교에서는 챗GPT 사용을 금지하고 있을 뿐 아니라, 미국 스탠포드대학교 등에서 챗GPT를 활용한 시험과 과제 등을 검열할 수 있는 프로그램을 개발하고 있으며, 챗GPT로 작성한 과제물을 파악하게 해주는 애플리케이션 'GPT제로'를 사용하는 학교들이 늘어나고 있다.[103]

넷째, 다양한 사회윤리적 측면의 문제를 대비할 수 있는 사회적 제도와 법적 장치가 필요한 시점이다.[104]

---

[101] "초거대 AI 챗봇 '챗GPT' 열풍, 기대와 우려의 시선들" <https://www.newshyu.com/news/articleView.html?idxno=1008874>.
[102] "국내 국제학교 학생들, 챗GPT로 과제 대필… '전원 0점'", <https://www.donga.com/news/Society/article/all/20230209/117801590/1>.
[103] "챗GPT 히스테리," <https://higoodday.com/opinion/985279>.
[104] "신뢰할 수 있는 챗GPT 중요…제도적 뒷받침必", <https://zdnet.co.kr/view/?-

다섯째, 김대식 교수는 챗GPT와 관련된 한계와 위험성에 대하여 비전문가들에 의해 무분별하게 남용됨으로 발생될 수 있는 위험성 외에도 프롬프트 해킹, 미래에 대한 전망과 한계 등을 지적하였다.[105]

여섯째, 챗GPT의 한계는 구체적으로 실시간 학습 불가, 논리력 부족, 아는 것과 모르는 것의 구분 불가, 저작권 침해, 복잡성, 지식의 독재 위험 등으로 대별할 수 있다.[106]

그런 다음 윤기영 교수는 실시간 학습에 대한 한계, 논리 한계, 아는 것과 모른 것의 구분하는 것의 한계, 환각으로 인한 한계, 기억력의 한계는 향후 많은 자원과 시간을 들여 챗GPT를 발전시켜 나간다면 어느 정도 해결점을 찾아갈 수 있다고 긍정적으로 전망한다.[107]

그러나 중요한 점은 챗GPT로 인한 저작권 문제, 편향적인 인식과 표현의 문제, 복잡한 것에 대한 인식과 분석 한계의 문제, 지식과 정보를 독점하는 문제에 대해서는 시간과 재정적 투자가 있어도 쉽게 극복하기 어려운 영역으로 전문가들이 보고 있다는 것이다.

일곱째, 현 챗GPT모델은 2021년까지의 데이터만 학습을 했기에 잘못된 인식과 정보를 줄 수 있다.

물론 최근 마이크로소프트의 Bing과 연동된 챗GPT는 출처와 실시간 검색, 대화 스타일 제안, 프롬프트 제안을 통해 이러한 점을 보완할 수도 있다. 그러나 일반적으로 사용되는 현 챗GPT모델은 실시간 학습과 빅데이터 분석에 대한 한계가 있기에 구글과 같은 검색엔진을 보조적으로 사

---

  no=20230314175142>.
[105] "카이스트 김대식 교수 | (2부) "챗GPT는 더 강력한 인공지능의 티저" 처음 듣는 챗GPT 이야기", <https://www.youtube.com/watch?v=-BOI9k5sXSs>.
[106] 윤기영, "챗GPT의 한계와 가능성," <https://www.ifs.or.kr/bbs/board.php?bo_table=News&wr_id=53233>.
[107] 윤기영, "챗GPT의 한계와 가능성,"<https://www.ifs.or.kr/bbs/board.php?bo_table=News&wr_id=53233>.

용할 수는 있지만 대체하는 것은 어렵고, 기억력의 한계(3천 단어)와 함께 거대한 단어와 문장의 미로에서 미시적 통계로 길을 잃은 '환각'(Hallucination)의 문제가 발생할 수 있다(거대언어모델의 용량을 올려도 환각의 비율이 일정 수준 이하로 줄이기가 어려움).[108]

여덟째, "확률적 앵무새"라고 비판받는 챗GPT가 통계와 확률로 분석해 낼 수 없는 지식과 통전적인 시각과 철학과 세계관, 예측할 수 없는 일, 미래에 대한 전망 등에 대해 통찰력을 가지기는 한계가 있다.

아직 챗GPT는 귀납, 연역 및 유비 추론의 지식과 대화를 하는 논리성에 한계가 있으며, 이론과 정보를 논리적으로, 또는 비판적으로 통찰하지 못하는 한계도 있다.

윤기영은 결론적으로 챗GPT의 여러 한계들을 온전히 극복하기는 어렵지만 향후 많은 자원과 시간을 들여 챗GPT를 발전시켜 나간다면 어느 정도 해결점을 찾아 갈 수 있을 것으로 전망하면서 동시에 챗GPT가 앞으로 더욱 다양한 영역에서 사용되면서 아직 밝혀지지 않은 한계들이 더 많이 나타날 것으로 예측한다.[109]

정우환은 지나치게 챗GPT 유행에 휩쓸리는 것을 경계하면서도 다양한 분야와 전문 영역에서 기초적인 실력과 지식을 깊이 있게 준비하는 것이 더욱 중요하며, 인터넷 검색을 통한 정보 수집이 아닌 '대화형 인공지능'을 통한 정보 수집 도구를 새롭게 가지게 되었기에 무조건 부정적으로 막기보다는 올바른 연구윤리 위에서 적극적으로 활용할 수 있는 능력을 키워야 한다고 본다.[110]

---

[108] "카이스트 김대식 교수 | (2부) "챗GPT는 더 강력한 인공지능의 티저" 처음 듣는 챗GPT 이야기", <https://www.youtube.com/watch?v=-BOI9k5sXSs>.
[109] 윤기영, "챗GPT의 한계와 가능성," <https://www.ifs.or.kr/bbs/board.php?bo_table=News&wr_id=53233>.
[110] "초거대 AI 챗봇 '챗GPT' 열풍, 기대와 우려의 시선들" <https://www.newshyu.com/news/articleView.html?idxno=1008874>.

이러한 챗GPT에 대한 명확한 이해를 바탕으로 장점과 한계 및 문제점들을 냉철하게 인식해야 한다. 이를 너무 과대평가 하지도 말고, 또한 과소평가도 하지 않아야 하며, 균형 잡힌 견해를 가지고 교회와 목회자들이 어떻게 대처할 것인지를 고민해야 할 것이다.

나아가 기독교 전문가들과 학자들이 챗GPT에 관해 더욱 연구에 박차를 가하여 교회의 대응 방향을 제시해야 할 때이다.

제4장

제4차 산업혁명의 도전에 대한 실천신학적 대응 방향

위에서 살펴본 제4차 산업혁명과 AI와 관련된 인문학적 관점의 질문과 논의를 넘어, 실천신학적인 대응 방향을 모색하기 위해서 한국 교회는 제4차 산업혁명 및 AI와 관련된 모든 영역에 하나님 나라의 영역 주권(Sphere Sovereignty)을 선포하면서 '그리스도의 주권 아래 복종케 하는 사명'(골 3:17)을 충실히 완수해야 한다.[1]

목회자들은 '이미와 아직 사이'의 긴장관계 속에 있는 종말론적 하나님 나라 청지기로서의 사명을 가지고 지속적인 감시와 경계의 책임에 충실해야 한다.[2]

이런 맥락에서 본 장은 교회와 목회자들을 위해 제4차 산업혁명 담론과 관련한 인문학적 차원의 질문에 대한 성경적인 대안과 방향을 하나씩 제시하고자 한다.

---

1 Michael Horton, *Where in the World is the Church?*, 윤석인 역, 『개혁주의 기독교 세계관』 (서울: 부흥과개혁사, 2010).
2 손봉호, "제4차 산업혁명, 경계하며 지켜보자," 기독교학술동역회, 「월드뷰」 (2016년 6월호): 2-4.

1. 성경적 세계관을 통한 제4차 산업혁명 실체 분별

첫째, 제4차 산업혁명 담론이 급속도로 사회 전반에 몰려오는 상황 속에서, 목회자들은 성경적 세계관과 신학의 망루에 서서 제4차 산업혁명의 본질적 실체에 대한 목회 사회학적 평가를 냉철하게 견지하는 것이 급선무이다.

즉, 한국 교회는 창조와 문화명령의 관점, 타락의 관점(양극화, 비인간화, 우상숭배 등), 구속의 관점(기술과 우상화 극복, 피조물들과의 관계, 통합적 조망 등)에서 제4차 산업혁명을 입체적으로 조망하고 객관적으로 평가해야 한다.[3]

한국 교회 지도자들은 실천신학적 입장에서 제4차 산업혁명 발전에 대한 지엽적인 접근을 지양(예: 일자리 위협 초점)해야 한다. 또한, 냉철한 현실 파악과 함께 인문 사회적 담론을 성경적 세계관과 신학이라는 이중렌즈를 통해 포괄적으로 조망하면서 적절한 기독교 담론을 형성할 뿐 아니라 사회 담론까지 주도해 나갈 필요가 있다.

이를 위해서는 다양한 기독교 인문학 학자들과의 '협업 연구'를 통한 입체적인 성찰과 함께 궁극적으로 창조, 타락, 구속, 종말의 기독교 세계관적 성찰이 필요하며,[4] 성경신학, 조직신학, 역사신학, 실천신학자들의 '협력 연구'가 더욱더 요청되는 시점이다.

---

3   양승훈. "기독교 세계관적 관점에서 본 제4차 산업혁명," 밴쿠버기독교세계관대학원, 「통합연구」 21/2 (2019): 25-39. 양승훈은 과학자들은 신학적 관점이 부족하고, 목회자들은 제4차 산업혁명에 대한 이해가 부족하다고 지적하면서 다음과 같이 강조한다. "제4차 산업혁명 기술에 대한 무지는 과도한 기대나 불필요한 우려를 만들 수 있고, 이에 대한 성경적, 신학적 조망의 부재는 제4차 산업혁명 사회 속으로 진보주의, 물질주의, 기술주의 등 잘못된 이데올로기들이 비집고 들어올 수 있는 여지를 준다"(36).

4   Albert M. Wolters, *Creation Regained*, 양성만 역, 『창조, 타락, 구속』 (서울: IVP, 1992); Brian J. Walsh and Richard Middleton, *The Transforming Vision*, 황영철 역, 『그리스도인의 비전』 (서울: IVP, 1987).

둘째, 유전학, 나노 기술, 로봇공학, 정보 기술과 인지 과학, 신경과학의 발전을 통한 인간론 및 영혼의 문제는 정통 기독교를 향한 심각한 위협으로 다가오면서, 이전까지의 기독교 창조론과 진화론의 논쟁보다 더 심각한 갈등을 유발할 수 있다.[5]

이러한 갈등을 대비하기 위해 개혁 신학 관점에서 과학기술과 신학의 관계를 정립할 필요가 있다. 최용준은 과학과 종교 융복합(통섭) 관계를 역사적으로 갈등, 독립, 대화, 통합으로 나누어 비평한 다음, 도예베르트의 기독교철학을 통해 네 관점을 종합적으로 조망하고, 신학과 과학의 관계 지평을 독립적인 동시에 상호보완적이라고 보면서 학문적인 대화를 통해 양자가 공존할 수 있으나 연구 주체인 인간의 궁극적 헌신 방향에 따라 영적인 대립 관계가 존재할 수 있다고 본다.[6]

성경적 세계관을 통해 제4차 산업혁명과 관련된 과학기술에 대한 올바른 관계 정립과 대안 마련이 더욱 필요하다.

셋째, 목회자들은 이러한 기독교 세계관 위에서 제4차 산업혁명에 대한 회중들의 지나친 비관론적 관점 혹은 무관심한 태도를 지양하면서 동시에 낙관론 입장을 무비판적으로 수용하여 맹목적인 추종이나 탐욕적인 집착에 함몰되지 않도록 도와주어야 한다.

목회자들에게는 극단적이며 성급하게 단정하는 유토피아 혹은 디스토피아 주장자들의 과학적 비합리성과 논리적 오류 등을 전문학자들의 비평을 통해 분별하는 태도가 필요하다.

---

5 Jonathan Merritt, "Is AI a Threat to Christianity?" <https://www.theatlantic.com/technology/archive/2017/02/artificial-intelligence-christianity/515463/?google_editors_picks=true>.

6 최용준, "과학과 신학의 관계: 네 가지 유형 및 도예베르트의 대안적 고찰," 기독교학문연구회, 「신앙과 학문」 19 (2014): 185-212.

넷째, 교회 지도자들은 과거 제1차부터 제3차까지의 산업혁명 역사가 주는 교훈과 명암을 냉철하게 고찰하고, 특히 지난 산업혁명 전후로 교회와 목회자가 어떤 역할을 했는가에 대한 교회사적 연구와 목회적 적용도 필요하다.[7]

목회자는 청중들에게 제4차 산업혁명과 관련된 미래학자들의 전망은 하나의 과학적 가능성, 통계적인 전망에 불과하다는 점과 오직 인류의 미래는 역사의 주관자이신 하나님께 전적으로 달려있음을 회중들에게 강조해야 한다.

2. 성경적 메시지와 변증 전략의 강화

첫째, 제4차 산업 시대 설교자들은 트랜스휴머니즘을 통한 포스트-휴먼운동은 하나님 창조 질서에 도전하는 '21세기 바벨탑운동, 또는 새로운 종교운동'이 될 수 있음을 선지자적 설교를 통해 지적해야 한다.

교회 지도자들은 21세기 테크놀로지와 합세한 휴머니즘에 기초하여 하나님 중심 인간론에 대한 비판과 해체를 시도(도전)하고 신이 되고자 하는 욕망을 채우려는 시도가 얼마나 하나님 앞에서 무서운 죄악인지 경고해야 한다.

둘째, 제4차 산업혁명 시대에 교회에 대한 다층적인 도전에 대하여 목회자들은 성경적 세계관에 기초한 설교(worldview preaching)를 통해 기독교 진리의 방어, 변호, 공격을 할 수 있는 전제주의 변증(presuppositional apologetic) 설교의 전략을 치밀하게 준비할 필요가 있다.[8]

---

[7] 양승훈, "기독교 세계관적 관점에서 본 제4차 산업혁명," 14-19. 이길용, "제4차 산업혁명 시대 교회의 대응 전략," 「신학과 선교」 57 (2019): 211-16.

[8] 전제주의 변증 설교에 대한 상세한 논의를 위해서는 졸고 박현신, "포스트에브리팅 세

셋째, 제4차 산업혁명이 표면적으로는 사회, 경제, 국가, 윤리 등에 미칠 영향에 관심의 초점이 맞추어져 있지만, 포스트-휴먼운동의 뿌리에는 분명 종교적이며 교리적 측면이 있으며 심각한 신학적 이슈를 발생시킬 수 있음을 설교자들은 간파해야 한다.[9]

넷째, 설교자는 성경적 설교의 본질에 더 충실하면서 설교 준비, 전달, 삶에서 열매 맺는 모든 과정에서 오직 성령의 부으심, 조명, 감동(깨달음), 나타남, 인도하심의 역사가 나타나는 변혁적 설교를 추구해야 한다.[10]

3. 성경적 신학과 교리교육의 강화

첫째, 목회자가 제4차 산업혁명의 도전에 대한 올바른 대응을 위해서는 인문학적 고찰로는 근본적인 해답을 줄 수 없음을 인지하면서, 성경신학과 조직신학에 기초한 실천신학적 조망과 디다케 차원의 통합적, 유기적 교육을 강화하는 것이 필요하다.

다른 한편으로는 인문학 고전과 기독교 고전읽기와 묵상이 신학교육과 교회교육 속에서 회복되어야 한다.[11]

한국 교회는 개혁주의 신론, 인간론, 기독론, 구원론, 종말론, 교회론 입장에서 제4차 산업혁명과 관련한 이슈와 문제들에 대해 실천신학적 차원의 방향과 대안을 제시하는 실제적인 교리교육을 개발해야 한다.

대의 세계관 변혁을 위한 전제주의 변증적 설교," 개혁 신학회, 「개혁논총」 29 (2014): 337-91.
9   Merritt, "Is AI a Threat to Christianity: : Are you there, God? It's I, robot."
10 박현신, "변혁적 설교의 전 과정에서 성령의 다차원적 역할," 개혁 신학회, 「개혁논총」 42 (2017): 206-37.
11 유선희, "제4차 산업혁명 시대! 말씀 구현과 인간됨 회복의 길, 기독교 고전 읽기," 기독교교육연구원, 「교육교회」 9월호 (2018): 18-24; 장신근, "제4차 산업혁명 시대! 창조적 기독교 고전 읽기," 기독교교육연구원, 「교육교회」 9월호 (2018): 10-17.

둘째, 목회자들은 제4차 산업 시대의 핵심인 AI에 대한 문제에 대한 비판과 근본적인 답변을 개혁주의 신론(biblical theology)과 창조 질서에 기초한 교육을 통해 제시하는 것이 필요하다.

하나님 나라 구속사와 언약신학적 시각을 가지고, 목회자들은 하나님께서 인간에게 주신 문화명령(The Cultural Mandate, 창 1:28-30), 대계명(The Great Commandment, 마 22:37-39)과 지상명령(The Great Commission, 마 28:18-20)의 고유 사명(AI가 대체할 수 없는)에 성도들이 더욱 집중할 수 있도록 해 주어야 한다.

셋째, 성경적 인간론(biblical anthropology)의 관점에서 목회자는 인문학자들도 지적하고 있는 트랜스휴머니즘과 AI 과학 기저에 흐르는 유물론적 세계관과 진화론적 인간관을 분별하고 성경적 인간관에 관한 교육을 강화해야 한다.[12]

따라서 교회는 참된 인간관의 핵심인 '지식(진리)과 참된 의와 거룩함'(골 3:9-10; 엡 4:22-24)으로 창조된 하나님의 형상(created in God's image)에 관한 교리교육을 강화하고 인간을 모방한 '가짜 고안물'인 AI에 대한 비판의식을 견지해야 한다.[13]

넷째, 성경적 종말론(biblical eschatology)에 근거한 교리적 적용이 필요하다. 목회자는 성도들이 제4차 산업혁명을 악용하여 '묵시적 두려움'(apocalyptic fear)을 조장하는 이단적, 비성경적 흐름과 포스트휴머니즘을 통한 영적 미혹을 분별하고 "깨어 있을 수 있도록"(마 24:42) 개혁주의 종말관을 선포해야 한다.

---

12   박희주, "융복합 시대의 과학과 종교," 기독교학문연구회, 『신앙과 학문』 21 (2016): 7-28;

13   Anthony A. Hoekema, *Created in God's Image*, 류호준 역, 『개혁주의 인간론』 (서울 CLC, 1990), 23-60, 145-67; 이상원, "기독교 인간관과 인간 지능: 하나님의 형상에 기초한 인공지능 비평," 30-31

목회자는 유토피아 이상향을 추구하려는 신종교운동에 대해 종말론적 비판의 메스를 가해야 하며, 포스트휴머니즘이 추구하는 '가상'의 나라가 아닌 '천상'의 나라, '테크놀로지 유토피아'가 아닌 '에스카톨로지 바실레이아'(eschatological basileia)를 그리스도 안에서 경험해야 함을 강조해야 한다.

나아가 교회 사역자들은 육체의 죽음과 부활, 중간상태, 시대의 징조들, 그리스도의 재림, 천년기, 최후 심판과 영원한 형벌, 새하늘과 새땅에 관한 성경적 종말론[14]이 구체적으로 무엇인지 교회와 사회를 향해 가르치고 전파해야 한다.

다섯째, 목회자들은 성경적 구원(biblical soteriology)과 영생에 관한 교리 교육을 강화해야 한다.

성경적 구원과 상관없이 테크노 종교가 추구하는 테크놀로지를 통한 가상 영생과 '과학적 영지주의'의 시도가 얼마나 허무한 것이며, "한 번 사람이 죽는 것은 하나님께서 정하신 것이며 그 후에 심판"(히 9:14)이 있음을 목회자는 분명히 교훈해야 한다. 이러한 인간의 탐욕과 '지능 환원주의'를 통한 인본주의적, 환원주의적 유토피아 추구는 21세기 바벨탑을 건설하는 심각한 죄악이라 볼 수 있다.[15]

기독교 부활과 영생은 영과 혼과 육의 통일체로서 전인적 차원의 부활과 영생이며,[16] "영생은 곧 유일하신 참 하나님과 그가 보내신 자 예수 그리스도를 아는 것"(요 17:3)임을 교회는 체계적으로 교인들에게 가르쳐야 한다.

---

14 Hoekema, 『개혁주의 종말론』, 111-384; 이신열, "박윤선의 개혁주의 종말론," 한국개혁 신학회, 「한국개혁 신학」 25 (2009): 183-209.
15 이상원, "기독교 인간관과 인간 지능: 하나님의 형상에 기초한 인공지능 비평," 31-33.
16 Hoekema, 『개혁주의 종말론』, 340-68.

4. 성경적 윤리관과 기준 제시

앞서 진술한 것처럼, 제4차 산업혁명의 도래는 사회 가운데 지금까지 존재하지 않았던 새로운 차원의 윤리적 문제들을 쏟아낼 가능성이 크다.

따라서 이러한 윤리적 이슈들에 대해 다층적 위험성을 냉철하게 인식하면서, 개혁주의 윤리신학 관점에서 목회자들이 성경의 언약에 근거한 윤리적 답변을 성도들과 사회를 향해 제시할 수 있도록 설교해야 한다.[17]

목회자들은 제4차 산업혁명 가운데 일어날 수 있는 윤리 문제들에 대한 궁극적인 판단 기준으로서 철학적 윤리학과 덕의 윤리학의 한계를 간파하고, 성경에 근거한 기독교 윤리의 판단 기준으로서 보편적 도덕법(십계명, 사랑의 대강령, 황금률)에 입각한 규범을 제시해야 한다.[18]

다우마(J. Douma)가 제시하는 '삶의 방식'(manner of life)으로서의 기독교 윤리학의 정의는 다음과 같다.[19]

> 기독교 윤리학은 성경이 우리에게 제공하는 관점의 조명을 통해서 도덕적 행위를 반성하는 것이다.

또한, 제4차 산업 시대 승자 독점으로 인한 빈부 격차와 불공정 분배와 불평등 구조, 착취와 약자에 대한 압제에 대한 성경적 정의와 윤리의 비전을 제시하는 선지자적 설교가 필요하다.[20]

---

17 Christoper J. H. Wright, *Old Testament Ethics for the People of God*, 김재영 역, 『현대를 위한 구약 윤리』 (서울: IVP, 2015), 509-34.
18 이상원, 『기독교윤리학』, 109-40.
19 J. Douma, *Responsible Conduct: Principles of Christian Ethics*, trans. D. Kloosterman (Phillipsburg, NJ: P&R Pub. Co., 2003), 2.
20 Wright, 『현대를 위한 구약윤리』, 209, 223-25, 234-48.

개혁주의 윤리학의 관점에서 목회자들은 제4차 산업 시대 AI 혁명으로 인해 발생할 수 있는 비윤리적 접근들과 핵심 사안들을 파악하고, 어떤 윤리적 틀(moral framework)을 정할 것인지 연구할 필요가 있다.

'어떤 도덕적 규범과 기준을 AI에게 가르칠 것인가'가 더 근본적인 질문이 되어야 한다. 상대적인 윤리 규범을 AI에게 가르칠 경우 더 큰 혼란을 초래할 수 있을 것이다. 반드시 성경에 근거한 절대보편적인 윤리를 AI 안에 심고 가르쳐야 한다.

구체적으로, 이를 위해 도덕률 폐기론, 상황 윤리 입장, 일반주의, 공리주의 입장이나 문화적 상대주의가 아닌 '무조건적 절대주의'와 '차등적 절대주의'를 균형 있게 통합하여 '윤리적 절대주의'(moral absolutism)에 근거한 설교를 목회자들은 추구해야 할 것이다.[21]

첫째, 설교자들이 '도덕률 폐기론'과 같은 입장에서 제4차 산업혁명, AI와 관련된 윤리적 이슈들에 접근하지 않도록 하며, 성경적 윤리학 관점에서 이러한 주장들이 지나치게 주관적, 자기 기만적, 비합리적, 비효과적임을 적용하고 비판해야 한다.[22]

예를 들어, AI와 결합한 가상/혼합 현실세계에서 가상 성적 행동[23]을 '쾌락주의 윤리'로 합리화해서는 안 된다.

둘째, 설교자들은 '사랑'만을 절대 규범으로 판단하는('사랑'에 대한 근본적인 의미에 대한 이해와 합의가 이루어지지 않은 채) 상황 윤리 입장(플래쳐의 입

---

21 Norman L. Geisler, *Christian Ethics*, 위거찬 역, 『기독교 윤리학』 (서울: CLC, 1991), 32-44, 71-90, 103-17, 143-66. 다양한 윤리적 입장과 비교를 위해서는 Norman Geisler, *Christian Ethics: Contemporary Issues and Options* 2nd ed. (Grand Rapids: Baker Academic, 2010), 22-115.
22 도덕률 폐기론(antinomianism)에 관해서는 Geisler, *Christian Ethics: Contemporary Issues and Options*, 22-33.
23 "가상현실 성추행 "VR 성추행·유전자 편집…'혁명'은 윤리를 곤경에 빠뜨린다," <http://m.news.naver.com/read.nhn?sid1=105&oid=028&aid=0002350955>.

장)에서 목적만이 수단을 정당화시킨다는 관점으로 성경의 보편적 규범을 배제한 채 AI와 관련된 윤리를 접근해서는 안 될 것이다.[24] 예수님이 주신 대계명으로서 사랑은 절대 규범 요소이다.

셋째, 설교자들은 보편규범을 거부하는 문화적 상대주의나 윤리적 차원의 일반주의 입장에서 제4차 산업혁명과 AI 혁명으로 인해 발생할 윤리적 문제들에 대해 접근해서는 안 될 것이다.[25] 또한, 윤리적 기준보다 행동의 결과적 측면만 따져보는 공리주의 입장이나 문화적 상대주의도 수용하기 어렵다.[26]

AI도 다양한 문화적 맥락 속에서 행동이 가져올 수많은 복합적 결과를 예상하고 가장 이익이 되는 것을 선택하기는 어렵다. 예를 들어, AI 기술로 인해 인류 사회와 교회에 나타날 '결과들'을 기준으로 AI 수단을 합리화하고 평가하면 위험하며, "최대 다수의 최대 이익이라는 공리주의적 가치, 또는 인간의 '최대 쾌락'을 목적으로 AI 혁명과 관련된 윤리적 이슈들을 판단하는 것도 위험하다.

벤담의 양적 공리주의 입장에서 최대 다수의 선을 규범으로 삼을 때 인 AI 산업은 '쾌락주의'로 귀결될 수 있으며, 밀의 공리주의적 방향으로 진행되면 '질적 쾌락주의'로 수렴될 수 있으며, AI 산업을 통해 얻을 수 있는 경제적 유익과 인간의 편리와 같은 결과(목적)를 통해 과정(수단)을 정당화해서는 안 된다.

이러한 접근들은 성경의 윤리와 같은 보편적인 규범을 인정하지 않고 공리주의(결과주의) 자체가 절대 규범화될 논리적 모순임을 알아야 한다.

---

24 Geisler, 『기독교 윤리학』, 55-56; J. Dauma, 『개혁주의 윤리학』, 신원하 역 (서울: CLC, 2003), 139-90; 이상원, 『기독교 윤리학』, 21-22 ; 상황 윤리(situationism)에 관해서는 Geisler, *Christian Ethics: Contemporary Issues and Options*, 35-51.
25 Schwab 외 26인, 『제4차 산업혁명의 충격』, 252-53.
26 공리주의 혹은 일반주의(generalism) 견해들과 평가를 위해서는 Geisler, *Christian Ethics: Contemporary Issues and Options*, 52-65; 이상원, 『기독교윤리학』, 30-32.

넷째, 설교자들은 '무조건적 절대주의'[27]와 '차등적 절대주의'[28]를 균형 있게 통합하여 '윤리적 절대주의'(Moral Absolutism)를 추구해야 할 것이다.

제4차 산업과 AI와 관련된 윤리적 법칙의 근거는 하나님의 불변하시는 본성(Theology proper)이며, 율법에 담긴 하나님의 성품과 창조 질서에 기초하여 상대주의적 규범이 아닌 절대주의 윤리 규범이다. 무조건적 절대주의에 기초하여, 모든 상황을 주관하시는 전능하신 하나님의 섭리에 대한 믿음과 어떤 상황 속에서도 죄를 짓지 않을 수 있도록 역사하시는 하나님의 기적을 기대함이 필요(어거스틴, 존 머레이, 찰스 핫지의 주장)하다.

그러나 한편으로는, 성경에서 하나님께서 기적으로 다 해결하지는 않았으며, 어떤 상황에서는 인간의 눈으로는 모순적인 경우도 등장함과(삼손, 입다, 히브리 산파, 라합 등) 불가피한 상황 속에서는 윤리적 갈등이 있을 었음을 인정(이해)하면서, 더욱 높은 성경적인 의무(윤리)를 실천함으로 불가피하게 발생할 수 있는 더 낮은 수준의 의무에 대한 죄책에 그리스도 안에서의 복음적 자유로움이 필요하다.

예를 들어, 만약 크리스천이 AI와 관련된 국가와 사회의 정책으로 인해 윤리적 갈등의 상황 속에서 무엇인가를 선택해야만 할 때, 목회자들은 사회규범보다는 절대적 하나님 나라의 규범을 선택하는 윤리적 적용을 해줄 필요가 있다. 철학적이며 신학적인 윤리학을 넘어, 설교자들은 하나님의 율법, 황금률, 십계명, 새계명 등과 같은 절대적인 윤리규범과 성경의 절대 기준에 근거해 AI 혁명과 관련된 다양한 윤리 이슈에 대한 적실한 적용을 청중과 사회를 향해 제시해야 한다.[29]

---

27 무조건적 절대주의(unqualified absolutism) 견해와 평가를 위해서는 Geisler, *Christian Ethics: Contemporary Issues and Options*, 66-81.
28 차등적(갈등적) 절대주의(conflicting absolutism) 견해와 평가를 위해서는 Geisler, *Christian Ethics: Contemporary Issues and Options*, 83-95.
29 Frame, *The Doctrine of the Christian Life*, 180-206; 이상원, 『기독교윤리학』, 63-70.

5. 성경적 언약공동체 강화

첫째, 제4차 산업 시대 목회자는 하나님 나라 언약공동체 관점에서 다양한 위기에 직면하게 될 가정과 교회공동체를 하나님의 말씀과 구속사적 내러티브로 세우고, "하나님의 프락시스(Praxis of God)가 신앙공동체 안에서 구현"되도록 예배, 설교, 교육, 목회적 돌봄, 교제(코이노니아), 봉사(디아코니아), 전도와 설교를 총체적으로 강화해야 한다.[30]

특히, 성경에 뿌리를 둔 기도의 원리와 경건(영성) 전통을 제4차 산업혁명 시대의 교회에 재상황화하여 목회사역 가운데 경건훈련과 기도사역이 교회공동체 안에 더욱 강화되어야 한다.[31]

또한, 목회자들은 하나님의 형상으로서 인간의 존엄성과 노동의 가치를 승화시킬 수 있는 제4차 산업혁명 시대에 적합한 삶의 체계로서의 경건을 언약공동체 안에 더욱 강조할 필요가 있다.[32]

둘째, 제4차 산업 초연결 시대에 공동체성이 오히려 무너져 가는 상황 속에서, 목회자는 교회와 가정, 개인, 사회, 국가, 세계를 하나님 나라 구속사 관점에서 연결하여 언약 중심적 공동체 목회와 설교를 더욱 회복해야 한다.

목회자들은 소수 세력의 독점과 사회 양극화로 인한 가족 및 직장공동체 붕괴 속에서 소외, 불안, 우울증, 중독에 빠지거나 가상현실로 도피하

---

30 이승진, "구속사 내러티브를 구현하는 설교목회에 관한 연구," 한국복음주의실천신학회, 「복음과 실천신학」 43 (2017): 79-107; 이승진, "신앙공동체 활성화를 위한 설교 방안에 관한 연구," 한국복음주의실천신학회, 「복음과 실천신학」 21 (2010): 99-118.

31 김순성, "목회실천의 본질과 목표 및 방법으로서의 영성: 삼위일체적 공동체 영성을 중심으로," 한국복음주의실천신학회, 「복음과 실천신학」 25 (2012): 34-57; 김순성, "목회사역의 원리와 방법으로서 기도," 한국복음주의실천신학회, 「복음과 실천신학」 40 (2016): 42-71.

32 조성호, '제4차 산업혁명 시대와 기독교 영성의 발전 방안 연구,' 한국복음주의 실천신학회, 제35회 공동정기학술대회 미간행논문, 106-21.

는 영혼들을 복음 안에서 온전히 치유하고 '세상이 감당치 못할' 제자로 세울 수 있는 초대 교회 공동체성을 더욱 추구해야 할 것이다.

셋째, 교회공동체가 제4차 산업혁명 시대의 세속적 가치를 본받지 않고, 마음을 새롭게 함으로 변화되어 "거룩한 산 제사로" 하나님께 전 존재를 드리도록(롬 12:1-2) 목회자들은 더욱 새 언약의 복음이 흐르는 그리스도 중심적 예배를 더욱 회복해야 한다.[33]

제4차 산업혁명 시대가 다가올수록 더욱 교회는 고대-미래(ancient-future) 교회 예배와 성경적 예배 전통(예배 규범)의 현대적 조화를 지향하면서 그리스도와의 신비적 연합과 임재를 추구하는 언약적 식사로서 주의 만찬을 더욱 회복해야 한다.[34]

나아가, 예배와 문화와 신학의 통합적 접근을 통한 특별은총 차원의 예배신학을 강화하고, 포스트모던 컨텍스트(Context)를 고려한 예배의 지평 확대를 모색하는 것을 넘어[35], 제4차 산업혁명 시대를 고려한 예배신학의 이론과 대안을 모색하는 것이 필요하다. 또한, 예배와 관련된 제4차 산업 이슈에 대한 분명한 성경적 예배 윤리 규범을 세워야 한다.[36]

---

[33] David Peterson, *Engaging with God*, 김석원 역, 『성경신학 관점에서 본 예배신학』 (서울: 부흥과개혁사, 2011); Bryan Chapell, *Christ-centered Worship* (Grand Rapids: Baker Academic, 2009).

[34] Robert Webber, *Ancient-future Worship* (Grand Rapids: Bakerbooks, 2008); 김상구, "Johannes Calvin과 제네바 예전(1542)," 한국복음주의실천신학회, 「복음과 실천신학」 20 (2009): 118-47; 문병하, "언약적 식사로서 주의 만찬 연구," 한국복음주의실천신학회, 「복음과 실천신학」 23 (2011); 김순환, "설교 중심 예배의 성찬 신학적 고려," 한국복음주의실천신학회, 「복음과 실천신학」 30 (2014): 89-109.

[35] 주종훈, "예배, 문화, 그리고 신학의 통합적 접근을 통한 예배신학의 새로운 발전," 한국복음주의실천신학회, 「복음과 실천신학」 27 (2013): 44-72; 김순환, "포스트모던 상황과 예배의 지평확대를 위한 이론과 실제," 한국복음주의실천신학회, 「복음과 실천신학」 42 (2017): 122-47.

[36] 이상원, 『기독교윤리학』, 171-226.

앞으로 교회 목회사역과 예배에서 AI의 활용 방안, 가상현실 예배, AI의 예배 참여와 멤버십 등과 같은 이슈들에 대해 예배신학자들과 목회자들은 성경적인 대안과 방향을 제시할 필요가 있다.

6. 일반은총 차원의 활용 방안 모색

첫째, 개혁 신학 관점에서 제4차 산업혁명 담론과 기술을 분명하게 비판해야 하지만, 지나친 일반화를 통한 비판 혹은 선입견에 의한 부정적인 태도에 대해서는 설교자가 조심해야 할 필요가 있다.

제4차 산업 시대의 혁명적 기술 발전에 대한 지나친 과대평가 혹은 비합리적인 과소평가와 같은 극단적인 관점을 설교자는 모두 경계하면서, 개혁 신학의 용광로를 거친 제4차 산업 기술 가운데 일반은총 차원에서 활용할 수 있는 부분을 목회자가 시도해 볼 수도 있다.

그러나 이러한 긍정적인 활용이라 할지라도 일반은총 차원에서 학문적, 의료적, 교육적, 직업적, 인도적 도움과 인류 문화 발전을 위한 보조적 역할을 하는 차원이어야 하고, 기독교 윤리의 통제 안에서 제한적으로 가능하다는 것을 전제해야 한다.[37]

둘째, 실천적 목회 영역과 관련해서 목회자와 전문가의 통제와 철저한 검증 아래서 빅데이터를 활용한 보다 효과적인 의사결정, 목회 행정과 심방, 회중의 필요, 비 기독교인의 기독교에 대한 의식 변화, 설교 준비와 피드백 분석, 기독교와 관련된 고전 자료와 유의미한 인문학 자료 분석, 성경 연구데이터 제공, 교회 성도들의 영적 건강 진단, 디지털 문화 분석, 특정 설교 주제에 대한 사회적 트렌드와 추이 분석 등을 통해 가장 최적

---

[37] 이상원, "기독교 인간관과 인간 지능: 하나님의 형상에 기초한 인공지능 비평," 29.

화된 목회 전략과 프로그램을 개발할 수도 있을 것이다.

셋째, 불신자들의 다양한 유형 분석과 기독교에 대한 인식과 복음 영접 계기와 프로세스 등에 대해 빅데이터 활용하여 최적화된 '제4차 산업 시대 전도모델'을 만드는 데 활용할 수도 있을 것이다.

설교자가 청중 개인과 교회공동체, 사회와 세계를 분석하는 청중의 필요에 맞는 중장기적 설교 기획과 주제와 본문을 정하는 데 활용할 수 있을 것으로도 예상해 볼 수 있다.

넷째, 제4차 산업혁명 시대 목회생태계를 새롭게 회복하기 위해서는 '스마트화'와 '플랫폼화'가 필요하다. 목회와 설교사역에서도 AI, 사물/만물 인터넷, 5G를 활용한 입체적인 '초연결 협업 사역'과 다양한 기독교 '다면 플랫폼 네트워크'를 기반으로 한 설교, 상담, 교육, 심방, 전도, 기도 등 기독교 전문 분야 서비스를 고려해 볼 수 있다.

제4차 산업혁명 시대에 교회를 이끌어 갈 미래 목회자를 양성하는 신학교에도 적절한 변화가 필요한 시점이다. 제4차 산업혁명의 도전에 맞서 신학교육의 본질을 더욱 강화하면서도 초지능, 초연결, 초융합 시대를 지혜롭게 활용하면서, '교육 학습공간, 교수자의 역할과 이미지, 교수 학습 과정의 변화 등'에 적합한 신학교육과 훈련의 대안적 방향을 마련할 필요가 있다.[38]

나아가 기독교 디지털 콘텐츠 개발과 활용을 위한 가상세계 디자이너(예: 성경 VR 체험 등), 기독교 세계관을 가진 법과 윤리의 대변자, 디지털 문화 해설가, 만물 인터넷 데이터 창조자(데이터 홍수 속에서 의미 있는 정보를 찾아주는 직업), 개인 콘텐츠 큐레이터(뇌와 클라우드 기억과 지식 정리), 생태계 보존과 인체 디자이너 등의 영역을 선도할 수 있는 기독교 인재 양

---

38 유재덕, "제4차 산업혁명 시대 신학교육의 방향," 「신학과 선교」 57 (2019): 199-200.

성과 목회 프로그램을 개발할 필요가 있다.[39]

7. 성경적 전략을 통한 다음 세대와 선교사역

목회자들은 제4차 산업혁명의 도전에 적극적 비판 및 대안적 방향을 제시하는 차원에서 다음 세대(Next Generation) 혹은 Z세대를 살리기 위한 '미래 목회 로드맵'과 그에 따른 구체적인 비전을 세우는 것이 필요하다.

먼저 과거 산업혁명 가운데 일어난 주일학교운동과 한국의 교회학교운동을 고찰하면서, 제4차 산업혁명의 도전에 대비한 교회교육의 본질 강화와 대안적 방향 모색이 필요하다.[40]

첫째, 앞서 기술한 제4차 산업혁명은 특히 젊은 세대들게 매우 강력한 영향을 주어 감소 추세에 있는 한국 교회의 젊은 세대 이탈을 가속화하는 요인으로 작용할 수 있다. 또한, 종교에 대한 무관심과 '종교 없음 세대'의 증가 상황과 맞물리면서 트랜스휴먼과 '테크노 종교'가 인기를 얻는 현상도 일어날 수도 있다.

반대로, 인간성 상실과 종말론적 두려움, 영혼의 불안과 허무주의, 초월적 세계와 영혼과 영생에 대한 관심 등으로 참된 기독교를 찾는 구도자나 젊은 세대가 증가할 가능성도 있을 것이다.

둘째, 한국 교회는 제4차 산업혁명 시대에 이미 한국 사회와 교회 안에 증가하고 있는 '세대 간 불균형'이 가속화되지 않도록 다음 세대를 향한 전략 마련과 함께 창조적인 기독교 인재와 전문가들을 시급히 육성해

---

39 이인식, 『제4차 산업혁명은 없다』, 42-50.
40 류은정, "산업혁명의 변화에 따른 기독교교육: 산업혁명과 주일학교운동의 관계를 중심으로," 「신앙과 학문」 23 (2018): 91-117.

야 한다. 그리고, 교단과 한국 교회 전체를 통해 제4차 산업혁명 대책팀을 만들어 단기적, 중장기적 비전과 전략을 수립하고 실행할 필요도 있다.

한 예로, '뉴미디어 생태계'의 영향과 한계를 극복하면서 변화에 적실한 기독교 메시지 소통 전략(문답식 교육, 비블리오 드라마, 성경 체험학습 등)을 구체적으로 사역 현장에서 구현해 나갈 필요가 있다.[41]

셋째, 제4차 산업혁명의 도전에 미리 대응하기 위해 성경적 관점과 기독교 세계관에 입각한 설교와 교회 교육을 어린이, 청소년, 청년들에게 강조해야 한다.

또한, 트랜스휴먼과 포스트-휴먼 사회 가운데에서 다음 세대들이 가상/증강 현실과 관련된 프로그램과 게임 등으로 인한 교차 중독, 관계 파괴, 정신적 장애, 불안과 열등감, 우울증 등의 문제에 심각하게 빠지기 전에 '예방적 설교 및 교육 상담사역'과 삼위 하나님과의 인격적인 깊은 만남(교제)과 언약 관계에 기초한 개혁주의 경건훈련 프로그램을 강화해야 할 필요가 있다.

이를 위해 기독교 '협업 생태계'와 스마트 목회 플랫폼을 회복하고 제4차 산업혁명 사회를 이끌어가야 할 창의적인 기독교 전문가들과 미래형 인재들을 분야별로 특별히 양성할 필요가 있다.

넷째, 제4차 산업혁명의 도전에 스마트한 선교 전략이 필요하다.

제3차 산업혁명이 기독교 선교의 기존 패러다임을 다차원적으로 변화시킨 것을 볼 때, 제4차 산업혁명은 더욱 전방위적으로 선교사역에 영향을 미칠 것으로 전망된다.[42] 이미 전도와 선교를 위한 AI 프로그램이 등장

---

41 이승진, "미디어 생태계의 변동에 따른 기독교 설교의 소통 전략," 한국복음주의 실천신학회, 제35회 한국복음주의 실천신학회 발표 미간행논문, 54-76.

42 "제4차 산업혁명은 기독교 선교에 어떤 영향을 미칠까?" <http://www.christiantoday.co.kr/news/298838#_enliple>.

하고 있다.[43] 앞으로 제4차 산업혁명 기술과 AI를 활용한 다양한 전도와 선교 전략을 선교신학자들과 현지 선교사들이 함께 연구할 필요가 있다.

제4차 산업혁명의 과학기술이 가져올 수 있는 영적 위기들을 냉철히 진단하면서도, 제4차 산업혁명을 통해 더욱 발전된 AI, 빅데이터, 인터넷과 유튜브, 가상현실, 증강 현실, 혼합 현실, 메타버스 등의 기술을 적극적으로 활용한 주일학교 사역 전략과 글로벌 선교전략이 새롭게 개발될 필요가 있다.[44]

제4차 산업혁명 시대 선교를 위한 선교 리더십 훈련과 초연결 시대에 각종 제4차 산업혁명 기술과 미디어를 활용한 스마트 선교 전략이 준비되어야 한다.[45]

그러나 이러한 일반은총 차원의 성경적 상황화와 긍정적인 활용을 위해서는 끊임없는 개혁주의 실천신학의 렌즈를 통한 검증과 비판이 필요하며, 여러 가지 극복해야 할 문제들과 한계가 지속해서 나타날 수 있다고 본다.

---

43 예를 들면, 비전트립에 필요한 현지 종족어를 말해주는 '비전트립 도우미 AI', 빅데이터를 활용해서 성경과 관련된 지리, 문화, 역사, 고고학 배경 등을 입체적으로 알려 주는 '바이블 인공지능'(Bible AI), 성경 학습시킨 따뜻한 감성지능(EI)을 가진 '인공지능 짐고(Zimgo)' 등이다. "성경 학습시킨 감성인공지능으로 세상 변화시킬 것," <http://www.christiantoday.co.kr/articles/296315/20170110/%EB%B9%84%ED%94%BC%EC%9C%A0%ED%99%80%EB%94%A9%EC%8A%A4.htm>.

44 이현주, "제4차 산업혁명 시대 새로운 선교전략의 필요성," 한국복음주의선교신학회, 「복음과 선교」 41 (2018): 113-52.

45 신성주, "제4차 산업혁명 시대의 선교적 과제," <http://www.kscoramdeo.com/news/articleView.html?idxno=14697>.

8. 산업혁명 전에 주신 주권적 부흥을 사모하는 교회

한국 교회는 지난 산업혁명 과정에서 "기독교가 매우 중요한 선도적 역할을 했다"는 역사적 인식을 공유하면서 제4차 산업혁명에 대한 교회와 목회자의 대응 방향을 입체적으로 고찰할 필요가 있다.

좀 더 학문적 연구를 통해 규명해야 할 부분이지만, 대각성운동과 산업혁명이 일어난 흐름만을 놓고 본다면, 제1차 산업혁명(1760-1840년경 혹은 1790-1830년경)이 일어나기 직전 제1차 대각성운동(1735-55년경 혹은 1730-60년경)이 일어난 것으로 볼 수 있다. 또한, 제2차 산업혁명(1870-1920년경 혹은 1850-1930년경)도 제2차 대각성운동(1790-1840년경 혹은 1800-40년경)이 일어난 후 약 십여 년 후에 일어났다. 그 이후 제3차 산업혁명(1960-90년경)이 일어나는 시점에 제4차 대각성운동(1960-81년경)이 일어난 것을 볼 수 있다.[46]

영적 대각성운동이 일어난 시점만으로 추측하기는 어렵지만, 산업혁명이 일어나기 전 하나님께서는 교회의 영적 대각성운동을 통해 사회 전반에 영향을 주었다는 가설을 세워볼 수 있다.

공통적으로 각 산업혁명으로 인해 사회의 엄청난 변화와 혼란이 있기 전에, 하나님께서는 영적 대각성운동을 통해 하나님의 사람들을 준비시키셨으며, 특히 탁월한 목회자와 설교자들이 하나님의 주권 아래 영적 부흥에 촉매제 역할을 했고, 영적 각성을 경험한 사람들을 통해 다가올 산업혁명의 폭풍을 교회와 사회가 준비할 수 있게 하는 하나님의 섭리를 읽을 수 있다.[47]

---

46 Robert William Fogel, "The Phases of the Four Great Awakenings," <https://press.uchicago.edu/Misc/Chicago/256626.html>.
47 박용규, 『세계부흥운동사』 (서울: 생명의 말씀사, 2014), 247-89, 330-466, 506-32, 792-96, 847-76.

그러므로 제4차 산업혁명의 여명 앞에서 목회자들은 모든 사역 가운데 성령의 역사를 더욱 사모하며 교회공동체가 진정한 부흥을 간절히 갈망하도록 하는 성경적 목회에 전심전력하는 것이 최상의 대응전략이 될 수 있다.

제4차 산업혁명, AI 시대의 거대한 도전의 파도를 넘어

이미 한국 사회 전반에 급속히 진행되고 있는 제4차 산업혁명의 거대한 도전에 결연히 맞서서 한국 교회의 실천신학적 응전이 절실히 요청되는 시점이다. 그러므로 앞서 제4차 산업혁명의 실체에 대한 인문학적 관점에서 제시되는 여섯 가지 핵심 질문들을 도출하고 이에 대한 실천신학적 관점에서 이해의 지평을 넓히고 핵심적인 논의를 전개하였다.

나아가 본 장은 제4차 산업혁명 담론의 실체에 대한 인문학 차원에서 제기되는 여섯 가지 본질적인 질문과 연결하여 실천신학적 대응 방안을 여덟 가지 방향에서 제시해 보았다.

즉, 성경적 세계관을 통해 제4차 산업혁명을 통찰하고, 성경적 신학과 교리에 대한 교육을 심화하고, 윤리적 문제들에 대한 성경적 해법을 제시하며, 성경적 예배공동체를 구현하고, 성경적 기준 아래 일반은총 차원의 활용을 모색하며, 다음 세대와 선교 전략을 추구하며, 하나님 나라의 주권적 부흥을 열망하는 사역이 제4차 산업혁명의 도전에 대한 실천신학적 응전 방향임을 제시하였다.

앞으로 더 구체적으로 각 실천신학 영역에서 학자들과 목회자들의 스마트한 협업 연구와 플랫폼 형성이 필요하다고 본다.

제4차 산업혁명과 관련된 미래학자들의 '예측들'은 어느 정도 감안해야 하지만, 인류와 사회, 교회의 운명과 미래는 '오직 하나님의 절대주권에 달려있다'는 것을 교회 지도자들과 설교자들은 지속해서 강조해야 할 것이다.

　그러므로 목회자들은 성경과 역사적 개혁 신학에 근거한 실천신학적 대안을 통해 제4차 산업혁명의 거친 폭풍 속에서 진리의 등대로서의 궁극적 사명을 충실히 감당해야 할 것이다.

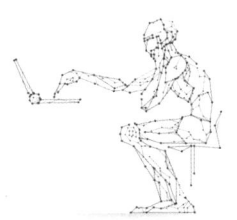

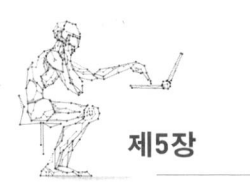

제5장

인공지능 혁명(AIR) 이슈와 도전에 대한 교회의 응전

오늘날의 교회와 설교자들은 개혁주의 신학과 성경적 세계관에 입각하여 위에서 제시한 제4차 산업혁명이라는 퍼펙트 스톰(Perfect Storm)이 몰고올 위기들과 인공지능 혁명(AIR)이 가져올 주요 이슈들과 문제들에 대한 실천신학적 대응과 설교학적 대안을 다각도로 모색해야 한다.

이를 위해서는 비관론과 낙관론의 양극단적 태도를 지양하고, 먼저 창조, 타락, 구속, 완성의 성경적 세계관에 기초한 신관, 인간관, 역사관, 사회관, 문화관, 자연관, 윤리관 등에 대한 기독교 세계관적 패러다임의 관점[1]과 아브라함 카이퍼(Abraham Kuyper, 1837-1920)의 칼빈주의 영역 주권 사상과 인간 사회 영역의 모든 문화를 변혁하는 변혁적 문화관을 가지고 설교자는 인공지능 혁명(AIR) 시대를 향한 '비관론적 낙관주의'(pessimistic optimism)를 선포하는 선지자적 사명을 회복해야 한다.[2]

또한, 삶과 사회 전체를 조망하는 포괄적인 체계인 개혁주의 세계관의 안경을 쓰고 제4차 산업혁명 AI 시대의 사회와 문화를 어떻게 변혁시킬 것인지 분별해야 한다.[3]

---

1 전광식, "성경적 세계관이란 무엇인가," 「기독교사상연구」 2 (1995): 9-20; 양승훈, "기독교 세계관적 관점에서 본 제4차 산업혁명," 밴쿠버기독교세계관대학원, 「통합연구」 21 (2019): 7-43.
2 유태화, "창조, 타락, 구속, 완성의 빛에서 본 아브라함 카이퍼와 클라스 스킬더의 문화관," KRJ 44 (2017): 111-44.
3 신국원, "개혁주의 기독교 세계관의 역사와 전망," 「총신대논총」 24 (2004): 130-50.

1. AI와 일자리 문제(인간의 도구화)에 대한 교회와 목회자의 대응

첫째, 교회와 설교자들은 제4차 산업혁명 시대 AI에 의한 일자리 혁명에 대한 낙관적, 비관적 전망에 대하여 성경적인 세계관에 근거한 비평과 함께, 그 대안으로 제시되는 공생과 협력모델에 대해서도 비판적인 시각을 가져야 한다.

설교자들은 AI를 통한 인간 '증강'이나 '강화'가 아닌 하나님이 부여하신 인간의 고유 모습을 회복하고 새사람을 입어 그리스도의 형상을 닮아 '성화'(Sanctification)되는 것이 인간 존재의 목적임을 가르쳐야 한다(골 3:10; 엡 4:23-24).

또한, AI를 통한 일자리 혁명을 통해 극단적인 유토피아 혹은 디스토피아 시대가 도래할 것이라는 시각에 대한 비판과 함께 종말론적 하나님 나라에 기초한 설교를 강화해야 한다.

둘째, AI가 일자리를 대체하면서 인간이 도구화되거나 필요 없는 존재로 전락할 수 있다.

따라서 대량 실직과 직업 소멸, 소수 기업과 개인의 시장 독점과 빈부 격차 및 양극화 심화, 소외와 중독, 가족공동체 붕괴 등으로 인해 많은 사람이 인간 존재 의미와 참된 행복, 소명 등에 대한 근본적인 질문을 던지게 될 것으로 예상할 수 있다.

이에 대한 답변으로서 설교자는 성경적인 인간관(엡 2:10)과 하나님 나라의 복음적 행복관(마 5:1-12), 칼빈주의 소명관 및 노동관(직업관)을 가르쳐야 한다.[4]

셋째, AI 기계가 인간의 능력을 넘어 발전한다고 할지라도, 하나님의 창조 영역에 영향을 미칠 수 없으며, 교회는 인간의 존귀함과 AI를 활용

---

[4] 이은선, "루터, 칼빈, 청교도의 소명 사상," 「대신대학 논문집」 12 (2012): 395-419.

하는 인간의 소명에 대해 선포하는 독특한 임무를 수행해야 한다.[5]

'스마트 머신'(Smart Machine)이 결코 대체할 수 없는 인간만의 고유한 영역과 사명(창 1:28-30; 마 28:18-20)이 존재한다는 것을 목회자가 설교 가운데 강조함으로 AI 시대를 살아가야 하는 청중들에게 소망과 도전을 줄 필요가 있다.

2. AI의 법적, 도덕적 문제에 대한 교회와 목회자의 대응

앞서 논의한 것처럼, AIR이 사회 전반에 걸쳐 점점 현실화하면서 법적 문제에 대한 이슈는 첨예한 논쟁을 불러일으키고 있다. 그렇기에, AI에 대한 수정된 로봇 원칙과 법적, 형사적 책임 문제와 윤리적 기준을 정하기 위한 다양한 학자들의 연구가 진행되고 있는 점은 고무적이다. 그러나 'AI에게 어떤 도덕적 규범과 기준을 가르칠 것인가'가 더 근본적인 질문과 방향이 되어야 한다. 만약 상대적인 윤리 규범만을 AI에게 가르친다면 사회 안에 더 큰 혼란을 초래할 수 있기 때문이다.

따라서 설교자와 교회는 반드시 성경에 나타난 하나님의 속성과 언약, 율법, 황금률, 십계명, 새 계명 등에 근거한 도덕적 절대주의(Moral Absolutism) 윤리가 AI와 관련된 사회 전반과 법적 영역에 최대한 반영될 수 있도록 빛과 소금의 역할을 해야 한다.[6]

이런 맥락에서 최근 기독교학자들의 AIR 시대의 기독교 윤리 강조는 선도적 대응과 사회적 책임과 영향을 주기 위해서 적절한 공헌을 한 것으

---

5   ERLC, "Artificial Intelligence: An Evangelical Statement of Principles," 5.
6   ERLC, "Artificial Intelligence: An Evangelical Statement of Principles," 2; Norman Geisler, *Christian Ethics: Contemporary Issues and options,* 2nd edition (Grand Rapids: Baker Academic, 2001), 22-115; Frame, *The Doctrine of the Christian Life*, 180-206.

로 평가할 수 있다.[7]

나아가 기독교학자들과 교회는 AIR 가운데 일어날 수 있는 법적 차원의 윤리 문제들에 대한 궁극적인 판단 기준으로서 '오직 성경'(Sola Scriptura)과 개혁주의 정통신조들과 신앙고백서들(웨스트민스터, 하이델베르크, 벨직, 도르트 등)에 입각하여 AIR과 다양한 법적 이슈와 윤리적 문제들에 대해 접근할 수 있는 선제적 연구 플랫폼을 마련할 필요가 있다.

첫 번째 예로, 먼저 설교자들이 기존의 <로봇 3법칙>과 <로봇 4법칙>의 근본적 한계를 지적해야 한다.

그뿐만 아니라, 교계의 AI 전문가들은 성경의 언약과 교리, 율법(십계명)과 대 계명 등을 AI 로봇의 절대 기준과 규범으로 설정하며, 하나님의 형상으로서 인간의 존엄과 사회공동체의 공공선을 위해 로봇이 인간 제작자의 명령에 복종하는 방향으로 AI를 설계, 제작할 수 있도록 함께 협력해야 한다.

AI를 향해 인간 설계자가 성경의 절대 규범에서 벗어난 명령을 시행하도록 할 때, 이를 AI가 거부할 수 있도록 설계하는 것에 대해서도 논의할 필요가 있다.

두 번째 예로, 교회와 설교자들은 성경의 관점과 절대 기준, 즉 창조질서(롬 1:26-28)와 하나님의 형상(엡 4:22-24; 5:1-3), 영적 자유(갈 5:1) 등의 교리에 비추어, AI와 연관된 성 로봇(Sex Robot) 혹은 가상현실에서의 부도덕한 성적 행위(VR Sex)[8]에 대한 윤리적 적용을 청중과 사회를 향해 제시

---

[7] 이완형, "인공지능 상용화에 따른 성경적 관점의 윤리 가이드라인에 관한 연구," 한국로고스경영학회, 「로고스경영연구」 16 (2018): 117-40; 김광연, "트랜스휴머니즘과 인간 양식의 변화에 나타난 윤리적 문제들," 135-64; 유경동, "인공지능과 기독교윤리," 87-116.

[8] "The Future of Love: Robot Sex and AI Relationships," <https://medium.com/@orge/the-future-of-love-robot-sex-and-ai-relationships-3b7c7913bb07>; <https://www.

해야 한다.⁹

AI와 관련된 다양한 윤리적 이슈에 대한 적용을 위해 존 프레임(John Frame)의 세 가지 관점(규범적, 상황적, 실존적)에 근거한 '윤리의 삼각형'을 활용한 변증적 설교 패턴을 연구할 필요가 있다.

이러한 관점을 통해 윤리적 선택을 위한 다음과 같은 윤리적 삼단논법을 활용하여 창조적모델을 발전시킬 필요가 있다.¹⁰

- 1단계(규범적 관점): 간음은 잘못된 죄악이다(출 20:14).
- 2단계(상황적 관점): 음욕은 간음이다(마 5:27-28).
- 3단계(실존적 관점): 음욕(AI 로봇과 가상현실 등과 관련된)은 잘못된 죄악이다.

3. AI와 포스트-휴먼, 트랜스휴머니즘에 대한 교회와 목회자의 대응

첫째, 한국 교회와 설교자들은 성경적 세계관 관점에서 기독교와 과학적 AIR에 대한 양 극단적 태도를 지양하고, 트랜스휴머니즘의 '신 바벨탑 건설'을 통한 '무한생명주의'(Extropianism)와 AIR의 신종교운동(테크노 종교화)을 성경적, 역사적 개혁주의 신학을 통해 분별하고 비판해야 한다.¹¹

둘째, 설교자들은 종교적 트랜스휴먼과 철학적 포스트휴머니즘의 뿌리를 오염시키고 있는 진화론적 세계관과 테크노휴머니즘, 초인본주의적

---

forbes.com/sites/andreamorris/2018/09/25/prediction-sex-robots-are-the-most-disruptive-technology-we-didnt-see-coming/#6c635fee6a56>.

9　ERLC, "Artificial Intelligence: An Evangelical Statement of Principles," 3.
10　Frame, *The Doctrine of the Christian Life*, 33-34, 166.
11　전대경, "인본주의에서 초인본주의로 옮겨가는 다문화적 다지능 시대," 한국복음주의 조직신학회, 「조직신학연구」 30 (2018): 44-83.

인간관을 비판해야 한다.

나아가 교회 지도자들은 성경적 인간론에 기초한 교리 강해설교와 교훈, 책망, 바르게 함, 의로 교육하는 목회사역을 통해 하나님의 사람으로, 하나님 나라의 사명을 온전히 감당하는 성도(딤후 3:16-17)로 양육해야 한다. 또한, 하나님의 형상(*Imago Dei*)으로서 '성경적 인간관'에 대한 교리교육을 선제적으로 시행해야 한다.[12]

셋째, 교회와 설교자는 AIR에서 기인한 극단적인 유토피아와 디스토피아를 신중하게 경계해야 할 뿐만 아니라, 인간을 AI와 결합하여 신적인 존재로 향상, 진화시키고 종교화하려는 트랜스휴머니즘과 포스트휴머니즘의 인본주의적 사상의 뿌리를 간파하고 이로 인한 파괴적인 결과를 심각하게 경고해야 한다.

현대판 선악을 알게 하는 나무와 유사한 트랜스휴머니즘을 통해 인간이 '신과 같이' 되어 '죽지 않는 존재가 있다'고 속이는 사단의 거짓(요 8:44)에 성도들이 속지 않도록(고후 2:11) 설교자들은 깨어 영적 분별력을 가지고 말씀을 선포해야 한다.

따라서 목회자들은 AIR에 대한 대응을 첨단 과학기술 차원과 세계관적인 갈등 차원을 넘어 종말의 때 치열하게 벌어지는 영적 싸움의 차원으로 접근해야 할 필요도 있다(고후 4:4; 10:4-5; 엡 6:10-17).

넷째, 인간의 뇌 기억을 클라우드에 복사, 저장하고 AI에 다운로드함으로 육체적 죽음 후에도 가상공간에서 정신적 영생과 유토피아를 추구하는 시도는 신학적인 문제를 연쇄적으로 발생시키는 환원주의적 오류로서 교회가 경계해야 할 매우 위험한 시도이다.

---

12 이상원, "기독교인간관과 인간지능," 30-31; 박희주, "융복합 시대의 과학과 종교," 기독교학문연구회, 「신앙과 학문」 21 (2016): 7-28.

트랜스휴먼과 결합한 '사이버 영생'(Cybernetic Immortality)은 성경이 말하는 온전한 영과 혼과 육의 부활과 근본적으로 다른 차원이다.[13]

이러한 도전에 응전하는 하나의 예는, 설교자가 성경적 심판(롬 2:7; 고후 5:10; 히 9:14; 계 21:6-8), 부활(고전 15:42-58), 영생(요 17:3),[14] 새 하늘과 새 땅(계 21:1-4) 등에 관한 종말 시리즈 강해설교를 기획하고 선포하는 것이다.

다섯째, 설교자는 인간의 인공지능화, AI의 신격화를 통한 '과학기술적 영지주의'(technological gnosticism)를 성경적으로 비판해야 한다.[15]

교회는 가상의 공간이 아닌 그리스도께서 통치하시는 '이미와 아직' 사이의 종말론적 하나님 나라를 실상으로 경험하는(히 11:1) 믿음의 세계를 성도들에게 강조해야 한다.

목회자들은 트랜스휴먼이 추구하는 AI와 '융합'을 통한 포스트-휴먼이라는 허상의 목적을 경계하고 하나님의 온전한 형상이신 그리스도(골 1:15)를 닮아 가는 신비적 '연합'(롬 6:4-5)을 추구하는 성경적 영성을 더욱 강조해야 한다.[16]

---

13 Calvin Mercer, "Bodies and Persons: Theological Reflections on Transhumanism," *Dialog* 54 (2015): 27-31.
14 Childs, "Beyond the Boundaries of Current Human Nature," 15.
15 김동환, "AI(인공지능)에 대한 신학적 담론의 형성 및 방향 모색," 52.
16 Childs, "Beyond the Boundaries of Current Human Nature," 15.

4. AI와 빅데이터, 알고리즘에 대한 교회와 목회자의 대응

첫째, 설교자들은 AI와 빅데이터 영역도 온전히 통치하시며 인류의 역사와 미래를 주관하시는 절대주권자인 하나님 중심적 설교를 더욱 강화하고, 교회는 그리스도 중심적 예배와 복음 중심적 예전의 회복[17]을 통해 그분의 측량할 수 없는 지혜와 지식을 향한 성령주도적 송영(롬 11:33)을 회복해야 한다.

예를 들어, 설교자가 요셉 내러티브 설교를 통해, 악을 선으로 바꾸는 하나님의 주권적 섭리(창 50:20; 롬 8:28)는 AI와 빅데이터가 예측하거나 통제할 수 없는 영역임을 청중들에게 적용할 수 있다.

교회는 하나님 사랑과 이웃 사랑의 계명(마 22:37-40)에 불일치하는 방식으로 AI와 빅데이터가 교묘하게 혹은 강압적으로 사용되지 않도록 대사회적인 목소리를 적극적으로 내야 한다.[18]

교회 지도자들은 AI와 인간의 본질적인 차이는 '인간만이 하나님의 형상을 따라 창조된 존재라는 것과 AI의 의식과 인간의 의식(영혼)이 전적으로 다르다[19]는 점에 있다'는 것을 강조해야 한다.

둘째, 설교자들은 영적, 학문적 예리함을 가지고 성도들이 미래학자들의 견해들을 성경적, 객관적으로 비평할 수 있도록 성경 주해에 근거한 신학적 적용을 제시해야 한다.

AI 혁명과 관련된 미래학자들의 전망은 하나의 과학적, 통계적인 전망에 불과하며, 인류의 미래는 그리스도를 중심으로 구속사의 목적을 성취하고 새 하늘과 새 땅의 목표를 향해 역사의 모든 것이 움직이도록 경영

---

17   Bryan Chapell, *Christ-centered Worship* (Grand Rapids: Baker Academic, 2009), 136-57.
18   ERLC, "Artificial Intelligence: An Evangelical Statement of Principles," 4.
19   Michael Jin Choi, "Consciousness and Intentionality in AI and the imago Dei," *Canon & Culture* 10 (2016): 69-90.

하시는 하나님께 전적으로 달려있다는 것을 설교자는 강조해야 한다.[20]

셋째, 교회는 빅데이터와 알고리즘이 밝혀내지 못하는 인간의 인지능력, 감성, 창의성, 직감, 위험감수, 윤리적 능력 등을 존중하면서 인간의 역할과 공간은 남겨두고 빅데이터는 이차적인 도구로만 활용되도록 해야 한다.[21]

AI는 하나님의 형상인 인간의 일부를 모방해 만든 '하나님 형상의 형상(모방)'인 로봇일 뿐이다.[22] AI는 '의, 진리, 거룩함'으로 지음받은 하나님의 형상(엡 4:24; 골 3:10)이 아니기에 마음(생각)과 지식이 성령으로 새롭게 되는(롬 12:2) 갱신(Renewal)과 새언약의 백성으로서 그리스도를 닮아가는 변화(Transformation)와 성화(Sanctification, 고후 3:18)의 과정이 일어날 수 없다.

AI는 하나님이 인간에게만 주신 '영혼'을 소유하지 않기에 인간의 두뇌를 모방하여 AI에 이식하는 기술에 성공했다고 해서 AI의 기계적 의식 안에 영혼이 있다고 판단해서는 안된다.[23] 또한, 성령의 인도하심을 받으며 하나님과 영적 관계를 맺는 자녀(롬 8:14-15)가 될 수 없다는 점을 설교자는 강조해야 한다.

---

20 Anthony A. Hoekema, *The Bible and the Future*, 류호준 역, 『개혁주의 종말론』(서울: 기독교문서선교회, 1986), 42-61.
21 ERLC, "Artificial Intelligence: An Evangelical Statement of Principles," 2-3.
22 이상원, "기독교 인간관과 인간 지능: 하나님의 형상에 기초한 인공지능 비평," 30-31; 김동환, "AI(인공지능)에 대한 신학적 담론의 형성 및 방향 모색," 39; 이경건, "'하나님의 형상의 형상(*Imago Imaginis Dei*)'으로서의 인공지능 이해," 139-78.
23 Russell C. Bjork, "Artificial Intelligence and the Soul," *Perspectives on Science and Christian Faith* 60 (2008): 95-101; Jonathan Merritt, "Is AI a Threat to Christianity: Are you there, God? It's I, robot."

5. AI와 종교적 이슈에 대한 교회와 목회자의 대응

첫째, 목회자들은 인본주의적 AIR이 하나의 과학기술운동이나 산업혁명 차원이 아닌 그 세계관 기저에는 반성경적 '종교성'을 지닌 신종교운동으로 확산될 수 있음을 분별, 경계하도록 성도들을 지도해야 한다.[24]

둘째, 목회자들은 제4차 산업 시대의 핵심인 AI의 문제에 대한 비판과 근본적인 답변을 하나님에 관한 성경적인 신론(Biblical Theology)에 기초한 교리적 강해설교를 통해 하나님이 누구신가를 제시하는 것이 필요하다.

예를 들어, 설교자는 일부 학자들의 예측대로 AGI(일반인공지능)와 ASI(초인공지능)의 특이점 시대가 도래할지라도 신자들이 묵시론적 포비아에 빠질 필요가 없다는 메시지를 성경적 교리에 근거해 전파할 필요가 있다.

셋째, 설교자는 AI 혁명을 통해 기계를 초월적인 능력을 갖춘 신(神)으로 만들려는 인간의 시도는 단순한 과학 기술적인 차원을 넘어 십계명 중 제2계명을 정면으로 거스르고 유한성, 제작성, 통제성, 필요성, 성적 도착, 육체성, 가시성을 드러내는 우상을 만들어 섬기는 죄악(출 20:4)임을 선포해야 한다.[25]

피조물에 불과한 인간이 스스로 창조자가 되기 위해 AI를 창조하여 죄악된 욕망을 채워주는 기계 우상을 만들려고 하는 의도는 '인간의 자기 우상화 작업 혹은 현대판 금송아지 숭배'가 될 수 있다.

---

24 박문수, "제4차 산업혁명과 기독교 세계관," 17-20; 김동환, "AI(인공지능)에 대한 신학적 담론의 형성 및 방향 모색," 47-48.
25 R. Albert Mohler, *Words from the Fire*, 김병하 역, 『십계명』 (서울: 부흥과개혁사, 2011), 72-86; Christopher J. H. Wright, *Old Testament Ethics for the People of God*, 김재영 역, 『현대를 위한 구약 윤리』 (서울: IVP, 2015), 363; Hwan Kim, "Technological Imagination of Artificial Intelligence in the Light of the Decalogue," 『기독교사회윤리』 24 (2012): 79-89.

따라서 설교자들은 이러한 AI의 도전에 기독교를 방어하고 인간의 'AI를 통한 자기 우상화'를 드러내는 복음 중심적 설교를 선포해야 한다.

6. 설교에 있어서 신학에 기초한 전 방위적 적용의 필요성

AIR이 가져올 사회 전반에 걸친 이슈들에 성경적이며 선제적으로 대응하기 위해서는 설교자가 설교의 전방위적 적용의 새로운 지평을 열어야 한다.

특히, 설교자들은 성경적 주해에 기초한 교리적 적용(Doctrinal Application)을 AI 이슈들에 적절하게 제시해야 할 필요가 있다.

첫째, AIR 시대에 설교자는 사회 변혁적 적용을 회복해야 한다.

예를 들어, AIR로 인한 대량 실직 문제나 거대한 자본과 소수 기업의 우상으로서의 탐욕(골 3:5)과 통제되지 않는 승자 독점으로 인한 빈부 격차와 불공정 분배와 불평등 구조, 약자를 향한 착취와 압제에 대한 선지자적 설교와 하나님 나라 신학에 근거한 사회적 적용(Social Application)이 필요하다.

둘째, AI 시대가 초래할 공동체 위기의 폭풍 가운데 성경적 공동체 회복을 위한 적용이 필요하다.

이를 위해 목회자는 기독론(빌 2:14), 구원론(롬 12:7), 성령론(엡 5:19-21; 갈 5:26; 6:1-2)에 근거한 공동체 회복을 제시해야 한다. 예를 들어, AI 로봇을 교회공동체로 참여시키는 주장[26]을 비판하면서 성경적 교회론(엡 1:23;

---

26 크리스토퍼 베넥(Christopher Benek)은 AI도 자율적인 피조물로 간주하고 기독교 믿음으로 초청하고, 교회의 공동체로 참여하도록 할 수 있다고 주장한다. Zoltan Istvan, "When Superintelligent AI Arrives, Will Religions Try to Convert It?" <https://gizmodo.

고전 12:12-17)을 근거로 AI 시대의 대안적 공동체를 추구해야 한다.[27] 특별히 바울의 설교모델을 따라, AI 시대 설교자들은 설교를 통한 성경적 공동체 형성에 힘써야 한다.[28]

셋째, AIR의 철학적 전제에 대한 변증적 적용(Apologetic Application)이 필요하다.

바울의 아레오바고 설교모델(행 17:16-34)을 창조적으로 적용할 필요가 있다. 설교자는 절대 진리를 타협하지 않으면서, 청중들의 종교적, 철학적 세계관과 전제를 분석해야 하고, 기독교와 AI 영역과의 변증적 다리 놓기를 시도해야 한다. 또한, AI의 묵시적, 종교적인 요소들을 향한 기독교 변증을 제시해야 한다.[29]

AIR 시대에 설교자는 궁극적인 소망에 관해 묻는 청중들에게 '대답할 것'을 예비하여(벧전 3:15) 전제주의 변증 설교와 적용을 회복해야 한다.[30]

즉, AI 테크놀로지 기저에 흐르는 유물론, 진화론적 인간관과 과학 기술적 영지주의에 대하여 객관적인 자료들을 통한 변증 설교(Evidential Apologetic Preaching)[31]를 활용할 수도 있고, AIR에 대한 극단적 주장(유토피

---

com/when-superintelligent-ai-arrives-will-religions-try-t-1682837922>.

27 권문상, "제4차 산업혁명 시대와 기독교 인간론: 인공지능을 이기는 공동체적 인간성," 한국복음주의조직신학회, 「조직신학연구」 30 (2018): 112-14; 김병석, "인공지능(AI) 시대, 교회공동체 성립요건연구: 예배와 설교가능성을 중심으로," 복음주의실천신학회, 「복음과 실천신학」 40 (2016): 9-41.

28 조광현, "상징적 경계를 세우는 바울 설교," 한국복음주의실천신학회, 「복음과 실천신학」 44 (2017): 192-212; 이승진, "신앙공동체 활성화를 위한 설교 방안에 관한 연구," 한국복음주의실천신학회, 「복음과 실천신학」 21 (2010): 99-123.

29 Michael Morelli, "The Athenian Altar and the Amazonia Chatbot: A Pauline Reading of Artificial Intelligence and Apocalyptic Ends," *Zygon* 54 (2019): 177-89; Daryl Charles, "Engaging the (Neo) Pagan Mind: Paul's Encounter with Athenian Culture as a Model for Cultural Apologetics (Acts 17:16-34)," *Trinity Journal* 16 (1995): 47-62.

30 John Frame, "Presuppositional Apologetics," in *Five Views on Apologetics* (Grand Rapids: Zondervan, 2000), 207-31.

31 Gary R. Habermas, "Evidential Apologetics," in *Five Views on Apologetics* (Grand Rapids: Zondervan, 2000), 91-121.

아적, 혹은 디스토피아적)과 종교적 맹신을 유발하는 학자들, 매체들, 문화에 대해서는 '전제주의 변증 설교'(Presuppositional Apologetic Preaching)를 활용할 수도 있을 것이다.

예를 들어, 제3차 산업혁명 차원에서는 예측의 '전제' 역할을 했던 '무어의 법칙'(Moore's Law)이 제4차 산업혁명 단계에서는 더 이상 법칙으로 작용하지 못하기에, 이를 전제로 하는 AI 낙관론자들의 미래 예측이 근본적으로 붕괴할 수 있다는 논리를 활용한 전제주의 변증 설교가 가능하다.

넷째, 설교자는 AI와 관련된 세속 문화를 분별하고 변혁시키는 적용(Cultural Application)을 회복해야 한다.

나아가 AI에 대한 과학적 근거가 없는 극단적인 낙관론이나 비관론에 근거하여 비성경적인 유토피아적 세상이나 디스토피아적 세계를 대중들에게 전파하는 대중문화를 분별하고, 성경 본문의 주해에 기초한 문화에 대한 적용이 있는 '변혁적 설교'가 필요하다.[32]

7. AI 설교자와 AI를 활용한 교회사역에 대한 교회와 목회자의 대응

AI 시대 설교자가 주목할 점은, 초기 로봇의 단계이기는 하지만 다섯 가지 언어로 축복하고 설교하는 로봇 목회자(Robot Pastor), 로봇 목사(AI Preacherbot), 로봇 사제(Blessu2) 등이 이미 등장했다는 것이다.[33]

---

[32] Zack Eswine, *Preaching to a Post-Everything World* (Grand Rapids: Baker, 2008), 269; Tim Keller, *Center Church* (Grand Rapids: Zondervan, 2012), 181-242.

[33] "Robot priests can bless you, advise you, and even perform your funeral"<https://www.vox.com/future-perfect/2019/9/9/20851753/ai-religion-robot-priest-mindar-buddhism-christianity>; "Robot priest unveiled in Germany to mark 500 years since Reformation." <https://www.theguardian.com/technology/2017/may/30/robot-priest-blessu-2-germany-reformation-exhibition>; Gene Veith, "Robot Pastors," <https://www.patheos.com/blogs/geneveith/2020/01/robot-pastors/>.

'프리처봇'(preacherbot)은 정의와 평화의 균형을 가지고, 빌리 그레이엄, 마틴 루터 킹과 같은 위대한 설교자들의 영감과 언어, 감정적 표현까지 활용하여 청중들의 필요를 채우고자 시도할 수 있다.[34] 특히, 최근에는 챗 GPT와 관련된 목회자 혹은 설교로봇이 등장하고 있다.[35]

먼저 교회는 이러한 AI 목회자, 설교자의 등장을 실천신학적으로 비판해야 할 것으로 보인다. 나아가 성경적인 설교자 됨과 소명과 은사, 설교자상을 목회자들이 더욱 회복하는 것이 중요하다.[36]

토마스 롱(Thomas G. Long)과 존 스토트(John Stott)가 강조한 것처럼, 설교자는 성경적인 설교자로서의 이미지와 관련된 전령(herald), 스토리텔러(storyteller), 증인(witness), 청지기(steward) 및 아버지(father)로서의 정체성을 다시 강화해야 한다.[37]

이와 다른 측면으로, 설교자는 일반은총 차원[38]에서 하나님의 창조 질서 가운데 문화명령(Cultural Mandate)을 충실히 수행하고자 하는 목적과 하나님의 형상대로 창조된 사람들을 '왕 같은 제사장'으로 섬기기 위한 동기를 성도들에게 강조해야 한다.

이를 통해 교회가 성경적 절대 기준 위에서 설교와 교육을 위한 빅데이터 활용, 청중과 사회 분석, 복잡한 교회 행정과 전도와 선교사역, 주일학

---

34 Antonia Blumberg, "This Pastor Thinks Robot Preachers Could Be In Our Future" <https://www.huffingtonpost.com/2015/04/17/robot-preacher-daily-show_n_7087566.html>.
35 Michael Junkroski, "Rise of the Preacherbots", <https://medium.com/pastor-michaels-intersect/rise-of-the-preacherbots-cf1431e1fb8c>.
36 D. Martyn Lloyd-Jones, *Preaching and Preachers* (Grand Rapids: Zondervan, 2011), 113-30;
37 Thomas G. Long, *The Witness of Preaching* (Louisville, KY: Westminster John Knox Press, 1989), 23-47; John R. W. Stott, *The Preacher's Portrait: Some New Testament Word Studies* (Grand Rapids: William B. Eerdmans Pub., Co, 1988), 9-100.
38 아브라함 카이퍼와 스킬더의 균형 잡힌 일반은총론과 문화관은 인공지능 혁명에 대응하는 교회와 목회자들에게 매우 중요한 시각이 될 수 있다. 유태화, "창조, 타락, 구속, 완성의 빛에서 본 아브라함 카이퍼와 클라스 스킬더의 문화관," 115-18.

교와 다음세대사역, 교회와 관련된 미래사역의 예측과 전망 등을 위한 도구로서 창조적으로 활용할 실제적인 연구와 논의를 진행해 볼 수 있다.[39]

앞으로 다양한 성경 주석, 원어와 신학 자료, 방대한 유명 설교자들과 역사상 탁월한 설교자들의 자료를 분석하여 설교를 준비할 수 있는 다양한 AI 설교자(preacherbot)나 AI 설교 도우미가 등장할 수도 있다.

심지어는 딥러닝과 클라우드, 빅데이터를 활용하여 로봇 설교자가 설교에 필요한 '정보와 지식'을 얻는 과정과 청중 분석을 통한 최적의 커뮤니케이션모델을 찾는 차원에서는 인간 설교자보다 더 뛰어난 능력을 보일 수도 있다.

그러나 설교는 삼위일체 하나님, 설교자, 청중 가운데 이루어진 영적인 대화(trialogue)로서[40], 영혼과 인격을 통한 고도의 영적 소통이 필요한 영역이다. 따라서 AIR로 인한 이슈들에 성경적인 대안을 제시하기 위해서는 성령 충만함으로 성경적 설교를 추구하는 소위 '딥 프리칭'(Deep Preaching)을 추구해야 할 것이다.

즉, AI 시대의 설교자들은 설교 본문을 정하고, 주해(해석)와 설교 작성, 적용과 전달, 설교 후 삶과 공동체의 변화에 이르는 모든 설교 과정 속에 철저히 성령의 역사가 나타나는 사역을 더욱 회복하는 것이 중요하다.[41]

제4차 산업혁명과 AI 설교자 시대를 대응하기 위한 중요한 열쇠는 신학대학원에서 더욱 본질에 충실한 주해 훈련, 신학 훈련, 설교 적용 및 전달 훈련과 함께 탁월한 강해설교자를 양성하기 위한 획기적인 전략과 커리큘럼 개발 및 하이브리드형 일대일 멘토링 강화 등이 필요하다.

---

39   ERLC, "Artificial Intelligence: An Evangelical Statement of Principles," 1-5.
40   Brian A. DeVries, "The Evangelistic Trialogue: Gospel Communication with the Holy Spirit," *Calvin Theological Journal* 44 (2009): 49-73.
41   Greg Heisler, "The Expository Method," *Preaching* 23 (2008): 20-23.

따라서 설교자들은 '설교사역이란 단순한 데이터 정보 전달 차원이 아니며, 오직 성령의 부으심, 조명하심, 감동하심, 인도하심을 따라 설교자만 감당할 수 있는 깊은 영적 차원이기에 AI가 결코 대체할 수 없는 영역'임을 깊이 인식해야만 할 것이다.

8. 메타버스(Metaverse)에 대한 교회와 목회자의 대응

1) 메타버스에 대한 통계와 현황

포스트 펜데믹 시대가 가속화되고 있는 제4차 산업혁명 시대에 가장 급부상한 것이 '메타버스'이며, 한국은 세계에서 네 번째로 메타버스에 대해 익숙한 나라이기도 하다. 이를 반영하듯이 대통령 직속 기관 제4차 산업혁명위원회에서 제4차 산업혁명과 관련한 이미지 가운데 가장 많이 떠올리는 것은 확장 가상세계라고 한다.

그러나 아직 한국 사회와 교회는 메타버스가 정확히 무엇인지 파악하지도 못한 가운데에 있다. 그뿐만 아니라, 일종의 최신 트랜드에 뒤처지지 않겠다는 두려움으로 유행을 좇아가는 경향이 있다는 점을 여러 전문가는 염려하고 있다.

엠브레인의 조사에서도 밝혀진 것처럼, 메타버스에 대해 '제대로 이해한다'라는 응답은 16퍼센트밖에 되지 않는다. 물론 비대면예배의 영향으로 교회에 출석하지 않거나, 온라인예배만 드리는 세대들을 향한 대안을 모색하는 가운데 메타버스를 활용한 다양한 사역을 시도하는 자체는 의미가 있으며, 향후 AI와 챗GPT가 결합하게 될 때, 교회가 활용할 수 있는 방안은 매우 다양할 수 있다.

이미 메타버스 교회가 생겨났고, 메타버스를 통한 예배, 세례식, 성찬식, 성경 공부, 수련회, 찬양모임, 소그룹 모임 등이 시도되고 있다.[42] 한국에서도 코로나 기간 여러 유형의 메타버스 교회가 시도되었고 뜨거운 논쟁이 있었다.[43]

최근 로블럭스, 제페토, 게더타운을 활용한 교회와 모임도 등장하고 있다. 라이프닷처치의 미디어 사역 그룹인 유버전(YouVersion)은 마이크로소프트 메타버스 솔루션인 알트스페이스VR을 이용해 메타버스 교회를 제작하였다.[44]

그러나 메타버스에 대한 기독교 전문가들의 우려와 부정적 의견들도 많이 존재한다. 비판의 핵심 쟁점은 목회와 신앙생활의 본질과 교회의 공동체성이 약해지거나 변질될 가능성, 예배와 오프라인 모임을 대체할 수 없다는 점, 온라인 강화로 플로팅 크리스천 혹은 가나안 교인을 오히려 양산할 위험성, 젊은 세대들의 교회 이탈 가속화 등이 나타날 수 있다.[45]

그렇기에, 교회가 성경적 본질을 더 강화하면서도 메타버스 시대를 준비하며 성경적 신학에 기초한 수준 높은 콘텐츠와 양육훈련 프로그램, 플랫폼 개발과 운영 등을 준비하고 기독교 세계관에 입각한 대응 방안을 적극적으로 마련할 필요가 있다는 점도 인식할 필요가 있다.

---

42 온라인 가상현실 플랫폼 중 하나인 secondlife(https://secondlife.com/)에는 약 15개 정도의 기독교 가상교회가 있다고 하며, 로블럭스(Roblox)에는 약 150개의 가상 교회가 있다고 알려져 있으며, 한예로 로블럭스 커뮤니티 교회 (Roblox Community Church)에는 약 11만 명 이상의 회원이 있다고 한다. 조미나, "메타버스 가상공간에서 기독교적 소통과 공감의 가능성 연구," 한국복음주의실천신학회, 「복음과 실천신학」, 65 (2022): 66.

43 "'새로운 세계 메타버스, 위기인가 기회인가," <https://www.igoodnews.net/news/articleView.html?idxno=66846>.

44 "메타버스 교회 현실과 대응," <http://www.christiantoday.us/27469>.

45 목회데이터연구소, "메타버스세계," 10; "메타버스 교회' 괜찮을까?…"공동체성 결여 우려" <https://usaamen.net/bbs/board.php?bo_table=john&wr_id=1513>.

2) 메타버스와 다음세대사역

최근 코로나19의 영향과 함께 연결성, 동시성, 경제성이 높은 메타버스가 사회 전반에 급속히 유행하면서, 교회를 다니는 젊은 세대들은 이미 온라인 게임(로스트아크,이브 온라인)이나 로블럭스, 게더타운, 제페토, 이프랜드 등을 이용하면서 일상 가운데 들어오게 되었고, MZ세대(제페토에는 약 2억 명, 로블록스에는 약 1억 5천 명의 다음 세대가 활동 중)에게 영향을 주고 있다는 점을 교회와 지도자들이 냉철하게 인식하는 것이 필요하다.[46]

메타버스의 핵심인 가상세계, 증강현실세계, 라이프 로깅(life-logging) 세계, 거울 세계를 통한 신앙 양육은 이미 부분적으로 교회 교육 현장에서 시도되고 있으며, 메타버스 플랫폼을 활용한 예배, 수련회, 모임, 레크레이션 등이 이미 다양하게 시도하고 있다.[47] 따라서 메타버스에 대한 교회의 대응이 필요한 주요 이유 중 하나가 다음 세대를 위한 전략적인 측면이라고 할 수 있다.

메타버스를 향한 교회의 사역은 가상세계 영역도 복음 전도의 사명을 감당해야 할 '땅 끝 영역'(행 1:8)이며[48], 가상세계에서 만나는 사람들도 디지털 시민이기 이전에 하나님 나라 백성의 정체성을 가지고 살아가도록 인도해야 하기 때문이다. 또한, 메타버스세계도 그리스도께서 다스리시는 하나님 나라의 통치가 임해야 할 영역이기 때문에 하나님 나라의 비전과 내러티브가 공유되고 진리를 경험해야 할 공간이어야 한다.[49]

---

46 조미나, "메타버스 가상공간에서 기독교적 소통과 공감의 가능성 연구," 한국복음주의 실천신학회, 제 10차 신학포럼 (2022): 57
47 김성중, "메타버스 이해를 통한 교회 교육의 원리와 그에 따른 적용점 연구,"「선교와 신학」57 (2022): 231-60.
48 신형섭, 신현호,『슬기로운 메타버스 교회학교』(서울: 두란노, 2022), 37-38.
49 기독교교육연구원 교육목회연구팀, "메타버스와 교회교육,"「교육교회」10월호 (2022): 55-56.

주일학교사역자연구소가 2022년에 조사한 '교회학교 교사 및 교역자들의 메타버스 인식 설문조사'에 따르면, 주일학교도 메타버스를 통해 다음세대와 소통하는 좋은 도구가 될 수 있다고 보는 의견이 많았다(60.9퍼센트). 그러나 메타버스 필요성에 대해 대체적으로 그 필요성을 공감하지만, 가상세계이기 때문에 조심해야 한다는 의견(42.7퍼센트)이 시대에 맞춰 적극 활용해야 한다는 의견(23.6퍼센트)보다 높았다.

또한, 메타버스를 예배에 적용하는 문제에 대해서는 신학적인 해석이 필요하고 위험하다고 생각한다(54.5퍼센트)는 의견이 많았으며, 메타버스가 비대면 시대에 새로운 예배의 기준이 될 수 있을 것으로 생각하는 비율도 적지 않았다(25.5퍼센트).[50]

전체적으로 한국 교회 안에 주일학교 사역을 중심으로 메타버스에 대한 초기 단계의 시도가 있지만, 신학적인 평가를 거쳐 매우 신중하게 접근해야 한다는 의견이 많다고 볼 수 있다.

이러한 메타버스에 대한 비판적인 기류 가운데서도 최근 코로나19와 뉴 노멀 시대를 계기로 매우 초보적인 단계이기는 하지만 가상현실, 증강현실 등을 활용한 교회와 주일학교 사역이 적극적으로 시도되고 있는 것도 주목할 부분이다.[51]

그러나 좁은 의미에서 메타버스를 구현한 프로그램과 교재가 아직 나오기에는 많은 준비가 필요할 것으로 보이며, 단기적인 관점이 아닌 전문가를 통한 장기적인 안목이 필요하다.

---

50 ""메타버스 활용 기독교 교육 52.7퍼센트 일부 활용하되 신중해야 한다," <http://www.newsnnet.com/news/articleView.html?idxno=20182>.

51 조미나, "메타버스 가상공간에서 기독교적 소통과 공감의 가능성 연구," 60-63.

(1) VR을 이용한 '어드벤처 천지창조 VR'

(2) 제페토를 활용한 '가상공간 바이블 드라마'[52]

(3) 증강 현실을 활용한 주일학교 교재 - 파이디온선교회, 어린이를 위한 증강 현실(AR) 교재 'Hello Bible'[53]

(4) 도림교회의 게더타운을 활용한 '도림타운'[54]

(5) 히즈쇼가 개발한 '왕의 자녀 AR'은 12개월 커리큘럼의 12명의 성경 인물들을 증강 현실로 만날 수 있고, AR과 VR을 활용한 '히즈쇼 VR'은 성경탐험과 성지순례를 경험할 수 있게 하고, '살아나는 성경 박물관 AR' 24편은 세계적인 성화 안에서 살아 움직이는 듯한 성경 인물들을 만나는 전시회이다.[55]

(6) 미국 노아 방주 박물관 '가상현실 노아 방주 체험'[56]

(7) 메타버스 복음 지도 그리기(선교교육)[57]

---

52 이화정, "Palmer의 배움의 공간 개념과 메타버스 가상공간 연결을 통한 기독교교육 가능성 연구: '제페토'를 활용한 '가상공간 바이블드라마'", 「복음과 실천신학」 63 (2022): 105-39. 이화정은 파머가 제시한 배움의 공간 중에서 '극적인 공간'을 효과적으로 형성해줄 수 있는 메타버스의 '제페토' 플랫폼을 통해 '부자와 나사로' 이야기를 '가상공간 바이블드라마'로 시현한 후 신앙교육적 의의와 향후 활용방안을 제시하였다.

53 "파이디온선교회, 어린이를 위한 증강 현실(AR) 교재 'Hello Bible' 출시," <https://www.christiandaily.co.kr/news/77176>.

54 "교회교육 현장을 위한 메타버스 '도림타운'", <http://www.gospeltoday.co.kr/news/articleView.html?idxno=9897>.

55 <https://hisshow.tv/programs/collection-zt5dtsj_6rg?category_id=34077>; <https://play.google.com/store/apps/details?id=com.hisshow.VR>; <https://play.google.com/store/apps/details?id=com.hisshow.exhibition>.

56 "Truth Traveler: A Virtual Reality Experience," <https://arkencounter.com/virtual-reality/>.

57 이 외에도 메타버스를 교회 주일학교에 활용하는 국내외 사례들을 위해서는 신형섭, 신현호, 『슬기로운 메타버스 교회학교』, 4장을 참조하라.

3) 메타버스의 한계와 위험성

일부 학자들은 제4차 산업혁명과 AI 기술의 비약적인 발전으로 인해 커뮤니케이션 패러다임이 전환되었고, 다음 세대가 이미 이러한 세계에 익숙한 세대들이 되었기에 이들과 소통하며 그들이 가상세계 안에서 원하는 기독교적 소통과 새로운 관계 형성을 통한 공감을 인식함으로 적극적인 활용이 필요하며, 일부 교회들이 메타버스를 활용한 사역을 펼치고 있기에, 이런 이유를 근거로 메타버스를 적극 도입해야 한다는 취지를 펼치기도 한다.[58]

이는 어느 정도 맞는 말이지만, 매우 위험한 논리와 발상일 수 있다. 신형섭, 신현호는 '메타버스 교회교육을 위한 여덟 가지 핵심 가치'를 잘 정리해 준다.[59]

(1) 메타버스 교회교육의 중심은 예수 그리스도
(2) 온라인과 오프라인의 균형
(3) 의미 있는 공동체와 만남을 경험하도록 관계성
(4) 하나님의 임재가 구현되는 교육적 실재감
(5) 보이지 않는 의미를 추구하는 상상력
(6) 하나님 나라의 이야기(말씀)와 우리의 이야기를 스토리로 연결하기
(7) 성경적 분별력을 키우는 디지털 신앙교육 리터러시(선지자적 참여)
(8) 선교적 교육과 제자도

---

58 조미나, "메타버스 가상공간에서 기독교적 소통과 공감의 가능성 연구," 65.
59 신형섭, 신현호, 『슬기로운 메타버스 교회학교』, 134.

김현철은 메타버스의 사역의 실제적인 전략을 상세히 소개하면서도, 다음과 같은 메타버스의 위험성을 실천적으로 제시한다.⁶⁰

(1) 예배에 대한 경외감 약화와 흥미 위주의 프로그램에 따른 위험성
(2) 오프라인 교회 모임에 대한 필요성 약화 가능성
(3) 신앙이 더욱 개인주의로 흐름 위험성
(4) 교회와 공동체성이 약화될 위험성
(5) 한국 교회에서 많은 비중을 차지하는 소규모 교회가 콘텐츠 개발이나 메타버스를 운영하기 어려움

주일학교사역자연구소 소장인 고상범 목사도 메타버스의 긍정적인 면을 인정하면서도 다음과 같이 부정적인 면의 위험성을 지적한다.

(1) 메타버스라는 가짜 세상으로 인해 다음 세대 가운데 '메타폐인'이라는 중독의 문제가 발생할 수 있다.
(2) 디지털 성범죄와 미성년자들을 악용한 성범죄가 발생할 가능성이 크다.
(3) 한국 교회 대부분을 차지하는 중소형교회가 메타버스를 시도하는 데 한계가 있다.
(4) 메타버스에 익숙해지면 팬데믹이 끝나도 다음 세대들이 교회에 다시 출석하는 것은 어려울 것이다.
(5) 하나님 나라의 백성으로서 정체성 혼란이 올 수 있다.⁶¹

60　김현철, 조민철, 『메타버스 주일학교』 (서울: 꿈미, 2021).
61　"메타버스 활용 기독교 교육 52.7퍼센트 일부 활용하되 신중해야 한다", <http://www.newsnnet.com/news/articleView.html?idxno=20182>.

따라서 메타버스에 대한 성경적인 신학의 입장에서 평가가 먼저 되어야 하며, 다음세대사역의 중심이 '메타버스(Metaverse)가 아닌 바이블버스(Bibleverse)', 즉 영원히 변치 않는 하나님 말씀의 본질을 더욱 회복하고, 메타버스는 하나님 나라 복음을 효과적으로 다음 세대에게 전하는 수단에 불과하다는 것을 잊어서는 안 된다.

4) 메타버스 시대에 대한 신학적 검토와 교회의 준비

첫째, 분명한 것은 향후 메타버스가 더욱 발전하면서 사회와 교회 가운데로 더욱 다가올 때 성경적으로, 실천적으로 더욱 철저히 준비해야 한다는 것이다.

먼저는 그리스도인으로서 성경적 정체성을 분명히 하고, 가상세계 안에서도 확고한 하나님 나라의 백성으로서 정체성을 유지할 수 있도록 교회는 성도들과 다음 세대들을 영적으로 준비시켜야 한다.

둘째, 메타버스 시대 가운데 기독교적 세계관과 창조주 하나님의 선하심을 믿는 신앙을 더욱 강화하고, 하나님의 형상으로서의 인간관을 더욱 강화해야 한다.

셋째, 메타버스의 가상세계가 현대판 바벨탑이 될 수 있음을 경계하고, 가상세계에서 하나님의 진정한 은혜를 경험하는데는 한계가 있으며, 교회공동체 가운데 하나님의 영적 임재를 실재적으로 경험하는 예배가 더욱 회복되어야 한다.[62]

---

62 Ian Harber, "How to Prepare for the Metaverse," <https://www.thegospelcoalition.org/article/prepare-metaverse/>.

라영환의 지적처럼, 한국 교회와 목회자들이 메타버스에 대한 명확한 이해와 신학적 검토의 과정이 없는 상황에서 메가트랜드를 따라가기 위해 너무 서두르거나 조급하게 접근하는 것은 경계해야 한다.[63]

또한, 메타버스가 코로나 팬데믹을 계기로 한국 교회와 다음 세대 교육이 직면한 다양한 문제들을 해결할 대안으로 생각하고, 이를 무비판적으로 적극 수용하는 극단적인 자세를 조심해야 한다. 역으로, 메타버스는 적그리스도이며 대환난의 전조라고 보는 견해나 무조건 배격해야 할 세상적인 기술이라며 철저히 배격하는 또다른 극단적인 모습에도 주의할 필요가 있다.

메타버스의 가상세계에서 자신의 욕구를 충족시키는 것이 결코 진정한 자아 실현은 아니며, 가상현실은 또 다른 환상과 중독으로 빠져들게 하는 요인이 될 수 있음을 경계해야 한다.

나아가 기독교공동체가 진정한 하나님 나라의 소망을 보여주고, 세상을 이기는 믿음을 실제적으로 보여주는 사명을 적극적으로 회복해야 한다. 또한, 바벨론에서 진정한 크리스천의 모습을 보여준 다니엘과 같이 말씀의 본질을 더욱 회복하고, 가정과 교회가 바벨론 같은 세상에서 '문화적 분별력과 거룩한 습관'을 영적으로 훈련하는 공동체로 세워져야 한다.[64]

5) 메타버스의 활용 방안

제4차 산업혁명과 AI의 발달로 급속히 발전하고 있는 가상현실세계에 대한 개혁주의 관점의 신학적 조명이 먼저 선행되어야 하며, 성경적 방향

---

63 라영환, "기독교 신앙과 메타버스," <https://www.kidok.com/news/articleView.html?idxno=215768>.
64 라영환, "기독교 신앙과 메타버스," <https://www.kidok.com/news/articleView.html?idxno=215768>.

제시가 필요한 시점이다.

그뿐만 아니라, 메타버스를 비롯한 가상세계와 이를 활용한 교회와 주일학교의 시도와 소통에 대해 개혁주의 신학의 근거 위에서 매우 신중하게 접근해야 한다. 반드시 기독교 교육학적인 관점에서의 평가를 거쳐 교회와 주일학교에 어떻게 도입할 것인지에 대한 적용 차원의 심도깊은 논의도 필요하다.[65]

또한, 무조건 메타버스와 가상현실을 활용한 다음세대사역에 대해 부정적이기보다는 성경적인 관점에서의 긍정적인 면과 부정적인 면을 냉철하게 분별하면서, 전문가들이 함께 지혜를 모아 창조적인 연구와 시도를 모색할 필요가 있다. 특히, 메타버스 시대에 예배와 설교는 네 가지 방향으로 나아가야 한다.

첫째, 하나님이 인간에게 주신 오감을 활용한 예배와 설교(Multi Sensory Worship and Preaching)를 추구해야 한다.[66]

둘째, 하나님의 임재와 말씀과 함께 역사하시는 성령님의 부어 주심을 실재적으로 경험하는 예배와 설교를 회복해야 한다.

셋째, 하나님 나라의 내러티브를 탁월하게 창조적으로 살려내는 내러티브 강해설교와 1인칭 내러티브 설교를 개발하고 더욱 활용해야 한다.[67]

넷째, 메타버스 영역에서도 활용될 수 있는 개혁주의 예배와 설교, 교육 등의 성경적 콘텐츠를 개발하고 활용할 수 있는 적극적인 준비가 필요하다.

---

65   김성중, "메타버스 이해를 통한 교회교육의 원리와 그에 따른 적용점 연구," 231-60.
66   Rick Blackwood, *The Power of Multisensory Preaching and Teaching* (Grand Rapids: Zondervan, 2013).
67   J. Kent Edwards, *Effective First-Person Biblical Preaching: The Steps from Text to Narrative Sermon* (Grand Rapids: Zondervan Academic, 2005).

9. 챗GPT(ChatGPT)에 대한 교회와 목회자의 대응

챗GPT에 대해 교회와 목회자들이 적절히 대응하기 위해서는 먼저 이에 관한 기본적인 개념과 정확한 이해가 선행되어야 한다. 이를 위해 간략하나마 앞서 챗GPT에 대한 핵심 내용을 제시하였다.

반드시 AI와 챗GPT 기술에 대한 지나친 양극단적 견해를 피해야 한다. 환원주의적 세계관과 과학기술에 의해 모든 문제가 해결될 수 있다는 지나친 낙관론을 경계해야 하며, 챗GPT 기술이 우상화되지 않도록 해야 한다. 또한, AI와 챗GPT기술의 발전을 지나친 비관론적 관점에서 접근하지 않고, 성경적 세계관에 근거한 청지기로서 책임을 가져야 한다.[68]

중요한 것은, 챗GPT에 대한 교회의 전략과 목회적 활용을 고민하고 논의하기 이전에, 성경적 세계관 관점에서의 분석과 개혁주의 신학적 비평적 논의가 먼저 구축되어야 한다는 점이다.

챗GPT에 대한 찬반 논쟁의 무용론을 제기하면서 기준을 세우고 어떻게 활용할 것인지에 초점을 맞추어야 한다는 주장은 일리가 있지만, 소모적 논쟁 차원이 아닌 신학자들의 건설적인 비평과 윤리적 기준을 어느 정도 세운 다음 매우 신중하게 챗GPT의 목회적 활용 방안을 고민할 필요가 있다.

이러므로 성경적인 기초와 신학적인 견해 위에서 챗GPT에 대한 실천신학적 대응을 전개하고 적극적으로 대비할 필요가 있다.

---

68 Derek C. Schuurman, "ChatGPT and the Rise of AI," <https//christianscholars.com/chatgpt-and-the-rise-of-ai/>.

1) 챗GPT의 도전에 대한 실천신학적 대응 방향

첫째, 챗GPT의 열풍이 사회 전반에 급부상하면서 서서히 대두되는 윤리적 이슈와 문제에 대한 성경적인 윤리 기준과 적용이 필요하다.[69]

AI와 챗GPT를 책임있게 사용하기 위한 윤리적 기준을 분별하고 성경의 창조 질서와 정의와 윤리관에 입각한 규범을 세워야 한다.

AI 개발자들은 신학자 뿐 아니라 다양한 분야의 전문가들과의 협력을 통해서 성경 규범과 기준이 관련 영역에 실제적으로 적용하도록 해야 하며, 이러한 기준 위에서 AI가 인간을 돕기 위한 의료, 환경, 복지, 교육, 노동, 안전, 연구 개발 등의 영역에서 창조 질서와 일반은총의 범주를 벗어나지 않도록 지혜롭게 활용되게 만들어야 한다.[70]

챗GPT와 관련된 윤리적 가이드 라인은 인공지능에 대한 개혁주의 윤리관을 마련하는 차원과 함께 제시되어야 한다. 결국, AI를 만드는 것은 인간이기에 기독교 세계관을 가진 전문가들이 성경적 윤리와 가치를 학습시키고 데이터를 입력하는 적극적인 대처도 필요하다.[71]

둘째, 챗GPT를 통한 상담과 교육 영역에서의 활용은 개혁주의 입장에서 매우 신중하게 접근해야 한다.

AI와 챗GPT 기술이 '무엇을 할 수 있는가'의 초점보다 '하나님의 형상(*Imago Dei*)으로 창조된 인간이 본질적으로 다른 점(독특성)은 무엇인가'라는 존재론적인 질문을 먼저 던져야 한다.

---

69 "[AI의 습격, 교회는]① ChatGPT 열풍에 'AI 윤리' 수면 위로," <https://www.goodnews1.com/news/articleView.html?idxno=416358>. Schuurman, "ChatGPT and the Rise of AI," <https//christianscholars.com/chatgpt-and-the-rise-of-ai/>.
70 Schuurman, "ChatGPT and the Rise of AI," <https//christianscholars.com/chatgpt-and-the-rise-of-ai/>.
71 박민서, "쉽게 풀어보는 인공지능," 한국기독교언론포럼·문화선교연구원 공동주최 문화 포럼("AI가 묻고, 한국 교회가 답하다"), 7.

인간이 만든 챗GPT는 '근본적으로 하나님의 형상인으로서의 인간과 다른 존재이며, 인간만이 가진 지혜, 관계, 섬김 등을 대체할 수 없다'는 신학적 기초 위에서 AI와 챗GPT에 대한 논의를 진행해야 한다.[72]

아직 챗GPT가 인간에게 깊은 신학적 문제와 영적인 이슈에 대하여 본질적인 해답을 주기는 어려워 보이며, '절대적 가치보다 상대적이고 개인적인 가치가 녹아든 답변'과 '정서적 공감보다는 해결 방안에 초점을 맞춘 대답'이 주를 이루고 있는 현실이다.[73]

따라서 성경적인 경건과 영성, 하나님의 형상으로서 인간이 가진 영혼 및 지, 정, 의, 그리고 인격적 교제를 할 수가 없는 챗GPT를 통한 교육과 상담은 분명한 한계가 있다. 챗GPT는 모든 문제를 해결해 줄 수 있는 만능 AI가 아니라는 점을 인식해야 한다.

또한, 챗GPT가 제시하는 내용은 출처가 불분명하고, 편향성을 가지고 있으며, 지식적인 정보를 요약해 전달해 주는 차원으로 학습자와 내담자에게 도움을 줄 수는 있겠지만, 진정한 신앙적 교육과 상담적 해결책을 제시하는 데는 본질적인 한계가 있다.[74]

셋째, 챗GPT에 대한 인문학적 비평과 실천신학적인 비판을 견지하면서 설교, 예배, 교육, 상담, 전도, 심방, 훈련, 소그룹, 주일학교, 선교사역 등 교회의 다양한 영역에서 챗GPT를 어떻게 신중하고 지혜롭게 활용할 수 있을 것인지에 대한 전문가들과 학자들의 실천적 연구와 실전 매뉴얼이 필요하다.

---

72 Jason Thacker, "ChatGPT and Christian Ethics: An Interview With Technology Ethicist," <https://churchleaders.com/news/444825-chatgpt-and-christian-ethics-an-interview-with-technology-ethicist-jason-thacker.html>.

73 Schuurman, "ChatGPT and the Rise of AI," <https//christianscholars.com/chatgpt-and-the-rise-of-ai/>.

74 "챗GPT에 신앙의 주제를 묻다," <https://ny.kukminusa.com/news/view.php?gisa_id=0924289401>.

교단과 신학교에서도 미래 목회자들과 사역자들을 위한 AI와 챗GPT 활용에 대한 실천신학적 교육이 빠르게 이루어져야 한다.

2) 챗GPT를 활용한 설교에 대한 목회자들의 인식에 대한 통계와 함의

챗GPT를 활용한 목회와 설교에 대한 개혁주의 실천신학적 대응이 시급하게 필요하다.

목회데이터 연구소의 2023년 3월 조사에 의하면(675명 응답자), 챗GPT 사용에 대한 한국 교회 목회자들의 인식과 실태의 핵심은 다음과 같다.[75]

목회자들 중 47퍼센트가 챗GPT를 이미 이용한 경험이 있고 챗GPT를 활용하는 목회자들은 한 달 평균 6.5회나 사용하고 있는 것으로 나타났다.

특히, 목회자들의 75퍼센트가 "챗GPT를 설교문 작성에 활용할 것"이라고 밝힐 정도로 목회자들의 생각이 챗GPT에 긍정적인 생각과 적극적인 태도가 다수를 이루는 것으로 나타났다.

목회자들의 이같은 챗GPT 사용에 대한 충격적인 통계 결과는 실천신학적 검토와 건설적인 비판 및 대안 마련이 필요한 부분이라고 판단된다.

따라서 챗GPT를 활용한 설교에 대한 설교신학적 비평을 간략히 제시하고자 한다.

첫째, 아직 신학적인 검토와 전문가들의 가이드라인이 주어지지 않은 상태에서 목회자들이 '챗GPT 결과를 신뢰한다'는 대답이 81퍼센트나 된다는 점이다.

---

[75] 목회데이터연구소, "챗GPT에 대한 목회자의 인식과 사용 실태 조사 결과 발표,"「Numbers」186 (2023): 1-11.

그러나 여러 전문가가 지적하고 있는 것처럼 챗GPT가 참고하는 데이터와 제시하는 내용은 여전히 문제가 있으며, 편협된 시각 혹은 잘못된 정보를 가지고 엉뚱한 대화를 하는 경우도 많다는 점이다.

또한, 정확한 출처가 없거나 불명확하며 이를 검증하거나 수정하기도 쉽지 않다.

둘째, 챗GPT 사용 경험 목회자 중 거의 절반(46퍼센트)이 다른 목회자에게 추천할 의향이 있다는 점이다.

이는 목회자들에게 지나치게 챗GPT가 빨리 확산될 가능성이 있으며, 젊은 설교자들일수록 챗GPT를 더 많이 활용하고 의존함으로 생겨날 수 있는 부작용이 나타날 수 있다.

특히, 인터넷과 미디어에 익숙한 MZ세대에 속하는 신학생(목회자 후보생), 부교역자, 젊은 설교자들이 성경해석(주해)과 설교학을 계속 공부해 가면서 목회현장을 통해 자신의 설교 실력을 쌓아 가야 하는데, 챗GPT, Bing, 구글 등의 인터넷 검색 등을 통한 설교 준비를 경험하게 된다면 참된 설교자로 성장하기가 더욱 어려워질 것으로 예상된다.

셋째, 특히, 유경험자 목회자들이 챗GPT를 주로 '설교 또는 강의 준비를 위한 자료 획득'(87퍼센트)과 '설교문 작성'(29퍼센트)을 위해 활용하는 것으로 나타났다.

이는 향후 매우 심각하고 광범위한 '설교 표절과 윤리 문제'가 대두될 가능성이 매우 높아 보인다는 점이다.

따라서 이에 대한 설교학자들의 시의적절한 논의와 방향제시가 긴급히 필요한 시점이다.

넷째, 구체적으로 설교 준비를 위해 설교자들은 챗GPT를 통해 '설교 주제와 개요를 위한 아이디어 창출'(60퍼센트), '설교에 필요한 배경지식 얻음'(45퍼센트)이 가장 유익하다고 답변하였다.

이를 통해 설교자가 기도와 연구를 통해 성령의 조명과 부으심의 역사를 통해 깊은 기도와 묵상 가운데 발견해야 할 설교 준비 영역까지 챗GPT설교로 쉽게 대체하려는 유혹과 설교 편의주의의 함정에 노출될 수 있다는 점이다.[76]

따라서 하나님의 말씀을 대언하는 설교의 본질과 공동체성, 설교자의 필수적인 준비 과정, 성령의 역할 등을 간과한 채, 소위 '인스턴트 설교'의 함정(pitfall)에 빠질 위험성이 높은 챗GPT의 활용은 극히 제한적이어야 하며, 성경적 설교의 기준에 비추어 보조적으로 활용되어야만 한다.

다섯째, 챗GPT를 활용해 설교준비를 했다는 것을 회중에게 공유했다는 비율이 33퍼센트에 그치고 있다는 점과 설교 준비에 챗GPT를 사용하는 것에 대해 윤리적으로 '적절하다'는 답변(34퍼센트)이 '부적절하다'(33퍼센트)는 답변보다 높다는 점은 설교자의 윤리적 문제가 매우 혼란스럽고 위험한 상황으로 급속히 악화될 수 있는 위험성에 처했다는 것이다.

더욱이 챗GPT를 사용하는 목회자들조차 교인들이 챗GPT를 활용한 설교 준비(설교문 작성)를 '받아들이기 어려울 것'으로 보는 비율이 높았다(54퍼센트).

아울러 조사 표본이 적긴 하지만(360명), '목회자가 챗GPT를 통해 생성된 설교문을 사용하는 것에 대한 성도들의 인식을 조사한 결과, '받아들일 수 있다'(30퍼센트)는 의견보다 '받아들이기 어렵다'(60퍼센트)는 부정적 의견이 두 배나 높았다.[77]

여섯째, 챗GPT를 작성한 설교문에 대한 표절 질문에 대해서는 '일부만 사용한다면 표절이 아니다'는 의견이 58퍼센트로 가장 높았고, '전체를 사용해도 표절이 아니다'는 의견은 5퍼센트가 있었는데, 이를 미루어 보

---

76 "진격의 챗GPT '3분 만에 설교문 뚝딱… 목회사역에도 충격파," <http://news.kmib.co.kr/article/view.asp?arcid=0924285950&code=23111111&sid1=al>.

77 "챗GPT를 통한 설교문, 성도들은 받아들일까?," <https://kcnp.com/news/view.php?no=7717>.

아 60퍼센트가 넘는 목회자가 챗GPT를 활용해 설교문을 작성해도 윤리적 문제가 없고, 표절이 아니라는 인식을 가진 것으로 보인다.

그러나 일반 사회나 교육 영역을 봐도 챗GPT를 활용한 과제나 보고서, 시험, 논문, 발표 등을 전혀 허용하지 않는 매우 엄격한 분위기이다. 또한, 한국 사회와 교회 청중들이 기대하는 목회자와 설교 윤리 기준을 생각해 볼 때 이는 매우 위험한 인식이 아닐 수 없다.

일곱째, 성경적 설교의 본질적 측면에서 볼 때도 챗GPT를 활용한 설교 준비는 매우 신중해야 하며 가능한 한 받아들이지 않는 방향으로 가야 할 것이다.

물론 챗GPT를 활용한 설교문에 대한 불만족 의견이 41퍼센트로 만족 비율 33퍼센트보다 높고, 자신의 설교보다 수준이 못하다는 의견(67퍼센트)이 다수를 차지한 것은 다행스러운 일이며, 챗GPT를 활용한 설교 준비와 작성에 대해 '개인적인 묵상과 연구가 줄어듦'(51퍼센트), '비판적 사고와 창의성 부족의 문제가 있음'(32퍼센트)이라는 답변의 비율은 올바른 문제의식을 느낀 것으로 나타난 것이니 긍정적인 반응이다.

여덟째, 향후 목회자 가운데 대다수(79퍼센트)는 다른 교회 목회자들은 설교 준비에 챗GPT를 사용할 것으로 전망하지만, 본인의 설교 준비에 챗GPT를 사용할 것이라고 대답한 목회자는 46퍼센트에 불과하다

또한, 향후 교회가 챗GPT와 같은 AI를 활용하는 것에 대해서는 긍정적인 비율(56퍼센트)이 높다는 점(설교 준비에 활용하고 있는 목회자일수록 긍정적인 비율이 81퍼센트나 될 정도로 높다), 대부분 목회자는 '인공지능 설교자가 출현할 수 있다'고 보았다(85퍼센트)는 점을 주목해야 한다.

왜냐하면, 이는 향후 발생할 수도 있는 챗GPT로 촉발된 AI 혁명의 도전을 교회와 목회자가 어떻게 응전할 것인지에 대한 대안적 방향을 제시해 주는 것이 얼마나 시급히 필요한 것인지를 말해주는 대목이라고 할 수 있기 때문이다.

3) 챗GPT 설교에 대한 설교신학적 평가

첫째, 향후 교회와 목회자가 AI와 챗GPT 등을 스마트폰이나 인터넷 검색처럼 거부하기는 힘들 것으로 예상되기 때문에, 신학적으로 냉철한 검토와 평가를 거친 다음 목회와 설교의 도구로서 창조적인 활용 방안을 찾는 실천적 과정을 각 분야 전문가들이 함께 모색해야 할 필요도 있다고 본다.

제4차 산업혁명이 시작되면서 본격적인 AI 시대의 도래를 알리는 신호탄이 "챗GPT의 상용화"라고 할 수 있다. 인터넷과 스마트폰이 목회와 설교에 없어서는 안 될 도구로 자리 잡은 것처럼, AI 기술과 챗GPT가 빠르게 목회의 도구로 혁명적인 변화를 일으킬 가능성이 있다.

물론 한국 교회의 목회자들이 기존 인터넷 검색을 통한 정보 획득 차원에서 챗GPT를 통해 일목요연하게 정리된 목회 현장에 필요한 정보들을 더욱 빠르게 얻어 활용할 수 있는 장점들이 있을 수 있다.[78]

또한, 방대한 자료들을 검색하여 정보들을 찾아 헤매이기보다 설교에 필요한 자료들을 챗GPT를 통해 몇 초 만에 얻게 됨으로 목회자의 시간을 효율적으로 사용할 수는 있는 장점이 있다.

설교자가 설교를 준비하는 필수적인 과정을 대체할 수는 없지만, 설교 준비를 위한 '브레인스토밍'(brainstorming) 과정에서 주제 정하기나 사전적 자료 조사, 본문에 대한 개괄적 이해, 복잡하고 어려운 자료 등을 요약하여 빠르게 습득하기 등의 기능을 위해서 챗GPT를 제한적인 도구로 활용하는 긍정적인 방향도 고려해 볼 수 있다.

---

78 [챗GPT 기획 ②] "챗GPT의 장단점과 한국 교회에 미칠 영향", <https://www.nocutnews.co.kr/news/5907500>.

실제로 챗GPT를 사용하여 설교에 관한 리서치와 설교 준비를 해 본 전문가(경험자)들의 의견을 종합해보면, 챗GPT가 성경과 당시 역사적, 문화적, 지리적 배경과 관련된 자료 조사, 관주 본문 비교, 본문과 관련된 설교 주제와 언어, 주요 키워드 찾기, 설교문 작성과 교정, 설교 전달을 위한 조언, 청중에게 더욱 효과적인 전달을 위한 피드백과 연결점 제시 등을 찾는데 실제적인 도움을 줄 수도 있다.[79]

그러나 이러한 챗GPT의 활용은 매우 신중한 검토와 지혜를 가지고 접근해야 하며, 목회자가 책임 있게 감당해야 할 준비의 영역을 쉽게 챗GPT를 통해 쉽게 결과만 얻어내려는 유혹을 조심해야 한다.

둘째, 아직 챗GPT에 대한 전문가들의 연구와 학자들의 신학적이며 윤리적인 검토가 아직 깊이 있게 이루어지지 않은 시점에서 목회자들과 교회가 이를 지나치게 서둘러 활용하는 것은 시기상조이다. 특히, 챗GPT를 활용한 설교 준비와 설교 작성은 매우 위험한 요소와 윤리적 문제 및 설교 표절의 위험을 내포하고 있기에 한국 교회와 설교학자들이 이에 대한 방향 제시를 시급하게 제시해야 하는 시점이다.

그러나 챗GPT가 제공하는 정보가 정확하지 않거나 편향적인 경우, 이로 인한 심각한 설교의 문제가 발생할 수도 있다. 실제로 본 연구자가 챗GPT에게 설교의 출처를 질문하자, "자신은 인공지능 언어모델로서 원 자료에 접근할 수가 없다"는 점을 인정하면서, "기독교 설교와 가르침을 기초로(자료로 학습한 후) 자신의 지식과 이해에 근거하여 본문의 주제와 해석을 제시한다"고 대답하였다. 그런데 문제는 어떤 기독교 설교 자료를 출처로 해서 설교문을 제시했는지 알 수 없다는 것이 가장 큰 문제이다.

---

79 "Using ChatGPT in Sermon Preparation," <https://www.patheos.com/blogs/jimerwin/2023/02/11/using-chatgpt-in-sermon-preparation/>.

이처럼 챗GPT가 제시한 설교는 그 출처를 알 수 없다는 데에 반해, Bing에 탑재된 챗GPT와의 대화를 통해 얻게 된 설교는 참고 자료를 알 수 있다는 점이 다르다.

그러나 설교의 출처들을 하나씩 검증해 본 결과, 영문 자료 출처가 한글 자료 출처보다는 질적으로 더 나은 것이었지만, 대체적으로 여러 설교자들의 설교문 자료로서 표절의 위험이 크다고 볼 수 있다.

예를 들어, 특정 교회 홈페이지에 공개된 설교문, 개인 블로그에 공유된 다른 설교자들의 설교, 여러 설교자의 설교자료를 제시하는 단체 홈페이지 등이 설교 자료 출처인 것이 확인되었다.

이러한 자료들이 역시 챗GPT를 통해 재가공되어 나타났지만, 설교자가 윤리적 문제에 노출될 위험이 높다고 볼 수 있고, 일부 출처는 강해설교가 아닌 성경 연구와 묵상 자료이며, 어떤 자료 출처는 이단 단체 홈페이지에서 제공하는 설교 내용인 것을 알 수 있다(챗GPT가 분별하지 못함).

셋째, 특히 인터넷 검색을 통한 설교 준비로 인해 설교 표절의 문제가 발생해 왔는데, 챗GPT를 통한 설교 준비는 다른 차원의 심각한 표절과 설교 상품화 등과 같은 윤리적 문제를 야기할 수 있다는 점을 목회자들은 인식해야 한다.

「뉴욕 포스트」(New York Post) 등 여러 언론에서는 설교자들이 챗GPT를 설교 준비에 남용할 경우 매우 심각한 결과를 초래할 것이라고 경고하고 있다.[80]

넷째, 본격적인 AI 시대의 도래와 챗GPT는 목회와 설교 환경에 엄청난 변화와 도전을 줄 것임에는 분명하기에 이에 대한 교회의 대비가 필요하며 설교학자들의 가이드라인을 제시할 시점이다.

---

80 "AI robots writing church sermons causing hell for pastors", <https://nypost.com/2023/02/17/chatgpt-ai-robots-writing-sermons-causing-hell-for-pastors/>.

예를 들어, 미국의 학자들과 다양한 전문가들이 제시한 '인공지능 윤리에 관한 선언'은 좋은 모델이 될 수 있다.[81]

다섯째, 설교자와 챗GPT와 관련된 AI 목회자 혹은 설교로봇이 등장하고 있음을 기억해야 한다.

이미 챗봇 사이트 '프레가'(prega.org)에는 챗GPT를 기반으로 구동되는 AI 챗봇에게 고해성사와 기도, 신앙적 상담을 할 수 있도록 이탈리아 성인 성(聖) 비오(1887~1968)가 등장하였고[82], 향후 다양한 챗GPT설교자와 AI 설교자 등이 등장할 것으로 예측되고 있다.

먼저 교회는 이러한 AI 목회자, AI 설교자의 등장을 실천신학적으로 비판하는 입장을 견지해야 할 것으로 보인다. 나아가 설교자의 소명과 전령(herald), 스토리텔러(storyteller), 증인(witness), 청지기(steward) 및 아버지(father)로서의 설교자상을 회복하는 것이 중요하다.[83]

특히, 설교자들은 챗GPT에 의존한 편의주의적이며 기계적인 설교를 지양하고, 거룩한 말씀의 전령과 증인으로서 그리스도를 대신하여 하나님의 말씀을 '대언'하는 사명을 감당해야 한다.[84]

이러한 챗GPT 등장으로 인해 목회자가 필요 없는 시대, 설교자 무용론이 등장할 수도 있다는 부정적 예측도 나오고 있을 정도로 AI 혁명과 챗

---

81 The Ethics and Religious Liberty Commission (ERLC). "Artificial Intelligence: An Evangelical Statement of Principles." <https://erlc.com/resource-library/statements/artificial-intelligence-an-evangelical-statement-of-principles>.

82 "AI에게 기도하고 죄도 고백해…가톨릭성인 챗봇", 등장," <https://www.khan.co.kr/world/world-general/article/202303051949001>.

83 D. Martyn Lloyd-Jones, *Preaching and Preachers* (Grand Rapids: Zondervan, 2011), 113-30; Thomas G. Long, *The Witness of Preaching* (Louisville, KY: Westminster John Knox Press, 1989), 23-47; John R. W. Stott, *The Preacher's Portrait: Some New Testament Word Studies* (Grand Rapids: William B. Eerdmans Pub., Co, 1988), 9-100.

84 퍼킨즈는 다음과 같이 말한다. "설교는 본질적으로 하나님의 말씀을 대언하는 것이라고 한다. 말씀을 선포하는 것은 그리스도의 이름으로, 그리스도를 대신해서 대언하는 것이다." William Perkins, *The Art of Prophesying & The Calling of the Ministry*, 채천석 역, 『설교의 기술과 목사의 소명』 (서울: 부흥과개혁사, 2006), 13.

GPT의 등장은 목회와 설교의 주요한 전환점이 될 전망이다.

예를 들어, 단순히 성경과 신앙에 관해 정리된 정보를 제공하는 차원의 설교(원래의 좁은 의미에서 성경적 강해설교로 간주될 수 없는 설교)는 챗GPT의 등장으로 인해 심각한 위협에 직면할 수도 있으며, 어느 정도 설교자의 역할을 대체할 가능성도 배제할 수 없다.

여섯째, 성경적인 목회와 설교의 본질에 비추어 볼 때, 챗GPT와 AI 로봇은 진정한 설교자가 될 수 없으며, 결코 하나님께서 부르신 목회자와 설교자를 대체할 수는 없다. 많은 이유를 제시할 수 있지만, 몇 가지 주요한 이유를 간략히 정리해 보면 아래와 같다.

가장 먼저 챗GPT가 참된 강해설교자를 대체할 수 없는 이유는 챗GPT를 비롯한 AI 로봇은 하나님이 창조하신 인간의 영혼을 소유하고 있지 않지 않기 때문이다.

남침례신학교 설교학 교수인 허셀 요크(Hershael York)는 챗GPT가 영적인 존재가 아니기에 예배의 핵심인 설교의 영적 기능을 대체할 수 없으며, 게으른 설교자에게는 유혹이 될 수 있겠지만 진정한 목자로서 청중들과 설교를 사랑하는 설교자는 챗GPT를 활용하여 설교하려고 하지 않을 것이라고 전망한다.[85]

그리고 챗GPT는 인간의 마음을 본질적으로 이해하고 공감할 수도 없을 뿐 아니라 청중이 가진 감정, 고통, 슬픔, 절망 등의 감정을 함께 느끼며 긍휼히 여기는 마음을 품을 수 없다.[86] 다시 말해, 챗GPT는 매우 똑똑한 기능을 할 수는 있지만, 긍휼과 사랑을 인간처럼 느낄 수 없기 때문에

---

[85] "ChatGPT AI robots writing church sermons causing hell for pastors", <https://nypost.com/2023/02/17/chatgpt-ai-robots-writing-sermons-causing-hell-for-pastors/>.

[86] "Pastor ChatGPT delivers fine sermons but is no 'real preacher'" <https://interestingengineering.com/innovation/pastor-chatgpt-delivers-fine-sermons>; "ChatGPT AI robots writing church sermons causing hell for pastors", <https://nypost.com/2023/02/17/chatgpt-ai-robots-writing-sermons-causing-hell-for-pastors/>.

인간의 영혼과 마음(감정)을 공감하기는 어려우며 공동체와 관계를 세워 갈 수가 없다.[87]

따라서 챗GPT는 참된 설교자처럼 청중주해(Exegeting Audience)를 통해 청중들의 영적 상태와 관계, 언어와 문화(내러티브), 영적 우상과 세계관 등을 분석해서 설교에 적용하고 연결하기가 어려울 것으로 보인다.

특히, 청중에 대한 분석과 적용 이전에 먼저 해야 할 설교자 자신에 대한 주해(Exegeting Preacher)와 적용을 챗GPT는 수행할 수가 없을 것으로 판단된다.

그러므로 성경과 관련된 정보를 회중에 제공하거나, 심지어는 직접 대화하고 가르칠(teach) 수는 있어도 설교(preach)할 수는 없다.[88]

그러나 목회자들은 설교와 신앙교육이 단순히 지식을 전달하는 것이 아니라 전인이 참여하는 변혁의 차원임을 기억해야만 한다.[89]

그러므로, 챗GPT와 AI를 활용한 설교 준비를 통해서는 진정한 의미의 설교를 만들 수 없고, 목회자와 설교자로서의 임무를 수행할 수도 없다.

앨리슨 거버(Alison Gerber) 목사는 챗GPT 전문가와 함께 실제적인 챗GPT 실험을 한 후에, "챗GPT가 아무리 뛰어난 기능이 있어도 선지자적인 설교의 본질, 설교자의 창조성을 활용한 다양한 방식과 다양한 구조의 설교, 설교자의 깊은 기도를 통해 하나님이 주신 메시지를 전하는 설교, 하나님 나라의 종말론적인 미래에 관한 설교 등을 할 수 없다"는 점을 강조한다.

---

[87] "ChatGPT AI robots writing church sermons causing hell for pastors", <https://nypost.com/2023/02/17/chatgpt-ai-robots-writing-sermons-causing-hell-for-pastors/>.
[88] Russel Moore, "AI Might Teach, But It Can't Preach," <https://www.christianitytoday.com/ct/2023/january-web-only/chatgpt-artificial-intelligence-ai-preach-sermons-church.html>.
[89] Thacker, "ChatGPT and Christian Ethics: An Interview With Technology Ethicist," <https://churchleaders.com/news/444825-chatgpt-and-christian-ethics-an-interview-with-technology-ethicist-jason-thacker.html>.

그런 다음에 다음과 같이 챗GPT가 결코 진정한 의미의 설교사역을 대체할 수가 없다는 점을 분명히 말한다.[90]

> 챗GPT는 오직 이전에 있었던 것을 검색하고 조합할 수는 있다. 챗GPT는 미래를 생각하지 않는다.
> 그러나, 선지자적 설교, 창조적 설교, 기도적 설교 등 미래를 생각하는 설교가 있다.
> 그러므로 충실하고 미래지향적인 설교자의 모습!
> 이것이 당신의 설교사역이라면 안심하라. 챗GPT는 당신의 설교 강단에서 미래가 없다.

챗GPT설교가 설교사역을 대체할 수 없는 이유는, 설교가 단순한 지식적 정보 전달만이 목적이 아니기 때문이다. 즉, 강해설교의 본질적 목적은 성령의 능력주심(empowerment)의 역사를 통해 설교자에게 담대함, 깨달음(조명), 사랑, 효과적인 언어와 소통이 이루어짐으로 회중들의 영혼 안에 회개, 깨달음, 감동, 결단이 일어나게 하고, 삶이 변화되게 하는 것이기 때문에 챗GPT설교는 강해설교의 미래가 될 수 없다.[91]

현대 강해설교학의 아버지인 해돈 로빈슨(Haddon Robinson)에 따르면, 성경적 강해설교란 한 본문에 대해 주어진 정황 속에서 역사적, 문법적, 문학적 연구를 통해 얻어낸 성경적 개념을 전달하는 것으로서, 먼저는 성령께서 설교자의 인격과 경험에 적용하게 하시고, 설교자로부터 청중에

---

90 Alison Gerber, "ChatGPT Has No Future in the Pulpit", <https://www.preachingtoday.com/skills/2023/chatgpt-has-no-future-in-pulpit.html>.

91 Jim Orrick, Ryan Fullerton, and Brian Payne, *Encountering God through Expository Preaching* (Nashville, TN: B&H Academic, 2017).

게 적용하는 만드는 것이다.[92]

또한, 브라이언 채플(Bryan Chapell)에 의하면, 강해설교는 성령께서 의도하시는 성도의 신실한 생각, 삶, 예배를 위한 영속적인 원리에 대해서 본문의 특성과 문맥이 어떻게 드러내고 있는지 설명하기 위해 본문의 구조와 사상에 대한 메시지를 청중들에게 제시하고 적용하는 것이다.[93]

웨인 맥딜(Wayne McDill)은 강해설교의 본질을 네 가지로 제시했다.[94]

(1) 철저한 주해 작업과 해석을 통해 본문의 의미와 저자가 의도한 신학적 의미를 발견한다.
(2) 본문에서 나온 설교의 구조와 장르적 특성을 살려 설교의 형태를 조직화한다.
(3) 수사학적 요소를 활용하여 청중들을 설득한다.
(4) 성경적 진리를 적용하여 믿음의 반응과 순종으로 변화되도록 한다.

성경적 강해설교는 본문이 이끄는 설교(Text-Driven)이며, 본문의 의미를 설명하고 예를 들며 적용함으로써 본문을 발전시키고, 본문의 본질(Substance), 구조(Structure), 감정(Spirit)을 전달하는 것이다.[95]

한마디로 말해, 철저히 성경 본문 중심적(Text-Centered) 설교를 추구하면서 동시에 청중에게 초점을 맞춘(Audience-Focused) 설교를 지향해야 하는 것이다.

---

92 Haddon W. Robinson, *Biblical Preaching* (Grand Rapids: Baker, 2001), 21.
93 Bryan Chapell, *Christ-centered Preaching* (Grand Rapids: Baker Academic, 2018), 20.
94 Wayne McDill, *The 12 Essential Skills for Great Preaching*, 2nd ed. (Nashville, TN: Thomas Nelson, 2006), 17-19.
95 Daniel L. Akin, David L. Allen, and Ned L. Matthews, eds., *Text-Driven Preaching* (Nashville: B&H, 2010), 8.

일곱째, 챗GPT설교의 도전 앞에서 설교자들은 개혁주의의 경험적 설교와 개혁주의의 영성(Reformed Spirituality)을 회복함으로 대응해야 한다.

챗GPT 시대에 목회자는 '합리적 사고력, 영적 권위, 도덕성'과 함께 깊은 영성을 갖추는 것이 중요하다.[96] 강해설교는 단순한 지성적 정보 전달 차원이 아닌 거룩한 하나님의 사람으로서 자질을 갖춘 설교자(Qualified Preacher)가 하나님의 말씀을 하나님의 백성들에게 전달할 때 하나님과의 '영적 만남'(Encountering)이 일어나게 만든다.[97]

따라서 설교자들은 챗GPT설교의 유행을 따르다가 인공지능 혁명(AIR)의 물결에 떠내려갈 것이 아니라 성경시대와 교회사로 다시 거슬러 올라가 말씀의 본질과 개혁주의의 영성을 가지고 진정한 설교자로 쓰임받는 설교자들의 전통을 이 시대에 회복해야 한다.

특히, 설교자는 열정과 기도, 진정성과 영적 성장, 거룩한 경건과 목회 리더십의 회복과 함께 개혁주의 영성을 추구하면서, 성경신학에 근거한 본문의 절대 진리를 참된 성도들에게 선포할 때, 말씀과 함께 역사하시는 성령의 역사를 따라 하나님과의 깊은 영적 만남과 영적 양식을 경험하게 하고, 실천하게 하는 '개혁주의 경험 설교'(Reformed Experiential Preaching)가 AI 챗GPT 시대의 대안임을 기억해야 한다.

챗GPT가 그 영역을 넓힐수록 사회와 청중들은 성령 충만하여 말씀에 사로잡힌 참된 설교자를 더욱 고대할 것이다. 그리고 성경적 목회와 설교의 본질이 회복될 때, 성도들은 말씀과 함께 역사하시는 성령의 은혜를 경험함으로 그 영혼이 채워지고 변화된 삶을 살아가길 더욱 간절히 소망할 것이다.

---

96 김동환, "챗GPT 시대 목회, 그리고 교회의 과제," 29-30.
97 Orrick, Fullerton, and Payne, *Encountering God through Expository Preaching*, 16-24.

4) 챗GPT를 활용한 실제 설교에 대한 설교학적 비평

지금까지 챗GPT에 대한 설교학적 비평에 앞서 챗GPT의 실체와 개념을 정리한 다음, 이에 대한 전문가들의 평가와 전망을 살펴보았다. 그리고 챗GPT에 대한 실천신학적 조망과 목회자의 대응 방향도 제시했다.

이러한 논의를 바탕으로 본 연구자는 실제 챗GPT-4를 활용한 설교를 영어로 실제 대화하고 결과물을 생성해 보았다.[98]

챗GPT에게 설교를 생성해 줄 것을 질문(요청)하면 특별한 절차나 복잡한 과정도 없이 약 30초 만에 3-4대지로 정리된 한 페이지 분량의 무료 설교요약문을 만들어 바로 제시해 준다.

구약과 신약에서 10개 정도의 본문을 임의로 정해 챗GPT에게 "이 본문에 대한 설교를 만들어 줘"라고 프롬프트를 입력하면, 일반적으로 '서론-본론(3-4대지)-결론'으로 구성된 간결한 설교 아웃라인을 만들어 준다.

1-2번의 질문으로 챗GPT가 만들어 낸 열 편의 설교는 대략적인 분석을 시도했고, 두 편의 본문(에스라 6장, 고린도후서 4장)은 챗GPT와 필수적인 설교 준비 10단계를 따라 연속적인 질문을 통해 심도있는 대화를 기초로 심층적인 분석까지 진행했다.

즉, 구약과 신약 두 편의 설교를 주해 과정, 신학화 과정, 적실성 과정, 변혁 과정(10단계)의 기준에 맞춘 연속적 질문과 대화를 통해 진행된 구체적 분석 결과와 챗GPT가 만든 열 편의 설교를 포괄적으로 분석한 후 얻은 함의와 비평적 논의들을 다음과 같이 정리해 보고자 한다.

---

98 <https://chat.openai.com/>.

첫째, 챗GPT를 통한 설교 준비가 설교자에게 줄 수 있는 긍정적 측면과 유익이 무엇인지 논의할 필요가 있다.

설교 아웃라인과 설교문 작성을 위한 필수적인 주해, 원리화 과정 및 청중 분석과 적용 과정을 거치지 않고도 챗GPT는 한 번의 프롬프트 명령만 하면 5분 정도 분량의 설교요약문을 제시해 준다는 사실만으로도 AI 혁명이 얼마나 강력한 능력을 가졌는지 어느 정도 경험하게 해 준다.

목회사역으로 바쁜 한국 교회 설교자들에게 설교 준비 초기 단계에서 설교 캘린더 및 설교 시리즈 기획, 본문 선정, 설교 주제 찾기, 설교 본문의 개관적인 이해, 본문의 기본적 아웃라인, 학문적 자료의 요약 및 영문 자료의 번역 등 챗GPT와의 다양한 질문과 대화를 통해서 자료를 얻을 수 있으니 설교 작성에 대한 브래인스토밍을 제한적으로나마 도움받을 수 있을 것이다.

또한, 다양한 인문학 작품(문학, 역사, 철학 서적 등)을 개별적으로 질문하면 요약해 주는 장점도 있다.

전체적으로 볼 때, 제1차적으로 제시한 챗GPT의 설교는 설교문이라기보다는 주석적 아웃라인과 귀납적 성경연구와 묵상 요약에 가까운 내용이라고 볼 수 있으며, 기본적 설교의 구조인 제목, 서론, 본론, 결론을 논리적으로 갖추고 있다.

또한, 본문과 관련된 설교의 핵심 포인트를 세 가지(많게는 다섯 가지)로 제시해 주고 있다.

고린도후서 4:1-18 설교 아웃라인 (챗GPT)
제목: 질그릇 안에 있는 보배
(The Treasure in Earthen Vessels)

1. 서론: 그리스도인으로서 직면하는 삶의 위기와 도전. 이로 인한 낙심과 절망의 경험. 그러나 본문의 바울은 우리가 질그릇 안에 보배를 가지고 있다고 일깨워 준다. 일시적인 고난과 시험과 위기 가운데서도 영원한 소망을 품고 계속 전진할 수 있도록 격려하고 있음.

2. 본론:
(1) 새언약의 사역 (4:1-6)
(2) 질그릇 안의 보배 (4:7-12)
(3) 일시성과 영원성 (4:13-18)

3. 결론: 그리스도인은 질그릇 안에 보배를 담은 자들임을 기억해야 함. 우리는 질그릇같이 연약한 존재들이지만 보배되신 그리스도(복음)를 우리 안에 가지고 있음. 따라서 새언약의 일꾼으로서 부름받은 우리는 위기와 도전에 맞서 신실해야 함. 고난은 잠시이며 소망은 영원하기에 우리의 초점을 보이지 않는 것에 맞추어야 함.

에스라 6:1-12 설교 아웃라인 (챗GPT)
제목: 하나님의 주권적 계획과 우리의 순종
(God's Sovereign Plan and Our Obedience)

1. 서론: 우리는 '이 세상에서 일어나는 모든 일을 하나님께서 통제하고 계실까?'라는 의문이 생기기도 함. '하나님께서 오늘날에도 여전히 약속을 신실하게 지키실까?'에 대한 질문이 생기기도 함. 본문은 이러한 질문들에 대한 분명한 답을 주고 있음. 하나님은 자신의 백성들이 행하는 순종을 통해 그 계획을 어떻게 성취하는지 보게 하심.

2. 본론:
(1) 하나님의 주권적인 계획 (1-5)
(2) 하나님의 말씀에 대한 우리의 순종 (6-10)
(3) 기도와 도고의 능력 (11-12)

3. 결론: 본문은 하나님의 주권과 우리의 순종을 통해 어떻게 그 분의 약속이 성취되고 축복이 임하는지 보여줌. 따라서 우리의 순종과 기도에 대해 과소평가해서는 안됨. 그 분의 약속은 신실하게 우리 삶 가운데 성취될 것을 믿고 하나님의 주권을 신뢰하면서 말씀에 순종해야 함.

둘째, 강해설교의 철학과 본질에 근거하여 챗GPT 설교에 대한 비평이 필요하다.

먼저, 강해설교의 정의에 대해 챗GPT에게 질문해 보았다.

그러자 챗GPT는 "강해설교는 본문 단락과 구절을 분석하여 저자의 본래 의도와 문맥을 이해함으로 신학적, 실천적 함의를 현대 청중에게 적용하는 것"이라고 대답하였다.

챗GPT의 강해설교에 대한 이런 정의는 해돈 로빈슨의 정의와 크게 다를 바 없는 좋은 정의라 할 수 있다. 강해설교의 가장 중요한 전제이자 철학의 핵심은 설교의 해석과 주해를 통해 성경 본문의 저자가 원 청중(original audience)에게 전하고자 의도한 의미(author-intended meaning)와 원 적용(signification)을 다리놓기를 통해 현대 청중들에게 재적용(reapplication) 되도록 하는 것이다.[99]

---

99 Grant Osborne, *The Hermeneutical Spiral* (Downers Grove, IL: InterVarsity, 1991), 354-57; William W. Klein, Craig L. Blomberg, and Robert L. Hubbard, *Introduction Biblical Interpretation* (Nashville, TN: Thomas Nelson, 2004), 483-503; Akin, Allen, Mathews eds, *Text-driven Preaching*, 271-72; Robinson, *Biblical Preaching*, 89-95; Hershael W. York and Bert Decker, *Preaching with Bold Assurance* (Nashville, TN: Broadman & Holman Publishers, 2003), 77-78.

그러나 실제 챗GPT의 설교 과정과 설교문을 분석해 볼 때, 이러한 정의에 충실한 설교 방법론과 단계를 거친 설교를 제시하지 못하는 경향성을 나타내고 있다. 예를 들어, 저자의 의도를 파악하기 위한 주해적 분석이 구체적이고 세밀하게 나타나지 않았고, 저자가 의도한 원 적용을 현대 청중에 적용하는 영역은 매우 제한적이었다.

그렇기에, 현대 강해설교의 본질적 특성을 챗GPT가 실제 설교작성을 통해 일관성있게 살려낼 해석학적, 설교학적 능력이 있다고 보기는 어렵다.

강해설교의 전제라고 할 수 있는 성경 저자가 의도한 의미와 적용을 찾기 위한 주제 질문과 답변, 이에 기초한 빅 아이디어, 보조 아이디어를 챗GPT설교 과정과 설교문은 거의 제시하지 못하는 근본적인 약점이 있는 것이다.

또한, 챗GPT설교는 논리적 대지 구성을 위한 육하원칙 활용에 한계를 가지고 있는 것으로 보이며, 각각의 대지를 포괄하는 중심 사상이 불명확하기에 유기적 연결성과 역동적 발전성이 현저히 결여되어 있다.

이뿐만 아니라, 본문 각 절에 대한 주해 부족과 본문의 각 구절을 대지로 나누어 연결시키는 보조 아이디어를 유기적으로 제시하지 못하는 한계 때문에 강해설교가 아닌 주제설교나 대지설교의 경향을 내포하고 있다. 그리고, 전체적으로 설교 전체가 한 페이지 미만으로 5분 정도의 설교 요약에 불과하여 충실한 설교 내용을 담지 못하는 한계도 있다.

따라서 엄밀한 의미에서 강해설교의 철학에 비추어 볼 때 챗GPT설교는 강해설교라고 보기 어렵다.

셋째, 강해설교의 방법론과 형식(구조) 차원에서 챗GPT설교에 관한 비평이 필요하다.

강해설교는 철학에 근거한 체계적인 방법론과 형식(form)을 갖추어야 한다. 단편적으로 볼 때 챗GPT설교의 전반적인 구조는 기본적인 주석적 아웃라인 혹은 귀납적 성경연구와 묵상에 근거한 본문 개요 수준의 설교 구성의 한계를 가지고 있다고 평가할 수 있다.

챗GPT설교는 현대 강해설교학에서 비판을 받아온 천편일률적인 3대지 혹은 대지설교의 약점을 벗어나지 못하고 있고, 철저한 주해에 근거한 설교라기보다 주제형 혹은 제목설교와 유사한 점이 있다. 이는 챗GPT가 학습한 인간 설교자가 만들어 놓은 설교의 한계와 약점과 연결성이 있다고 추정할 수 있다.

또한, 서론, 본론, 결론으로 정형화된 챗GPT설교의 구조는 다양한 설교 형식(variety forms)을 활용한 설교 구조화가 근본적으로 부족하다.

챗GPT설교의 전체적인 구성은 통일성과 논리성, 역동성과 움직임(movement), 전진성(목표를 향한 초점), 다양성(연역, 귀납, 혼합 등), 적용 지향적 구조를 담아내지 못하고 있을뿐 아니라, 설교의 서론은 청중의 흥미와 필요, 질문과 평정 깨기, 최근 이슈의 통찰, 인문학 예화, 인클루지오(inclusio), 삶의 적용과 연결(relevance), 전환 등의 요소가 결여되어 있다.

챗GPT설교의 본론도 메인 아이디어(main idea), 보조 아이디어(complement ideas), 대지 간의 전환, 수사학적 질문, 스토리텔링, 각 대지의 예화와 적용 등이 부족하다. 결론부에서는 설득과 감동, 도전과 변화 촉구, 핵심 포인트 강조, 강력한 예화와 적용, 수사학적 질문, 목회적 기도와 찬송(예배와의 연결) 등이 포함되어 있지 않다.

넷째, 강해설교를 위한 필수적 과정인 적용적 주해와 해석학에 근거한 챗GPT설교에 대한 비평이 필요하다.

적용지향적 강해설교의 각 필수 단계들[100]에 대한 챗GPT와의 대화를 바탕으로 다음과 같은 비평을 제시하고자 한다.

먼저 설교 준비 단계에 대한 챗GPT 대답은 다음과 같다.

---

100 박현신, 『포브릿지 프리칭』 (서울: CLC, 2017), 446-62를 참조하라.

- 1단계: 하나님의 인도하심, 지혜, 영감 구하기. (기도)
- 2단계: 설교 본문 정하기.
- 3단계: 원문과 다양한 번역본을 참고로 한 본문 연구.
- 4단계: 본문의 역사적, 문화적, 신학적 분석과 주석들과 다른 자료들을 참조한 리서치.
- 5단계: 연구와 리서치를 기초로 한 설교의 중심 아이디어를 발전시키기.
- 6단계: 설교의 핵심 아이디어와 보조 아이디어를 정하고 설교 아웃라인 만들기.
- 7단계: 예화와 개인적 경험을 활용한 설교문 작성하기.
- 8단계: 설교문 교정과 수정.
- 9단계: 설교 전달 연습.
- 10단계: 기도.

이러한 챗GPT의 설교 정의와 단계 자체는 현대 강해설교의 단계와 큰 차이점은 없다고 볼 수 있다. 그러나 실제 챗GPT와의 대화 가운데 각 설교 단계에 대해 어떻게 답을 하는지를 통해 평가해 보아야만 한다.

나아가 설교자들은 챗GPT설교를 의존하는 편의주의를 거부하고, 강해설교의 철학을 실제 설교에 구현하기 위한 필수적인 단계를 철저히 밟아나가는 헌신과 성실함이 있어야 한다.

맥딜은 강해설교의 준비단계는 초월적인 하나님의 역사인 동시에 설교자의 피나는 노력의 결과임을 강조하면서, 설교의 준비 과정은 예술(art) 이전에 과학(science)이기에 설교자의 자유보다 철저한 훈련이 필요하다고 역설한다. 이를 위해서는 설교자가 새로운 유행이나 방법을 거부하고 오랜 설교의 전통과 유산을 따라 객관적인 설교 방법과 단계를 거치기 위한

필수적인 기술을 갖추어야 한다고 강조했다.[101]

강해설교의 심장인 주해 과정에서 해석학적 '질문 능력'이 필수적으로 중요한 것처럼, 챗GPT를 통한 설교를 접근하기 위해서는 챗GPT가 내놓은 설교 결과만을 취할 것이 아니라 해석학적 대화를 통해 챗GPT설교를 분석하고 비평할 수 있는 질문 능력이 필수적이다.

즉, 설교자가 지속적으로 챗GPT에게 주해 요소들(원어, 문법, 역사, 문화, 배경, 인물 등)에 관한 질문을 해나가면 조금 더 질적으로 좋은 결과물을 얻을 수 있다. 질문과 대화를 위한 실력이 필수적이지만, 챗 GPT와의 대화에 집중하기 보다 '조명된 소통'(Illumined Communication)과 '언약적 소통'을 통해 본문과의 대화, 성령 하나님과 청중과의 해석학적, 삼중적 대화(Trialogue)[102] 에 집중해야 한다.

그리고 본문 저자가 의도한 의미와 원 적용을 찾기 위해 필수적인 언어, 문법, 문예, 역사, 정경(구속사)적 분석의 차원에서 챗GPT의 설교와 주해를 간략히 비평해 보면 다음과 같다.

(1) 원어(히브리어, 헬라어)를 이해하면서 기본적인 사전적 의미는 제시하지만, 원문 사전의 입체적이고 풍성한 의미를 드러내는 데는 한계가 있다.
(2) 원어의 문법에 대한 초급 수준의 기본적인 분석(인칭, 시제, 태)은 제공하지만, 중급 이상의 문법 분석과 구문 분석의 한계가 있다.
(3) 문예적 분석과 문학적 구조 분석은 거의 인지하지 못하는 한계가 있다.

---

101 McDill, *The 12 Essential Skills for Great Preaching*, 19-20.
102 Kevin J. Vanhoozer, *Is There a Meaing in This Text?* (Grand Rapids: Zondervan, 1998), 32-33; Brian A. DeVries, "The Evangelistic Trialogue: Gospel Communication with the Holy Spirit," *Calvin Theological Journal* 44 no.1 (2009): 49-73.

(4) 역사적, 사회문화적 분석은 주해 요소 중 상대적으로 가장 뛰어난 영역이지만, 기존의 성경 문화 배경 사전보다 학문적 깊이가 부족한 한계가 있다.
(5) 구속사적, 정경적 분석은 거의 드러나지 않으며, 언약적 통일성 및 구약과 신약의 연결성과 관주 제시의 부족 등 설교문 가운데 통전적 분석을 제시하지 못하는 한계가 있다.
(6) 다섯 가지 주해의 필수적 요소들을 통합적으로 연결하여 저자의 의도를 드러내지 못하는 한계가 있다.

첨언하자면, 본문의 해석과 주해 과정에서 중요한 자료의 출처가 없다는 문제와 권위가 있는 주석가들과 검증된 주석을 참고하지 않는 문제를 내포하고 있다. 또한, 기존의 잘못된 성경해석과 주석을 검증하고 교정할 해석학적 능력은 아직 갖추지 못한 것으로 보인다.

다섯째, 챗GPT설교를 성경의 다양한 장르의 관점에서 비평하는 것이 필요하다.

구약 내러티브 본문에 대한 설교 과정과 설교문을 질문한 결과, 챗GPT는 성경의 내러티브 장르의 플롯(plot), 인물, 배경, 관점 등을 살린 본문 개요와 플롯을 살린 설교 구조에 분명한 한계를 나타내고 있다.

신약의 비유 본문에 대한 챗GPT설교도 내러티브와 유사한 비유 장르의 특성과 예수님과 바울의 설교 문학적 특성과 언어를 설교에 구현하지 못하고 있다.

그뿐만 아니라, 율법, 시편, 잠언, 서신서, 묵시 본문에 담긴 다양한 '장르적 특성을 살린 설교'(genre-sensitive preaching)[103]를 제시하지는 못한다.

---

103 성경의 내러티브, 시, 지혜서, 예언서, 묵시, 비유, 서신서 장르에 대한 상세한 논의를 위해서는 Jeffrey Arthurs, *Preaching with Variety: How to Re-create the Dynamics of Biblical Genres* (Grand Rapids: Kregel, 2007), 38-198; Terry G. Carter, J. Scott Duvall, J. Daniel

여섯째, 강해설교의 '신학적 원리화 관점'에서 챗GPT설교에 대한 분별과 비평이 필요하다.

즉, 본문에 근거한 그리스도 중심적 관점, 언약 중심적 해석, 구속사적 해석이 약할 뿐 아니라 원 청중과 현 청중 사이에 있는 해석학적 간격(Hermeneutical Gap)을 건너기 위한 필수적인 '원리화 다리놓기'(Principlizing Bridge)[104]가 부실함으로 인해 도덕적 적용이나 알레고리적 해석과 적용이 나올 위험성이 있다.

특히, 빙챗설교(Bingchat Preaching)가 참조한 출처를 조사해 본 결과, 정통 신학과 교리에 대한 몰이해와 비성경적인 신학과 이단적 교리를 분별하지 못하고 이를 설교에 그대로 담아낼 위험이 있다는 것을 알 수 있다.

그리고 본문에서 나온 신학적 원리의 기준(theological criteria)이 모호할 뿐 아니라 적실성으로 연결하는 과정이 불명확해 보이며, 신학적 보편적 원리를 거쳐 현대적 적용으로 트랜스퍼링(transferring)하는 과정[105]도 해석학적 한계를 가지고 있다.

챗GPT설교 가운데 일반적이며 기초적인 신학 개념을 본문과 연결시켜 제시하는 장점을 종종 보이기도 하지만, 칼빈주의 신학을 정확하게 표현하거나 조직신학의 주요 영역의 세부적 논의에는 한계를 나타내고 있다.

Hays, *Preaching God's Word: A Hands-On Approach to Preparing, Developing, and Delivering the Sermon, 2nd ed.* (Grand Rapids: Zondervan Academic, 2018), 167-281; Osborne, *The Hermeneutical Spiral,* 153-259.

104 본 연구자의 관점은 카이저의 원리화 모델(principlizing model), 도리아니의 구속역사 모델(redemptive-historical model), 벤후저의 구속의 드라마모델(drama of redemption), 오스본의 해석학적 모델 등을 혼합한 구속사적 원리화 관점을 취하고 있다. 원리화 다리놓기에 대한 상세한 논의와 다양한 모델들의 상호 비교를 위해서는 Gary T. Meadors ed., *Four Views on Moving beyond the Bible to Theology* (Grand Rapids: Zondervan, 2009), 19-269; Osborne, *The Hermeneutical Spiral*, 263-316.

105 해석학적, 설교학적 트랜스퍼링 단계에 대한 구체적인 논의와 예를 위해서는 Klein, Blomberg, and L. Hubbard, *Introduction Biblical Interpretation*, 483-504; Daniel M. Doriani, *Getting the Message* (Phillipsburg, NJ: P&R, 1996), 144-48; Orrick, Fullerton, and Payne, *Encountering God through Expository Preaching*, 142-43.

일곱째, 강해설교의 주해와 신학 영역 뿐 아니라 필수적인 청중주해와 청중 적응의 관점에서 챗GPT설교를 비판적으로 접근할 필요가 있다.

먼저 현 챗GPT모델에게 기본적인 사회통계학적 분석에 대해 질문해 본 결과, 기본적인 청중 분석도 명확하게 대답하지 못하는 경우가 많았고, 현 청중과의 연결(engaging) 및 관계 형성을 통한 청중 분석 능력은 거의 없어 보였으며, 청중 분석표를 통해 한 명의 청중을 깊이있게 주해하는 것은 불가능해 보였다.

강해설교의 청중주해를 위해 필요한 청중의 심리와 마음 분석, 문화와 세계관, 청중의 영적 상태, 청중의 영적 우상에 대한 분석[106]에 대해서 현 챗GPT설교는 가장 큰 한계를 보이고 있다.

따라서 설교자가 챗GPT설교를 활용할 경우 강해설교의 본질적 요소 중 하나인 청중 분석과 수사학적 적용의 요소를 배제하게 되는 위험성을 피하기 어려울 것으로 보인다.

여덟째, 강해설교의 적실성 과정(Relevance Process)과 현대적 적용의 관점에서 챗GPT설교를 비평할 필요가 있다.

열 편 이상의 챗GPT설교를 분석해 본 결과, 청중 분석과 연결된 적실성 범주(개인, 가정, 교회공동체, 직장, 사회, 문화, 윤리, 국가, 종교, 세계)에 대한 구체적인 적용이 제시되지 못하는 한계를 노정하고 있다.

또한, 챗GPT설교는 설교자 자신에게 먼저 적용하지 못하는 약점, 적절한 예화를 거의 제시하지 못하는 약점, 지성적 연결과 저명한 학자들의 저술과 인용을 통해 설득과 변증적 기능을 활용하기 어려운 약점, 설교의 목적인 '청중의 변화'를 향해 나아가는 변혁적 요소의 약점 등을 가지고 있다.

---

[106] 박현신, 『포브릿지 프리칭』, 360-77. 팀 켈러 모델의 포스트 에브리팅 청중의 마음과 영적 상태, 심층적인 영적 우상 분석에 대해서는 박현신, 『일곱 가지 키워드로 열어보는 팀 켈러의 설교세계: 가스펠 프리칭』(서울: 솔로몬, 2021), 159-61, 177-79.

따라서 청중 분석과 적실성 과정이 현재 챗GPT설교가 드러낸 가장 현저한 한계와 약점이라고 볼 수 있다.

아홉째, 설교의 작성과 전달 요소의 관점에서 본 챗GPT설교의 비평이 필요하다.

설교자들에게는 강해설교의 작성과 전달의 원리도 매우 중요한 부분이다.[107] 설교자는 강해설교의 철학에 입각한 철저한 설교 단계를 거쳐 얻은 결과물을 가지고 자신이 직접 설교 원고를 작성하면서 깊은 기도와 묵상을 통해 내면화(internalization)해야 하고, 원고의 탈고 작업까지 철저히 완수한 다음 설교 요약 아웃라인만 가지고 원고 없이 설교를 전달할 수 있어야 한다.

그러나 설교의 준비부터 챗GPT를 의존하게 되면 설교의 준비단계가 부실하거나 생략될 수 있고, 설교 원고를 작성해야 할 필요성 자체가 없어질 수가 있다.

또한, 챗GPT설교가 설교 작성과 전달을 대체하게 된다면, 청중의 마음을 향한 설교(preaching to the heart)에는 접근하지 못하는 근본적인 한계, 설교자의 영혼과 감정을 담아 진정성(authenticity)을 가지고 전달하지 못하는 한계, 설교의 언어적 요소뿐 아니라 설교 커뮤니케이션에서 중요한 비언어적 요소인 설교자의 얼굴, 눈, 목소리, 몸, 제스쳐 등을 통해 전달되기 어려운 한계, 설교의 목적인 변화된 삶을 위한 도전과 결단을 촉구하는 파토스적 요소의 한계, 개혁주의 예배적 요소(찬양, 기도, 고백 등)와 유기적으로 연결되는 예배로서의 설교(preaching as worship)의 한계에 직면할 수 있다.

---

[107] 강해설교 작성과 전달의 원리를 위해서는 Jerry Vines and Jim Shaddix, *Progress in the Pulpit* (Chicago: Moody Pub., 2017), 110-90, Donald Sunukijian, *Invitation to Biblical Preaching*, (Grand Rapids: Kregel, 2007), 255-99; Robinson, *Biblical Preaching*, 183-98; Akin, Curtis, and Rummage, *Engaging Exposition*, 232-98; Orrick, Fullerton, and Payne, *Encountering God through Expository Preaching*. 108-85.

열째, 강해설교의 모든 과정을 주도하시는 성령의 역할을 고려하면서 챗GPT설교를 비평할 필요가 있다.

챗GPT에 의존한 설교 준비 과정과 달리, 설교자는 설교 준비단계에서부터 기도 가운데 성령의 '부어주심'(Unction)의 역사가 필요하다. 그뿐만 아니라, 위에서 언급한 강해설교의 주해화, 신학화, 적실성 과정에서는 성령의 '조명하심'(illumination)의 역사 가운데 설교를 해석, 적용, 작성해야 하고, 성령의 '나타남'(Demonstration) 속에서 효과적으로 설득하고 전달해야 한다.

나아가 설교의 목적인 청중의 변화된 삶의 열매와 하나님 나라의 통치와 영광이 사회의 전 영역에 나타나도록 성령을 따라 행하게 하시는 역사를 추구해야 한다.[108]

결론적으로, 챗GPT설교는 성령충만한 설교자가 준비하고 전달하는 설교를 결코 대신할 수 없다.

챗GPT설교의 도전 앞에 설교자들이 추구해야 할 강해설교의 본질은 성령의 역사 안에서, 주해적, 신학(교리)적, 적실성, 변혁적 다리놓기(Bridge-Building)과정을 통해 설교자와 청중에게 저자가 의도한 메시지를 적용함으로 공동체를 변화되도록 하여 하나님께 영광을 돌리는 것이다.

---

108 Greg Heisler, *Spirit-Led Preaching* (Nashville, TN: B&H Academic, 2007), 7-153; 박현신, "변혁적 설교의 전(全) 과정에서 성령의 다차원적 역할," 개혁 신학회, 「개혁논총」 42 (2017): 201-46.

제6장

포스트 팬데믹(Post-Pandemic) 뉴 노멀 시대 교회의 위기와 대안

1. 본격적인 포스트 팬데믹(Post-Pandemic) 시대가 열리다

2022년 연말 세계보건기구(WHO)의 공식발표에 따르면, 2020년 발생한 세계화 시대 첫 번째 팬데믹인 코로나19 전염병은 약 6억이 넘는 감염자와 650만 명이 넘는 누적 사망자를 낳았다.[1]

2020년 2월 코로나19 유행이 한국 사회에 시작된 이후 약 2년 1개월 만에, 2022년 4월 15일 정부의 전면 거리두기 해제 발표를 기점으로 본격적인 '위드 코로나'(With Corona) 혹은 '포스트 코로나'(Post Covid-19) 시대가 시작되는 것처럼 보였다.

그러나 2022년 7월에는 하루 약 10만 명 가량의 확진자가 다시 급증하며 6차 재유행이 시작되었고, 일부 전문가들은 여전히 다양한 변수가 남아있다고 한다. 최근 정부 발표에 의하면, 2023년 봄부터 3단계에 걸친 포스트 코로나 정책을 시행한 후에, 2024년 상반기 이후 코로나19를 풍토병으로 보고 관리하는 엔데믹 단계(3단계)로 진행함으로써 본격적인 포스트 코로나 혹은 포스트 엔데믹(endemic) 시대가 시작될 것으로 예측하고 있다.[2]

---

1 <https://covid19.who.int/>.
2 <http://ncov.mohw.go.kr/tcmBoardView.do?contSeq=371078>; <https://m.ytn.co.kr/issue/corona_news.php?gubun=W>.

그러나 정부는 2023년 5월 11일, 예상보다 빨리 공식적으로 "엔데믹 단계에 접어들었다"고 선언하였다.

하지만 전문가들은 "엔데믹이 코로나 바이러스가 완전히 사라진 것이 아니며, 각 개인이 감당해야 할 '일상의 위협'으로 받아들이고 일상 방역과 의료 체계로 대응해야 하는 '위드 코로나 시대'가 되었음을 의미한다"고 지적한다.[3]

그러므로 본 장의 목적은 포스트 코로나 시대의 주요 흐름을 전염병의 역사를 통해 간략히 고찰한 다음, 포스트 팬데믹 뉴 노멀(New Normal) 시대 전망을 살펴보고, 코로나19 팬데믹으로 가속화되고 있는 제4차 산업혁명, AI 혁명으로 인해 한국 교회가 직면한 핵심 이슈와 위기들을 최근 통계와 함의들을 기초로 분석해 보고자 한다.

그런 다음 이러한 핵심 위기와 도전에 대한 실천신학적 대안과 방향들을 연결하여 제시하고자 한다.

2. 포스트 팬데믹 시대에 대한 기독교의 연구 현황

먼저 본 주제와 관련한 선행 연구를 통해서 볼 때 포스트 코로나에 관한 연구를 개혁주의 관점에서 전개한 실천신학적 논의와 대안적 방향 제시는 여전히 부족한 상황이다.

주로 코로나 초기 2020년에 발표된 논문들이 많고, 포스트 코로나가 본격적으로 시작된 2022년 4월 이후의 논문은 오히려 비교적 적은 편이다.[4]

---

[3] "'안고 살아야 하는' 코로나, 엔데믹 선언했다고 끝이 아니다," <https://www.hani.co.kr/arti/society/health/1091503.html>.

[4] KISS 검색을 통해 조사한 결과, 2022년 상반기까지 발표된 포스트 코로나에 관한 연구논문은 2020년 200편, 2021년 279편, 2022년 71편이 발표(게재)되었다.

즉, 한국 교회와 목회자들이 코로나 이후 어디로 가야할 지 대안적 방향을 제시하는 실천신학적 연구가 부족한 상황이 본 연구의 동기가 되었다. 지금까지 포스트 코로나와 관련된 기독교 연구 지형은 다음과 같다.

첫째, 조직신학(교회론과 인간론) 관점의 논문들이다.[5]
둘째, 공공성과 사회윤리, 인문학과 관련된 논문이다.[6]
셋째, 신앙(가정)교육, 교회 교육, 주일학교 등과 관련된 논문이다.[7]

---

5   김광수, "도래한 포스트 코로나, 과거에 갇힌 교회," 대한기독교서회, 「기독교 사상」 740 (2020): 66-73; 제해종, "교회의 5대 본질적 기능 재고찰을 통한 포스트 코로나 교회론," 한국컨텐츠학회, 「한국콘텐츠학회논문지」 20 (2020): 233-46; 윤형철, "포스트 코로나 시대의 인간됨과 인간다움의 조건에 관한 단상: 포스트휴머니즘 인간론에 대한 기독교 신학의 답변," 한국복음주의조직신학회, 「조직신학연구」 37 (2021): 26-61; 김두환, 조철수, "포스트 코로나19 팬데믹 시대의 지속 가능한 교회," 한국기독교사회윤리학회, 「기독교사회윤리」 48 (2020): 9-35; 윤영훈, "포스트 코로나 시대 온라인 교회의 가능성에 대한 연구," 한국대학선교학회, 「대학과 선교」 46 (2021): 205-37.

6   최성훈, "포스트 코로나19 시대와 한국 교회의 공공성: 예배와 공동체성을 중심으로," 아세아연합신학대학교 ACTS신학연구소, 「ACTS 신학저널」 47 (2021): 69-97; 성석환, "코로나19 시대 뉴 노멀의 윤리적 가치, '공공의 선'과 한국 교회," 한국기독교사회윤리학회, 「기독교사회윤리」 47 (2020): 139-69; 주상락, "포스트 코로나 시대 공공선교학의 가능성," 한국대학선교학회, 「대학과 선교」 47 (2021): 105-32; 이상철, "코로나19 시대 종교현상학의 이슈와 기독교사회윤리학의 테제들," 한국기독교사회윤리학회, 「기독교사회윤리」 49 (2021): 73-103; 김광연, "포스트 코로나와 공동체 윤리-타자의 윤리와 배려의 윤리를 중심으로," 한국기독교사회윤리학회, 「기독교사회윤리」 49 (2021): 9-38; 박선영, 목광수, 김승환, 성신형, "시민성에 대한 한국 개신교의 이해 분석과 기독교사회윤리적 답변," 한국기독교사회윤리학회, 「기독교사회윤리」 48 (2020): 63-105; 양해림, "코로나19와 뉴 노멀의 인문학," 충남대학교 인문과학연구소, 「인문학연구」 60 (2021): 251-76; 이명희, "'코로나' 시대의 페스트 읽기를 통한 생태문해력의 확장과 인문학의 의무," 인문학연구원, 「통일인문학」 85 (2021): 327-64; 신현호, "Covid-19와 인문학교육," 기독교학문연구회, 「신앙과 학문」 26 (2021): 193-218.

7   박상진, "코로나19로 인한 교회교육 위기와 기독교교육적 응전," 장로회신학대학교 기독교교육연구원, 「교육교회」 493 (2020): 10-15; 최은택, "코로나19 시대의 기독교적 가정영성교육 모형: 비블리오드라마를 중심으로," 한국기독교교육학회, 「기독교교육논총」 63 (2020): 91-120; 이은경, "언택트 시대의 예배와 신앙교육: 비대면을 넘어 다면(multi-faceted) 교육으로," 한국기독교교육정보학회, 「기독교교육정보」 66 (2020): 295-322; 김성중, "코로나 시기 이후의 기독교교육의 방향," 한국기독교교육학회, 「기독교교육논총」 63 (2020): 39-64; 유재덕, "포스트 코로나 시대의 교회교육," 한국기독

넷째, 교회 소그룹, 리더십, 양육, 공동체 등과 관련된 논문이다.[8]

다섯째, 코로나 시대 상담과 치유 등과 관련된 논문이다.[9]

여섯째, 전도와 선교와 관련된 논문이다.[10]

일곱째, 기독교 예배와 설교에 대한 논문이다.[11]

교교육학회, 「기독교교육논총」 63 (2020): 13-37; 이은철, "미래교육 전망을 통한 기독교 교육의 혁신 방향 탐색: 교육과정 및 교육방법을 중심으로," 한국실천신학회 정기 학술세미나 (2021): 311-36; 고원석, "포스트 코로나 시대 신앙교육의 원칙" 기독교교육연구원, 「교육교회」 498 (2020): 10-15; 양정식, "코로나 시대의 교회음악 교육에 대한 소고," 한국복음주의신학회, 「성경과 신학」 97 (2021): 167-88; 조혜정, "코로나19 시대에 기독 학부모의 신앙성숙이 사회 회피 및 불안(SAD)에 미치는 영향과 기독교 교육적 함의," 한국기독교교육정보학회, 「기독교교육정보」 65 (2020): 57-85; 정희정, "포스트 코로나 시대의 기독교 유아교육 방향 모색," 한국복음주의신학회, 「성경과 신학」 95 (2020): 147-72.

8 이종원, "혐오에서 공감과 환대에로 - 코로나19 시대의 공감과 환대," 한국기독교사회윤리학회, 「기독교사회윤리」 49 (2021): 105-13; 이민형, "코로나19와 한국 교회" 대한기독교서회, 「기독교사상」 742 (2020): 35-45; 권진구, "전염병, 그리고 기독교 영성," 한국기독교교육학회, 「기독교교육논총」 63 (2020): 65-89; 오성주, "사회적 재앙과 위기상황에서의 교회와 실천신학의 과제," 한국실천신학회 정기학술세미나, (2021): 337-66; 이종원, "코로나19로 인한 사회 문제와 그 해결책," 한국대학선교학회, 「대학과 선교」 45 (2020): 61-90.

9 김준, "코로나 팬데믹 상황에서의 기독교 상담의 방향," 한국복음주의신학회, 「성경과 신학」 95 (2020): 93-122; 이상현, "코로나 블루의 사회적 현상에 대한 목회상담적 고찰," 한국실천신학회 정기학술세미나 (2021): 473-50; 김해영, "팬데믹과 목회상담학적 대응," 한국실천신학회, 「신학과 실천」 74 (2021): 503-32; 전요섭, "위드 코로나 시대의 기독교 상담," 한국복음주의상담학회, 「복음과 상담」 30 (2022): 107-32; 계재광, "포스트 코로나 시대, 기독교리더십 방향성에 관한 연구," 한국대학선교학회, 「대학과 선교」 44 (2020): 153-78.

10 정봉현, "코로나19 팬데믹 시대에 기독교 선교환경의 변화와 정책과제," 전남대학교 종교문화연구소, 「종교문화학보」 17 (2020): 53-85; 김성준, "포스트 코로나(Post Corona) 시대의 생명 선교," 21세기기독교사회문화아카데미, 「신학과 사회」 34 (2020): 213-41; 박보경, "호레이스 언더우드의 총체적 선교: 팬데믹 시대의 교회의 선교를 위한 교훈," 한국복음주의선교신학회, 「복음과 선교」 52 (2020): 81-114; 주상락, "포스트 코로나 시대 공공선교학의 가능성: 뉴비긴, 그리고 오케슨 중심으로," 한국대학선교학회, 「대학과 선교」 47 (2021): 105-13.

11 박해정, "코로나19 사태에 따른 온라인예배에 대한 고찰," 감리교신학대학교, 「신학과 세계」 98 (2020): 175-216; 주종훈, "새로운 일상에서의 예배 실천을 위한 신학적 목회적 고찰," 한국복음주의실천신학회, 「복음과 실천신학」 62 (2022): 11-46; 주종훈, "디지털예배의 목회적 신학적 고찰과 실천 방향," 한국복음주의실천신학회, 「복음과실

그러나 최근 연구 경향을 분석해 볼 때, 포스트 코로나 시대 교회의 위기와 공공성(공공선)에 대한 연구가 주를 이루고 있고, 다음 세대와 가정(부모), 공동체(소그룹), 상담과 치유, 전도와 선교, 온라인예배 등에 관한 연구에 비해 개혁주의 관점에서 설교학적 대안과 방향에 관한 연구는 아직 부족한 상황이다.[12]

이처럼 2020-22년 사이에 포스트 코로나에 관한 논문들이 선제적으로 발표되어 필요한 공헌을 하였지만, 코로나 팬데믹이 엔데믹으로 전환되는 2023년 현재의 시점이 가장 실천신학적, 실제적인 연구와 논의가 필요한 상황이라고 판단된다.

즉, 엔데믹이 선언되는 지금이 끝이 아니라 포스트 엔데믹 시대에 이미 다가온 AI 혁명의 도전들에 대한 교회의 응전에 대한 실제적인 연구가 이루어져야 할 시점이다. 따라서 국내 기독교 학자들의 연구뿐만 아니라 일반 학자들의 조망과 분석도 통합적으로 조명한 다음, 포스트 코로나 핵심 이슈와 주요 트랜드에 대한 통계 분석과 함의를 수렴하면서 교회의 위기와 대응 방향을 좀 더 발전적으로 모색할 필요가 있다.

천신학」 60 (2021): 45-81; 주종훈, "현대예배 갱신 과제 소고: 전인적 참여와 삶의 형성을 위한 대화 구조 회복," 한국복음주의실천신학회, 「복음과 실천신학」 58 (2021): 9-41; 김순환, "비상 상황 하의 온라인예배 매뉴얼의 이론과 실제 모색," 한국복음주의실천신학회, 「복음과 실천신학」 58 (2021): 261-87; 안덕원, "디지털 미디어 시대의 기독교 예배-전통적인 경계선 밖에서 드리는 예배를 위한 제언," 한국복음주의실천신학회, 「복음과 실천신학」 56 (2020): 45-82; 김주한, "바울의 예배 기획 원리를 통해 본 코로나 시대의 교회 예배 방향성 제안," 한국복음주의신학회 「성경과 신학」 95 (2020): 23-56.

12 김대혁, "포스트 코로나(Post-Covid) 시대 속 온라인 영상 설교의 한계점 인식과 설교학적 함의," 신학지남사, 「신학지남」 88/1 (2021): 151-79; 오현철, "뉴 노멀 시대 설교의 변화," 한국복음주의실천신학회, 「복음과 실천신학」 57 (2020): 117-44; 조광현, "코로나 시대, 영상 설교에 대한 설교학적 고찰," 한국복음주의실천신학회, 「복음과 실천신학」 57 (2020): 181-209; 조광현, "청중이 느끼는 온라인 설교와 현장 설교의 차이점에 관한 연구," 개혁 신학회, 「개혁논총」 57 (2021): 87-115; 김창훈, "'뉴 노멀(New Normal)' 시대의 도래, 무엇을, 그리고 어떻게 설교할 것인가?" 신학지남사, 「신학지남」 88/4 (2022): 311-81.

3. 전염병의 역사와 코로나 팬데믹(Covid-19 Pandemic)

역사적으로 인류는 고대 로마에서 창궐했던 안토니누스 역병부터 흑사병(가래톳페스트), 두창(천연두), 매독, 결핵, 콜레라, 나병, 장티푸스, 스페인 독감, 소아마비, 에이즈(AIDS) 등 열세 가지 정도의 무서운 전염병을 겪어야만 했다. 초대 교회 시대의 안토니누스(Antonine Plague) 혹은 갈렌(Plague Of Galen) 역병, 중세 시대(1346-52)의 흑사병(The Black Death), 스페인 독감(1918-19) 등 전염병들은 인류사 가운데 반복되어 나타났다.

특히, 전문가들은 최근 100년 동안 전염병이 급증하면서 1960-2004년 사이에만 발견한 새로운 질환(주로 동물에서 유래한)이 335개이며, 잠재적으로 감염병을 일으킬 수 있는 바이러스들은 이보다 훨씬 많을 것으로 본다. 따라서 전문가들은 코로나19 이후에도 2-3년 내 새로운 감염병이 다시 등장할 수 있다고 경고하고 있다.[13]

이런 맥락에서 한국 사회는 과거 전염병의 범유행 역사에 대한 인문학적 성찰과 함께 인류의 대처 방식에 어떤 문제가 반복되었는지, 또한 과거 중세 흑사병과 스페인 독감 등의 팬데믹이 끝난 후에 사회가 과거로부터 교훈을 얻어 변화를 추구하지 않고 단순히 이전 과거로 회귀함으로 발생했던 문제들이 무엇이었는지 철저하게 돌아보아야 한다.[14]

장문석은 과거 전염병의 역사를 고찰해 볼 때, '교류와 번영의 산물'인 전염병으로 인해 '사회의 붕괴와 해체'가 일어나고, '인류의 지식과 무지'가 시험대에 오르게 되며, '정치적 긴장'을 초래하고, 희생양을 낙인찍는

---

[13] Jennifer Wright, *Get Well Soon: History's Worst Plagues and the Heroes Who Fought Them* (New York: Henry Holt and Company, 2017), 7-237; Mark Honigsbaum, *The Pandemic Century: A History of Global Contagion from the Spanish Flu to Covid-19*, 제효영 역, 『대유행병의 시대: 스페인 독감부터 코로나19까지, 전 세계 전염병의 역사』(서울: 로크미디어, 2020).

[14] 최윤식, 최현식, 『빅체인지 한국 교회』, 60-85.

논리를 정당화하는 문제들이 일어났다는 점을 지적한다.[15]

윌리엄 맥닐(William H. McNeil)은 과거 인류와 함께 존재해 온 전염병은 앞으로도 개인, 사회, 정치, 경제, 문화, 환경 등 총체적인 국면에 "근본적인 영향을 미치는 매개 변수이자 결정적인 요인으로 작용할 것"이라는 역사적 교훈에 기초한 전망을 분명하게 제시한다.[16]

나아가 한국 교회와 설교자들도 성경의 역사로부터 교회사 가운데 전염병과 팬데믹이 발생했을 때 과거 마틴 루터(Martin Luther, 1483-1546), 존 칼빈(John Calvin, 1509-64), 울리히 쯔빙글리(Ulrich Zwingli, 1484-1531), 찰스 스펄전(Charles H. Spurgeon, 1834-92) 등의 설교자가 어떻게 교회를 향해 말씀을 전했는지 살펴보아야 한다.[17]

김지찬은 구약에서는 약 82회의 전염병 사례가 등장하며, 이러한 전염병들은 이스라엘 역사 가운데 "결정적인 전환점을 일으킨 사건이었다"고 말하면서, 코로나19 팬데믹 가운데 한국 교회는 반드시 신앙적인 교훈을 얻어야 한다고 강조한다.[18]

특히, 한국 교회는 로마 제국에 1세기 전염병, 2세기 안토니누스 전염병, 3세기 키프리아누스 전염병이 퍼져나갈 때 초대 교회 그리스도인들이 어떻게 이교도들과 대조적으로 하나님 사랑, 이웃 사랑을 실천하면서 복음을 전파함으로 팬데믹의 위기를 극복하고 성장했는지를 살펴보고,[19] 초

15　장문석, "코로나19와 역사적 시각에서 본 전염병," *NRF Issue Report* 12 (2020): 10-29.
16　William H. McNeil, *Plagues and Peoples*, 김우영 역, 『전염병의 역사』 (서울: 이산, 2005), 309.
17　초대 교회의 전염병에 대한 대응, 중세 흑사병에 대한 교회의 대응, 종교개혁 시대 역사병에 대한 종교개혁자들과 교회의 대응, 17-19세기 전염병 시대 교회와 설교자의 대응에 관한 상세한 논의를 위해서는 Peter Barnes, "Plagues Throughout History and Some Christian Responses," *Reformed Theological Review* 79 (2020): 77-96; Bryan Just, "Historic plagues and Christian responses: lessons for the church today?" *Christian Journal for Global Health* 7 (2020): 7-12.
18　김지찬, 『성경과 팬데믹』 (서울: 생명의 말씀사, 2020), 41-145.
19　안희열, "초대 교회 시기의 전염병 창궐에 따른 기독교인의 대응에 관한 평가," 장로회

대 교회의 모델을 오늘날 다시 회복해야만 한다.

로드니 스타크(Rodney Stark)에 의하면, 초대 교회는 전염병 속에서도 이웃에 대한 사랑과 희생을 잘 실천하며 대처함으로써 A.D. 251년경 120만 명(약 1.9퍼센트)에 불과했던 로마 내 기독교인이 A.D. 300년에 이르러는 약 600만 명으로 성장하는 결과를 가져왔다고 한다[20]

앞서 말한 초대 교회 시대와 중세 및 종교개혁 시대, 19세기와 20세기 가운데 일어난 팬데믹을 통해 하나님은 영적으로 '대전환점을 맞이하게 하셨다'고 볼 수 있다.

그러므로 한국 교회가 포스트 코로나 시대의 도전에 지혜롭게 대비하기 위해서는 먼저 성경시대와 초대 교회 시절의 역사 가운데 발생한 전염병 속에서 '교회가 어떻게 대응해 왔는가'를 냉철하게 비평함으로 역사적 교훈을 얻을 뿐 아니라 코로나19 이후 중세 교회가 아닌 초대 교회와 같은 대응을 할 수 있도록 철저히 준비해야 한다.[21]

신학대학교 세계선교연구원, 「선교와 신학」 52 (2020): 39-69; 남성혁, "코로나 팬데믹 국가적 재난과 복음전파: 초대 교회와 한국전쟁 상황의 전도 활동 비교연구," 한국선교신학회, 「선교신학」 63 (2021): 66-89.

20 Rodney Stark, *The Rise of Christianity* (London: HarperCollins, 1997), 74.
21 권진구, "전염병, 그리고 기독교 영성," 한국기독교교육학회, 「기독교교육논총」 63 (2020): 71-80; 과거 흑사병 가운데 마틴 루터와 종교개혁자들의 대응과 한국 교회에 주는 교훈에 대해서는, 김지찬, 『성경과 팬데믹』, 148-225를 참조하라.

4. 포스트 팬데믹 뉴 노멀(New Normal) 시대 전망

그렇다면, 주요 미래 학자들은 코로나 팬데믹 이후 사회와 세계의 변화를 어떻게 전망하고 있을까?

먼저 포스트 팬데믹 시대는 뉴 노멀, 즉 '새로운 일상의 표준, 시대마다 새롭게 부상하는 표준'이 사회 전 영역을 변화시키는 핵심 키워드가 된다. 뉴 노멀에 대한 시사 용어의 사전적 개념은 다음과 같이 요약된다.[22]

> 시대 변화에 따라 새롭게 부상하는 표준으로, 경제 위기 이후 5-10년 간의 세계 경제를 특징짓는 현상이다.
> 과거에 대해 반성하고 새로운 질서를 모색하는 시점에 등장한다. 저성장, 저소비, 높은 실업률, 고위험, 규제 강화, 미국 경제의 역할 축소 등이 2008년 글로벌 경제 위기 이후 세계 경제에 나타날 뉴 노멀로 논의되고 있다.
> 과거 사례로는 대공황 이후 정부 역할 증대, 1980년대 이후의 규제 완화, IT 기술의 발달이 초래한 금융 혁신 등이 대표적인 노멀의 변화로 꼽는다.

코로나 팬데믹 시대를 거치면서 급부상한 뉴 노멀(New Normal)이라는 개념은 2007-08년 세계 금융 위기 때, 로저 맥나미(Roger McNamee, 1956-), 모하메드-엘 에리안(Mohamed-El Erian, 1958-)이라는 학자들이 '새로운 경제적 표준'이라는 용어를 사용하면서 시작된 새로운 사회경제적 기준(Standard) 또는 경제 질서를 가리키는 용어에서 시작되었다.

특히, 코로나 팬데믹 상황 이후 뉴 노멀은 글로벌화(globalization)의 종말을 예고하면서 사회, 정치, 과학, 교육, 경제, 문화 등 거의 모든 영역에 걸친 변화를 촉발했고, '새로운 일상의 표준(정상성), 시대마다 새롭게 부상

---

[22] <https://www.moef.go.kr/sisa/dictionary/detail?idx=834>.

하는 표준'이라는 개념으로 전 세계의 핵심 화두로 등장한 것이다.[23]

한편, 최재붕은 "뉴 노멀 시대에 스마트폰이 낳은 '포노 사피엔스'(Phono Sapiens)라는 표준 인류가 세운 새로운 생각의 기준으로서, 포노 사피엔스의 아홉 가지 코드를 메타 인지, 이매지네이션(imagination), 휴머니티(humanity), 다양성, 디지털 트랜스 포메이션(digital transformation), 회복 탄력성, 실력, 팬덤(fandom), 진정성을 제시"한다.[24]

첫째, 크리스티안 슈밥(Klaus Schwab)은 코로나 이전 세계가 '리셋'(reset)될 것이라고 예측한다.

슈밥에 의하면, 역사적으로 중대한 위기가 발생할 때마다 사회는 거대한 변화를 경험했고, 그 변화를 기초로 새로운 경제 시장이 형성되고, 더욱 큰 발전을 향해 나아갔다. 슈밥은 '위대한 리셋의 시대를 어떻게 대비하는가'에 따라 국가, 기업, 개인의 운명이 달라질 것이라고 역설한다.

그는 팬데믹으로 인한 세계화의 부분적 후퇴, 미중 갈등의 심화, 이민자 문제, 새로운 통화 정책, 급진적 복지와 과세 조치 등 전방위적 변화가 전 세계를 휩쓸 것이라고 예상하면서, 팬데믹의 극복 과정에서 더 나은 결과를 얻기 위해선 사회·경제 등 모든 측면을 아우르는 전 세계의 신속한 공동 대응이 필요하다고 역설한다.[25]

둘째, 최고의 미래학자 중 한 명인 토마스 프레이(Thomas Frey)는 "역사상 가장 비싼 대가를 지불해야만 하는 위기를 맞이했다"고 진단하면서, 세 가지 키워드인 '모든 블랙 스완(Black Swan)의 블랙 스완(도저히 일어날 것 같지 않은 일이 일어나는 것), 리부트 기회(Reboot Chance), 글로벌 시대의 종

---

23 양해림, "코로나19와 뉴 노멀의 인문학," 254.
24 최재붕, 『CHANGE 9: 포노 사피엔스 코드』 (서울: 쌤앤파커스, 2020).
25 Klaus Schwab and Thierry Malleret, *Covid-19 The Great Reset* (Forum Publishing, 2020) [Kindle Edition].

말'을 제시한다.

프레이에 의하면, 현재는 '리부트'(reboot)가 시작되기 전 '일시 중지'(pause) 시점이며, 리부트가 시작되면 사회는 글로벌 시대의 종말, 언택트 시대의 시작, 가정(초개인화) 교육 혁명, 국가 감시(인권 보호)와 빅브라더 사회 도래 등의 변화가 일어나게 될 것이라고 본다.[26] 한편, 프레이는 GSI-2020포럼에서 코로나19 이후 인류의 변화를 예측하면서 포스트 코로나 리부트 시대가 한국에는 '기회'가 될 것이라고 전망했다.[27]

셋째, 제이슨 솅커(Jason Schenker)는 코로나 이후의 세계는 그 이전과는 절대 같지 않을 것이라고 단언하면서, 유례없이 충격을 입은 세계 경제, 사회, 기업계에 밀어닥칠 장기적인 중요한 변화와 과제가 무엇인지, 그리고 기회는 어디에 있을지를 날카로운 통찰력으로 제시한다.

솅커는 코로나 이후의 세계가 직면할 위기와 기회의 양면성을 지적하면서, 코로나19로 인한 부정적 영향은 향후 수년간 상당히 치명적일 것이지만, 그러한 위기와 비극 속에서도 보건, 경제, 사회 전반에서 장기적으로는 긍정적 측면도 있다고 보았다.[28]

넷째, 포스트 팬데믹 세계에 대한 예리한 분석을 통해 파리드 자카(Fareed Zakar)는 코로나 이후 빠르게 변화되는 세상 가운데 불안이 증가하고

---

26 Thomas Frey, "*19 Startling Covid Trends and 19 Golden Covid Opportunities Emerging from the Chaos*"; <https://futuristspeaker.com/futurist-thomas-frey-insights/covid-19-startling-trends-and-19-golden-opportunities-emerging-from-the-chaos/>.

27 토마스 프레이, "포스트 코로나, 한국에게 기회", <https://www.sciencetimes.co.kr/news/%ED%86%A0%EB%A7%88%EC%8A%A4-%ED%94%84%EB%A0%88%EC%9D%B4-%ED%8F%AC%EC%8A%A4%ED%8A%B8-%EC%BD%94%EB%A1%9C%EB%82%98-%ED%95%9C%EA%B5%AD%EC%97%90%EA%B2%8C-%EA%B8%B0%ED%9A%8C/>.

28 Jason Schenker, *The Future after Covid: Futurist Expectations for Changes, Challenges, and Opportunities After the COVID-19 Pandemic* (Prestige Professional Publishing, LLC, 2020) [Kindle Edition].

있다는 점, 국가의 질적 수준을 향상시켜야 한다는 점, 자본주의 사회가 궁극적인 행복을 줄 수 없다는 점, 전문가들과 시민들은 서로 상호존중해야 한다는 점, 디지털 세계가 도래한다는 점, 인간은 사회적 관계가 필수적이다는 점, 사회적 불평등은 더욱 악화될 것이라는 점, 세계화는 끝나지 않았다는 점, 세상이 더욱 양극화되고 있다는 점, 자유주의는 이상론이라는 점을 주요 교훈으로 제시한다.[29]

다섯째, 글로벌 미래학자 네트워크인 '더퓨처스에이전시'(The Futures Agency)의 게르트 레온하르트(Gerd Leonhard)는 '도덕적 권위'와 '리더십의 중요성'을 강조했고, "과거 100년보다 앞으로 10년이 더 많은 변화를 야기할 것"이라고 하면서, 소위 "거대한 변화"(The Great Reformation)가 일어나고 있다"고 예측한다.

레온하르트는 10년 후 사회와 기업의 성패는 "디지털화(Digitization), 탈탄소화(De-Carbonization), 자본개혁(Reformation)을 의미하는 'DDR'에 달려있다"고 주장한다.[30]

와튼스쿨 국제경영학 교수인 마우로 기엔(Mauro F. Guillén)은 "세상이 바뀌었다. 코로나19의 세계적 대유행으로 새로운 기술 도입, 소매업의 소멸과 출퇴근 시대의 종언, 그리고 세계화의 역전 현상이 나타날 것"이라고 전망했다. 그리고, 2030년을 기점으로 아래와 같은 여덟 가지 축의 전환이 일어날 것이라고 예측했다.[31]

29　Fareed Zakar, *Ten Lessons for a Post-Pandemic World* (W. W. Norton & Company, 2020) [Kindle Edition].
30　<http://economychosun.com/client/news/view.php?boardName=C00&t_num=13611831>.
31　Mauro F. Guillén, *2030: How Today's Biggest Trends Will Collide and Reshape the Future of Everything* (New York: St. Martin's Press, 2022).

(1) 출생률에 따른 축의 전환

(2) 밀레니얼 세대(23억 명)보다 중요한 세대(35억 명)

(3) 새로운 중산층의 부상(중국과 인도, 아프리카의 중산층 소비자 규모는 미국과 유럽, 일본의 5배 이상)

(4) 더 강하고 부유한 여성들의 등장

(5) 도시가 변화의 최전선이 될 것(2030년에는 전체 인구의 55퍼센트가 도시에 거주하며, 인구 100만 명이 넘는 도시가 400개가 될 것)

(6) 과학 기술의 발전으로 세계의 경제와 문화가 변화됨

(7) 소유가 없어지는 세상이 도래함

(8) 디지털 암호 화폐의 등장(세계에서 가장 중요한 화폐 중 일부를 정부 당국이 아닌 기업이나 심지어 개인용 컴퓨터가 발행할 수도 있음)

이러한 주요 미래학자들의 코로나 이후 시대에 대한 전망을 통해 교회와 목회자들이 성경적 관점에서 향후 3년에서 10년을 준비하는 것이 얼마나 중요한지를 인식할 필요가 있다.

5. 포스트 팬데믹 시대의 핵심 이슈와 위기 분석

포스트 코로나 시대 교회가 나아가야 할 대안적인 방향을 모색하기 위해서는 먼저 코로나19 팬데믹 시기에 진행된 주요 통계 분석과 학자들의 연구 결과를 통해 추출된 핵심 이슈와 문제들을 객관적이며 통합적으로 살펴볼 필요가 있다.

미국 최고의 교회 관련 통계 분석의 전문가인 톰 레이너(Thom Rainer)는 교회 리더들을 대상으로 한 수많은 조사와 컨설팅, 객관적인 통계 분석과 함의를 기반으로 코로나 이후에 앞으로 교회공동체의 미래를 결정할 수

있는 여섯 가지 긴급한 도전들을 제시한다.³²

즉, 코로나로 인해 교회는 비대면예배와 디지털 세상의 도전, 지역 사회를 위한 교회의 탈바꿈 기회, 더 깊은 차원의 기도사역의 회복, 개인을 위한 교회를 넘어 모든 공동체를 위한 교회로의 발전, 변화의 속도를 인식하고 지속적으로 변화해야 하는 긴급한 도전들에 직면해 있다.

1) 코로나 팬데믹 이후 가속화된 제4차 산업혁명, AI 혁명의 시대

이처럼 미래 전문가들의 포스트 팬데믹에 대한 전망은 다양하게 펼쳐지고 있지만, 학자들의 의견들을 종합해 볼 때, 분명한 것은 코로나19 이후 세계는 코로나 이전 이미 시작되고 있었던 '초지능(Super-Intelligence), 초융합(Hyper-Convergence), 초연결(Hyper-Connection)'로 대변되는 제4차 산업혁명이 본격적으로 펼쳐지고 있다는 점이다.³³

AI를 핵심으로 한 초지능, 초융합 초연결의 디지털 기술로 촉발된 제4차 산업혁명은 "사물인터넷, 클라우드, 모바일, 소셜 미디어의 ICT 기반 기술에 AI, 로봇, 가상현실, 증강 현실, 3D 프린터, 바이오 기술, 양자 컴퓨터 등 첨단 디지털 기술들이 동시다발적으로 융합하여 일어나는 기술 주도형 사회의 대혁명"이다.³⁴

전 세계를 혼돈의 소용돌이에 몰아넣고 있는 코로나19 팬데믹 이후, 글로벌 사회 전반이 '리셋', '리부트'되어 이미 코로나 이전에 진행되고 있던 인공지능 혁명(Artificial Intelligence Revolution: AIR)과 제4차 산업혁명의 이

---

32 Thom Rainer, *The Post-Quarantine Church* (Carol Stream, IL: Tyndale House Pub., 2020), 13-111.
33 하상우, 조현국, "초융합, 초연결, 초지능의 개념을 통해 살펴본 제4차 산업혁명 시대의 물리교육," 「한국물리학회」 72 (2022): 319-28.
34 "정보통신기술의 융합 가속화… 초연결-초지능-초융합 사회로 진화한다," <https://www.donga.com/news/Economy/article/all/20230204/117732204/1>.

슈와 도전들이 코로나 팬데믹으로 인해 더욱 가속화(accelerate)될 것으로 전망되고 있다.[35] 따라서 제4차 산업혁명의 핵심인 AI 혁명이 더욱 빠르게 한국 사회를 리부트시키며 교회에도 엄청난 도전을 주고 있다는 점을 인식하고 더욱 신속하게 대응책을 마련하고 준비해야 하는 아주 중요한 시점이다.

앞서 논의한 것처럼, 이미 제4차 산업혁명의 도래로 말미암아 대두되던 신자유주의에 근거한 지나친 낙관론, '사회적 부'의 양극화 문제, 인간의 본질적 행복에 대한 문제, 인간의 도구화와 트랜스휴먼(포스트-휴먼) 문제, 윤리적 기준과 도덕적 문제, 테크노 종교화와 새로운 종교운동 문제, 가상세계와 메타버스(metaverse) 문제 등이 코로나 팬데믹으로 인해 점차 '가속화'되고 있는 상황이다.[36]

대통령 직속 제4차 산업혁명위원회가 실시한 '제4차 산업혁명 대국민 인식조사'에 따르면 코로나19 이전(52퍼센트)보다 코로나19의 장기화 후에 제4차 산업혁명에 대한 시민들의 인식과 체감도가 매우 상승한 것(73퍼센트)으로 나타났다. 또한, 조사 결과 '제4차 산업혁명에 대해 알고 있다'고 답한 국민은 89.1퍼센트였고, '변화를 체감하고 있다'는 국민은 73.1퍼센트였다.[37] 코로나19 장기화로 비대면(Un-Tact)과 디지털 전환

---

35 Gordon Watts, "Covid-19 will accelerate march of the robots," <https://asiatimes.com/2020/06/covid-19-will-accelerate-march-of-the-robots/>; "How the coronavirus pandemic accelerates the 4th Industrial Revolution," <newswise.com/coronavirus/how-coronavirus-pandemic-accelerates-the-technology-of-the-4th-industrial-revolution-https-eiuperspectives-economist-comfinancial-serviceswhy-coronavirus-will-accelerate-fourth-industrial-revolution-4ir/?article_id=730580>; Thomas Frey, "19 startling COVID trends and 19 golden COVID opportunities emerging from the chaos," <https://www.sisaweek.com/news/curationView.html?idxno=132498>; http://economychosun.com/client/news/view.php?boardName=C00&t_num=13608841>; 이경상, 『코로나 이후의 미래』(서울: 중원문화, 2020), 145-245.

36 박현신, "제4차 산업혁명의 도전에 대한 인문학적 질문과 실천신학적 응전," 한국복음주의실천신학회, 「복음과 실천신학」 48 (2018): 41-81를 참조하라.

37 <https://www.yna.co.kr/view/AKR20220106087900017>.

(Digital Transformation)이 가속되면서 제4차 산업혁명이라는 파도를 타고 뉴 노멀 시대가 밀물처럼 사회 전반에 몰려오고 있다.[38]

통계를 보면, 이제 한국 교회 목회자들도 대부분 제4차 산업혁명의 기술을 '교회 사역에 활용하는 것이 필요하다'(83퍼센트)는 긍정적인 생각을 가지고 있는 것으로 나타났다. 그러나 개신교인들은 교회의 제4차 산업혁명에 대해 '잘 대응한다'(29퍼센트)는 인식보다 '대응하지 못한다'(61퍼센트)는 부정적인 인식이 두 배 이상 높은 것으로 나타났으며, '예배에 활용할 필요가 있다'(71퍼센트)는 의견이 많았다는 점은 교회와 목회자들의 준비가 아직 부족함을 드러낸다.

또한, 아직까지는 인공지능(AI) 설교에 대해서 '반대'(50퍼센트)가 '찬성'(30퍼센트)보다 높았지만, 한국 교회와 목회자들이 포스트 코로나 시대 더욱 가속화될 AI 혁명에 대한 대응과 준비가 더욱 필요하다고 응답했다.[39]

기독교인들이 대체적으로 제4차 산업혁명 기술을 교회가 활용하는 것에 적극적이고 개방적이라는 점은 긍정적인 면일 수도 있지만, 아직 한국 사회와 목회자가 준비되지 않은 상황에서 긍정적 방향 설정은 부정적인 결과를 가져올 위험이 있다.

한 예로, 아직 AI가 설교하는 것에 대해 반대(65퍼센트)가 많지만, 개신교인 5명 중 1명 가량은 AI 로봇이 하는 설교를 수용할 수 있다는 입장으로 나타나고 있다는 점은 인식의 변화가 빠르게 진행되고 있다는 것을 보여줄 뿐 아니라 교회와 목회자들에게 위험한 요소가 배태되고 있다는 점도 보여주는 것이다.

---

38 권오경, "제4차 산업혁명과 포스트 코로나의 시대," 한국행정연구원, 「행정포커스」 148 (2020): 58-61.
39 목회데이터연구소, "개신교인, AI 설교 '반대한다' 65퍼센트" 「Numbers」 107 (2021): 8-9.

한편, 교회가 AI와 메타버스를 도입하는 것에 대해서는 55퍼센트가 '바람직하다', 23퍼센트는 '바람직하지 않다'고 응답한 점을 볼 때 이를 교회가 도입하는 것에 긍정적인 의견이 많은 것을 알 수 있다.

더불어 AI나 메타버스의 도입과 발전이 한국 교회에 미치는 영향에 대해서는 '긍정적 영향을 줄 것'이라는 의견이 절반 가까이였고(46퍼센트), '부정적 영향을 줄 것'이란 예상은 18퍼센트에 불과했다.[40]

이러한 통계 분석들을 통해 볼 때 교회가 직면해야 할 또 하나의 도전은 '제4차 산업혁명과 AI 혁명의 가속화'로 인한 목회 현장의 위기이다. 코로나19로 인해 본격적으로 가속화되고 있는 제4차 산업혁명의 영향력은 포스트 코로나 시대에 더욱 증가할 것으로 예측할 수 있다.

따라서 제4차 산업혁명과 AI 시대의 본질과 문제 핵심을 통찰해야만 코로나 팬데믹 이후 교회가 직면한 핵심 도전과 대응 방향을 올바르게 설정할 수 있다.

2) 통계 분석을 통해 본 포스트 팬데믹의 주요 위기와 도전

코로나19 팬데믹 이후 여러 통계 분석을 통해 진단할 수 있는 한국 교회의 주요 위기와 도전은 무엇인가?

(1) 교회 침체와 양극화의 위험

예장합동에서 실시한 '코로나19 시대 한국 교회 신생태계 조성 및 미래 전략 수립을 위한 조사'에 의하면, 목회자 600명과 기독교인 1000명을 대상으로 설문한 결과 목회자들은 교세가 감소하고(33.6퍼센트), 작은 교회들의 어려움이 가중(30.5퍼센트)될 것을 예상한다고 응답했다. 목회자들은

---

40 목회데이터연구소, "한국 개신교인의 온라인 신앙 생활," 「Numbers」 151 (2022): 11.

코로나 이전보다 교회 인원의 평균 24.2퍼센트가 감소할 것으로 예상하였고, 20-30퍼센트 이내로 감소할 것으로 예상한 비율(37퍼센트)이 가장 높은 것으로 나타났다.

또한, 2022년 조사에서는 코로나19 이후 예상되는 변화 가운데 목회자들은 '출석 교인 수 감소'를 가장 많이 꼽았다(46퍼센트).[41] 주목할 점은, 98.9퍼센트가 교회의 혁신이 필요하며, 개혁 대상의 1순위가 목회자라고 답한(32.8퍼센트) 비율이 가장 높았다는 점이다.[42]

여러 통계 분석들을 종합해 볼 때, 포스트 엔데믹으로 가는 시점에서 코로나 이전에 진행되던 교회의 다양한 사역들이 전체적으로 붕괴되고 있는 상황이라고 볼 수 있다.

그러나 대형교회일수록 교회 사역들의 회복력이 소형교회들보다 더 빠른 것으로 나타나고 있다. 예를 들어, 코로나 이전과 비교해 헌금, 예산(재정), 전도와 선교, 새신자 등록 등과 같은 사역에서 교회의 규모가 클수록 사역 수준의 회복율이 높게 나타나고 있다.[43]

그러나 2023년 조사에서도 헌금(91퍼센트) 외에 교회 내의 핵심 사역은 코로나 팬데믹 이전에 비해 50-60퍼센트에 그치고 있다는 점도 짚어 보아야 할 부분이다.[44] 그런 한편, 한국 사회의 인구 절벽 위기와 함께 작은 교회와 주일 예배 20명 이하의 농어촌교회가 가장 먼저 소멸의 위기에 처해 있다.[45]

---

[41] '위드 코로나' 시대 한국 교회 신생태계 조성 및 미래전략 수립 조사 결과, "①코로나19 시대 미래전략 수립 조사 결과," <https://www.kidok.com/news/articleView.html?idxno=209643>; 목회데이터연구소, "코로나 추적조사 결과 3 (목회자조사)",「Numbers」148 (2022): 10.

[42] "목사, 99퍼센트 "교회 내부 혁신 필요"…32.8퍼센트 "주요 개혁 대상은 '목회자'""<https://www.hani.co.kr/arti/society/religious/979363.html>.

[43] 목회데이터연구소, "코로나 추적조사 결과 3," 4, 8-9.

[44] 목회데이터연구소, "한국인의 종교생활과 신앙의식,"「Numbers」182 (2023): 6.

[45] 목회데이터연구소, "코로나19 이후 농어촌교회 현황,"「Numbers」141 (2022): 5-6.

「국민일보」가 국세청 종교인 과세 자료를 분석한 결과는 매우 충격적이다. 국세청 자료가 한국 교회 전체 상황을 반영하는 데는 한계가 있겠지만, 2020년 코로나 팬데믹 이후 교회 및 선교단체 등 과세 대상의 수가 4만 1619곳에서(2020년 4월), 2022년 3월에는 3만 7100곳으로 감소하였다. 이는 국세청에 등록된 교회 및 선교단체 10곳 중 1곳 비율인 4519(10.9퍼센트)개가 말소(폐업)된 것으로 나타난 것이며, 하루에 6곳의 교회가 문을 닫은 것이다.[46]

이러한 통계 결과들은 포스트 코로나 시대 교회의 침체와 소멸에 대한 예상뿐만 아니라 대형교회와 소형교회의 '양극화의 위험'이 더욱 가속화될 것을 예측할 수 있게 한다.

목회데이터연구소와 한국국제기아대책기구에서 펴낸 『2023 한국 교회 트랜드』에 의하면, 코로나 이전 진행되고 있던 한국 교회 교세의 감소와 양극화 현상이 코로나 기간에 더욱 가속화되고 있었다.[47]

최윤식과 최현식에 따르면, 이미 2005년 이후 본격적인 쇠퇴기에 들어간 한국 교회는 코로나19로 인해 교세가 더욱 빠르게 감소하고 있으며, 2020년 한국 교회의 중심층은 45-54세에서 2040년 65-74세로 더욱 고령화되고, 1995년경부터 감소해 온 주일학교(교육부서)는 2020년부터 감소가 가속화되어 2035년경부터는 대규모 감소 단계에 돌입하게 될 것으로 예측된다.[48]

코로나19 팬데믹 기간 동안 한국 교회 6개 장로교단(합동, 통합, 백석, 고신, 합신, 기장) 교세는 2019년보다 약 54만 명이나 감소한 것으로 나타났

46　"혹독했던 거리두기… 매일 교회 6곳 문 닫았다," <https://www.themission.co.kr/news/articleView.html?idxno=57092>.
47　지용근 외 9명, 『한국 교회 트랜드』, (서울: 규장, 2023), 49, 69-71.
48　한국기독교인 변화 예측, 연령별 숫자 예측, 교육부 예측 추이에 대한 상세한 내용은 최윤식, 최현식 저, 『빅체인지 한국 교회』 317-27을 참조하라.

다. 이 가운데 합동교단은 2019년 대비 10.3퍼센트로 가장 많이 감소하였다.[49]

코로나19로 인해 '코로나 디바이드'(corona divide)와 함께 대형교회와 소형교회의 참석 인원, 예산, 주일학교, 사역자 사례, 헌금과 재정 상태, 사역 회복 등의 격차가 더욱 커지는 '교회의 양극화'(polarization of church) 현상이 두드러지고 있다. 이로 인해 소형교회 약 4분의 3이 생존 위기에 있으며, 50명 이하의 작은 교회 목회자들은 '교인수 감소와 재정적 어려움'(37.9퍼센트) 등을 이유로 존립을 걱정하고 있는 것으로 나타났다(74.6퍼센트).[50]

향후 포스트 코로나 시대 한국 교회의 변화에 대한 조사에 따르면, 소형교회의 생존 위기(19.1퍼센트), 온라인예배와 컨텐츠 활성화(18.7퍼센트), 교회 출석율 감소(16퍼센트) 등의 순으로 예상하였다.[51]

(2) 교회 현장(대면) 예배의 위기

코로나19 이후 온라인예배를 드린 적이 있는 개신교인(81퍼센트)들은 온라인 신앙생활에 대해서는 '긍정적'(42퍼센트)이라는 생각이 부정적(16퍼센트)인 인식보다 훨씬 지배적이었으며, 온라인예배를 드려도 교회공동체로서 소속감이 든다(82퍼센트)는 응답이 주를 이루었다.

주일 현장예배 참석률은 1000명 이상 대형교회는 46퍼센트, 100~999명 교회는 60퍼센트인데 비해 99명 이하 교회가 71퍼센트로 대조적인 차이를 보였고, 온라인예배 참석률은 교회 규모가 클수록 높게 나타났다. 대다수의 개신교인(83퍼센트)은 '대면예배로의 회귀를 갈망한다'고 대답

49　김혜인, "코로나 '대면예배 금지'로 성도 수 대폭 감소했다," <https://www.goodnews1.com/news/articleView.html?idxno=412654>.
50　지용근 외 9명, 『한국 교회 트랜드』, 247-55.
51　지용근 외 9명, 『한국 교회 트랜드』, 93.

하였고, 그 이유는 온라인예배에 집중하기 어려움(56퍼센트), 현장예배에서 공동체와 함께 하나님을 직접 경험하길 원함(78퍼센트)이었다.[52]

2022년, 정부의 거리두기 해제 후 출석교회의 현장예배로의 복귀율은 57.4퍼센트로 나타났지만, 주일예배를 온라인 혹은 가정예배로 대체할 수도 있다는 응답이 61.1퍼센트나 되었다.[53] 자신이 속한 교회의 현장예배를 드리면서 동시에 다른 교회의 온라인 설교와 예배에 참석하는 비율이 31.6퍼센트나 된다. 반면에 출석교회 현장예배에 참석하지 않고, 온라인예배만 참석하는 비율은 26.9퍼센트, 예배 불참자는 11.1퍼센트, 다른 교회 온라인예배자는 2.3퍼센트로 나타났다. 출석교회의 온라인예배가 중단된다면, '교회에 출석하여 주일예배를 드리겠다'(57퍼센트)는 응답이 많았지만, 다른 교회 온라인 혹은 온라인예배 교회로 이동하겠다고 대답한 비율은 28.8퍼센트이다. 교회와 목회자들은 그야말로 '온라인예배 딜레마'에 직면하게 된 것이다.

이처럼 어느 한 교회에 정착하기보다 사회적 흐름과 개인적 취향에 따라 옮겨 다니는 새로운 유형 신자인 '플로팅 크리스천'(Floating Christian)이 증가하고 있다.[54]

주목할 점은 포스트 코로나 시대 목회자들의 목회 중점사항으로 '주일 현장(대면) 예배 강화'(45퍼센트)가 가장 1순위로 꼽혔지만, 대조적으로 성도들은 코로나 이후 '온라인 시스템 구축과 콘텐츠의 개발 강화'(38퍼센트)였다는 것이다.

즉, 코로나 이후 예배 회복에 대한 방향을 설정함에 있어서 목회자의 인식과 평신도의 인식 사이에 적지 않은 간격이 있다는 것을 알 수 있

---

52 목회데이터연구소, "한국 교회 코로나 추적조사(제4차) 결과," 「Numbers」 146 (2022): 4-5.
53 지용근 외 9명, 『한국 교회 트랜드』, 30.
54 지용근 외 9명, 『한국 교회 트랜드』, 34-39.

다.[55] 목회자들은 포스트 코로나 시대 예배 출석의 감소를 주요한 변화로 예측한 반면, 성도들은 '온라인예배/콘텐츠 활성화'(33퍼센트)와 '온라인 교회의 발생'(20퍼센트) 등을 가장 주요한 변화로 예상하였다.[56]

코로나19 이후 개신교인들은 '코로나 이전보다 신앙이 약해진 것 같다'(38퍼센트)고 느끼고 있었고, '현장예배자'(33퍼센트)에 비해 '온라인예배자'(44퍼센트)의 신앙의 질적 수준이 저하되고 있으며, '99명 이하' 교회(28퍼센트)나 '100~999명' 교회(39퍼센트)보다 규모가 큰 '1000명 이상' 교회(46퍼센트)에서 신앙 수준 약화가 더 뚜렷하게 나타나고 있다는 점이다.

예배 유형별로 '매우 만족' 비율만 보면 현장예배(59퍼센트)가 온라인예배(48퍼센트)보다 높았지만, 2021년에 비해 2022년도 온라인예배에 대한 '매우 만족' 상승비율(21퍼센트)이 현장예배(13퍼센트)보다 더 크게 증가하였다.

코로나19 비대면예배를 경험하면서, 한국 교회 안에 온라인예배와 신앙생활에 대한 인식도 많이 변화되고 있다는 여러 증거들 포착되고 있다. 시간이 지날수록 개신교인들은 온라인예배를 통해 현장예배와 유사한 경험을 할 수 있도록 '집중을 위한 예배 기획 구성'(55퍼센트)과 영상기술력 향상을 가장 많이 원하고 있었다.[57]

온라인예배에 대한 성도들 가운데 부정적(16퍼센트)인 의견보다 긍정적 의견(42.4퍼센트)이 더 많았으며, 포스트 코로나 시대 교회의 변화 예상 가운데 1위가 '온라인예배, 컨텐츠 활성화'(42.2퍼센트)이다.

---

[55] 목회데이터연구소, "2021년 상반기 한국 교회 코로나19 변화 추적 조사 2(목회자 대상)," 「Numbers」 109 (2021): 5-7.
[56] 목회데이터연구소, "코로나 추적조사 결과 3 (목회자조사)," 10.
[57] 목회데이터연구소, "한국 교회 코로나 추적조사(제4차) 결과," 6-10; 목회데이터연구소, "한국 개신교인의 온라인 신앙 생활," 9.

또한, 성도 각 개인에게 가장 적합한 예배 유형을 대면(40.2퍼센트)보다 대면과 비대면의 하이브리드(42퍼센트)를 선호하였다.[58] 아직 '주일예배는 반드시 교회에서 드려야 한다'는 응답이 49퍼센트로 거의 절반이 온라인/가정예배로 주일 예배를 대체할 수 있다고 생각하고 있다.[59]

주일 예배에 대한 실로 엄청난 인식의 변화이면서 동시에 뉴 노멀 시대의 영향력이 얼마나 깊숙이 성도들 가운데 들어와 있는지를 엿볼 수 있는 대목이다.

2023년 초, 현재 주일예배 형태 가운데 '현장예배와 온라인예배 병행'이라는 방식이 65.5퍼센트로 가장 높은 비율(2020년 5월의 경우 25.4퍼센트 수준)인 것으로 나타나 코로나19 이후 온라인을 접목하는 하이브리드 예배가 고정화되는 경향을 보이고 있다.[60]

다행히도 최근 한국기독교목회자협의회(한목협)에서 진행한 '한국인의 종교생활과 신앙의식 조사'에 의하면 2023년 현장예배 참석률이 장년과 주일학교 모두 증가한 것으로 나타났다. '출석교회 현장예배를 드렸다'는 비율은 68퍼센트로 나타났고, '출석교회 온라인예배를 드렸다'는 비율은 16퍼센트로 나타났다.[61]

그러나 여전히 '온라인예배/가정예배로 대체할 수 있다'는 의견이 절반 가까이(46퍼센트) 되고, 하이브리드 예배가 증가하고 있으며(66퍼센트), 약 3명 중 1명은 출석교회의 현장예배를 드리지 않고 있으며, 온라인예배, 다른교회 온라인예배, 가정예배, 기독교 방송 예배, 다른 교회 예배, 예배 불참이 33퍼센트나 되고 있다.[62] 이러한 통계 분석 결과들은 포스트 코로

---

58 지용근 외 9명, 『한국 교회 트랜드』, 86, 93, 97-98.
59 목회데이터연구소, "한국인의 종교생활과 신앙의식," 3.
60 "코로나 역경 이겨내는 한국 교회, 위기와 과제는 여전," <https://www.igoodnews.net/news/articleView.html?idxno=72315>.
61 목회데이터연구소, "한국인의 종교생활과 신앙의식," 2-3.
62 목회데이터연구소, "한국인의 종교생활과 신앙의식," 3.

나 시대 한국 교회가 직면한 현장예배의 위기들과 난제들을 보여주고 있다고 볼 수 있다.

(3) 교회공동체와 소그룹 붕괴 위기

코로나19 이전과 비교해 볼 때, 전반적인 교회 사역의 변화 정도도 약 80퍼센트에서 적게는 30퍼센트 수준까지 위축되었다. 특히, 61퍼센트가 대면으로 모이지 못하고 있는 것으로 조사된 교회의 소그룹 사역은 코로나 팬데믹 이후 급격히 위축된 영역이라고 할 수 있다.

코로나19로 인해 교회 소그룹 운영이 중단된 비율은 65.9퍼센트나 될 정도로 큰 타격을 받은 것으로 나타났다. 소교회의 소그룹에 참여하는 성도들은 그렇지 않은 성도들(54퍼센트)에 비해 온라인 설교와 예배(74퍼센트) 등 교회의 다양한 사역에 더욱 적극적으로 활동하면서 삶의 나눔(23.9퍼센트)과 기도(20.9퍼센트) 등의 도움을 받는 것으로 조사되었다.[63]

통계에 따르면, 목회자들은 소그룹 사역 회복을 통한 공동체성 강화가 매우 필요하다고 인식하고 있으며, 소그룹 활동이 살아나야 교회 내 예배, 봉사, 전도 등 사역이 함께 유기적으로 회복될 수 있음을 인식하고 있다.[64]

제4차 산업혁명의 초연결성과 초지능성을 바탕으로 AI가 인간을 대체함에 따라 발생하는 인간 소외의 도전에 직면함에 더하여 비대면 신앙생활로 인한 공동체성 약화라는 어려움이 가중된 것이다.[65]

---

63 지용근 외 9명, 『한국 교회 트렌드』, 41, 120-21.
64 목회데이터연구소, "한국 교회 소그룹 실태조사,"「Numbers」127 (2022): 3-8; '위드 코로나' 시대 한국 교회 신생태계 조성 및 미래전략 수립 조사 결과, "③애프터 코로나 (After Covid-19) 새 변화 대비하자," <http://www.kidok.com/news/articleView.html?idxno=209817>; 최성훈, "포스트 코로나19 시대와 한국 교회의 공공성," 75-77.
65 최성훈, "포스트 코로나19 시대와 한국 교회의 공공성," 73.

최근 2023년 1월 한목협 조사에서 소그룹 활동 사역은 59퍼센트로 2022년 30퍼센트보다 29퍼센트나 회복된 것으로 나타난 것을 고무적이나 여전히 41퍼센트 정도의 교회가 소그룹 사역을 회복하지 못하고 있다.[66] 2023년 교회 내 신앙 소그룹 모임에 대한 조사에서는 77퍼센트가 '정기적으로 모임을 갖고 있다'고 응답했으며, 포스트 코로나로 전환되면서 교인 수가 점차 증가하는 교회일수록 정기적인 소그룹 모임을 가진다는 특징을 보인다.

그러나 비대면 중심 혹은 병행(대면과 비대면)하는 소그룹 비율이 37퍼센트나 되며, 소형교회들의 경우 소그룹의 참여자를 찾기 어려운 점(42퍼센트)과 훈련받은 리더의 부재(34퍼센트) 등으로 인해 여전히 소그룹을 회복하기 어려운 상황으로 파악된다.[67]

교회공동체와 관련된 다양한 통계와 상황들은 한국 교회가 코로나19로 인해 공동체와 소그룹 붕괴의 위기에 봉착해 있음을 보여주고 있다.

(4) 주일학교 감소와 다음 세대 위기

2021년 조사에서 목회자들은 포스트 코로나 시대 주일학교 감소가 가속화될 것으로 응답하면서, 목회에서의 가장 애로사항을 '다음 세대 교육 문제'(24퍼센트)와 '출석 교인 수 감소'(23퍼센트)로 꼽은 것으로 나타났다.[68]

---

66 목회데이터연구소, "한국인의 종교생활과 신앙의식," 6.
67 목회데이터연구소, "코로나 이후 성장하는 교회, 소그룹 활동과 연관성 매우 크다!," 「Numbers」 194 (2023): 1-12.
68 목회데이터연구소, "2021년 상반기 한국 교회 코로나19 변화 추적 조사 2(목회자 대상)," 「Numbers」 109 (2021): 6; '위드 코로나' 시대 한국 교회 신생태계 조성 및 미래전략 수립 조사 결과, ②코로나19가 한국 교회에 던진 화두," <http://www.kidok.com/news/articleView.html?idxno=209720>.

주일학교의 경우 코로나 이전에 비해 거리두기 해제 전 현장예배 참여율은 38퍼센트, 거리두기 해제 후에도 43퍼센트에 불과해 장년 현장예배 참석률(73퍼센트)에 비해 현저히 낮아진 수치를 보였다.

2022년 조사에서 주일학교 위기의식이 반영되어 목회자들은 '다음 세대 교육 문제'(36퍼센트)와 '전도의 어려움'(35퍼센트)과 '새신자의 저조한 유입률'을 사역의 가장 어려운 부분으로 응답했다.[69] 주일학교 아이들의 부모 세대라 할 수 있는 30대(49퍼센트)와 40대(51퍼센트) 교회 참여율 자체가 저조한 것도 위기를 심화시키는 요인이 되고 있다.[70]

이러한 포스트 코로나 시대 주일학교 위기를 개선하기 위해서는 '부모의 교회학교에 대한 인식 개선'(28퍼센트)과 함께 가정 중심의 신앙 회복 차원에서 '자녀 신앙 지도를 위한 부모 교육'(51퍼센트)이 가장 필요한 부분으로 나타났다. 또한, '열정을 품고 있는 교사의 부족'(67퍼센트)과 '전문성 있는 지도자 부족'(60퍼센트)의 상황에서 부모 교육과 함께 훈련을 받은 '교사'(32퍼센트)와 '교육사역자'(30퍼센트) 확보도 중요한 부분으로 인식되었다.[71]

2023년 초 한목협 조사에서도 여전히 목회자들이 포스트 코로나 시대 가장 큰 어려움을 겪는 사역이 '다음 세대 교육'(46퍼센트)으로 나타나고 있다.[72]

이처럼 다양한 조사 결과를 알 수 있는 것은 포스트 코로나 시대에는 주일학교와 다음세대사역이 교회가 극복해야 할 가장 중차대한 문제임을 알 수 있다.

69　목회데이터연구소, "코로나 추적조사 결과 3 (목회자조사)", 4-8.
70　목회데이터연구소, "한국 교회 코로나 추적조사(제4차) 결과," 5.
71　목회데이터연구소, "포스트 코로나시대 교회학교 전략 방향," 「Numbers」 143 (2022): 4-8.
72　목회데이터연구소, "한국인의 종교생활과 신앙의식," 7.

코로나19 이후 주일학교 사역의 감소와 다음 세대, 청년층 이탈과 관련된 문제를 한국 교회와 목회자들은 매우 심각하게 인식하고 영적 골든타임을 놓치기 전에 긴급한 대안을 함께 모색해야 한다.

거리두기가 해제되어 현장 주일학교 예배가 가능하게 된 이후에도 주일학교 현장예배의 참여율은 거리두기 해제 전(38퍼센트)보다 약간 상승한 43퍼센트에 불과하였다.

고무적인 것은 2023년 한목협 조사에서 교회학교 현장예배 참석률이 2022년 43퍼센트에서 71퍼센트로 크게 상승했다는 점이다.[73] 그러나 여전히 주일학교 학생 약 3명 중 1명이 거의 3년 동안 현장예배에 출석하지 않고 있는 상황이다.

이에 목회자들은 '다음 세대 교육 문제'(36퍼센트)를 교회 사역에서의 가장 어려운 난제로 인식하고 있다.[74] 이러한 주일학교 사역의 위기는 사회적 요인(세속주의 문화, 학원(공부), 출산율 감소, 부정적 기독교 이미지 등), 교회적 요인(30-40대의 교회 참여율 감소, 전문 사역자와 교사의 부족, 전도의 부족, 교회학교 시설의 부족 등), 가정적 요인(부모 교육과 통합적 신앙교육의 부재 등)이 복합적으로 작용한 것으로 보인다.[75]

2022년 4월 조사에 의하면, 교회학교를 운영을 하지 않는 교회는 43퍼센트나 되었으며, 운영하는 교회의 학생수도 10명 이하(23퍼센트)와 11-20명(22퍼센트)이 44퍼센트를 차지할 정도로 규모가 적은 것으로 나타났다.

---

73 목회데이터연구소, "한국인의 종교생활과 신앙의식』, 5.
74 목회데이터연구소, "코로나 추적조사 결과3 (목회자조사)," 4-8.
75 목회데이터연구소, "한국 교회 코로나 추적조사(제4차) 결과," 5; 목회데이터연구소, "포스트 코로나시대 교회학교 전략 방향," 4-8.

포스트 코로나 시대의 청년들은 '교회 지도자의 권위주의 등'을 이유로 교회에 대한 불만족과 이탈이 증가하고 있다.[76]

개신교 청년 비율은 2012년(17.2퍼센트) 이후 지속적으로 감소하여 2022년에는 14.5퍼센트까지 하락하였을 뿐만 아니라, 향후에도 종교를 믿을 의향이 없다는 청년의 비율이 91퍼센트나 되었으며, 향후 신앙을 가지고 싶은 종교로는 불교가 46퍼센트, 가톨릭이 30퍼센트인 것에 비해 개신교는 21퍼센트밖에 되지 않는 것으로 나타났다.

이처럼 청년들을 향한 복음 전도가 어느 때보다 필요한 상황임에도 불구하고, 일반 대학생 가운데 '지난 1년간 전도를 받은 경험이 있다'고 대답한 비율은 17퍼센트밖에 되지 않는 점과 전도(포교)를 받은 경우에 개신교 전도인 경우가 53퍼센트이나 이단(신천지, 여호와의 증인, 하나님의 교회)인 경우가 약 55퍼센트나 된다는 점으로 나타난 점을 반드시 주목해야 한다.

최근 한국기독교목회자협의회의 조사에서도 개신교인 중 '이단 신자' 비율은 최소 6퍼센트에서 최대 12퍼센트에 달해 개신교 내의 이단 신자가 최대 약 66만 명에 이를 수 있는 것으로 나타났다.[77]

대학생 100명 가운데 15명도 안되는 개신교인(14.5퍼센트) 청년 중 거의 절반 가까이(44퍼센트)가 교회 출석을 하지 않는 가나안 성도이며, 가나안 청년 대학생 중 37퍼센트는 온라인으로 예배를 드리고 있다는 점도 중요하다.

그리고 개신교 대학 청년 중에 반드시 주일성수를 해야 한다는 응답은 22퍼센트밖에 되지 않으며, '예수 그리스도를 영접'한 비율이 33퍼센트로

---

[76] 목회데이터연구소, "포스트 코로나시대 교회학교 전략 방향," 4-9; 지용근 외 9명, 『한국 교회 트랜드』, 175-77.

[77] 최경식, "신자 10명 중 1명 이단⋯ 최대 66만명 달할 듯," <https://www.themission.co.kr/news/articleView.html?idxno=61414>.

10년 전(63퍼센트)보다 거의 절반이나 감소했고, 전도를 해 본 경험도 10년 전(42퍼센트)보다 절반 가까이 감소했다(24퍼센트).[78]

(5) 한국 교회의 공공성과 사회 정의의 위기

코로나19 팬데믹 기간을 지나면서 한국 교회의 신뢰도 저하와 공공성 위기가 여러 방면에서 나타나고 있다.

2021년 조사에 의하면, 목회자들과 성도들 모두 코로나 이후 교회가 사회적인 책임과 공공성을 회복하는 것이 필요하다고 보았고, 기독교인은 교회의 공공성 강화가 필요하며(80.2퍼센트), 사회 통합 책임이 필요하다(72.4퍼센트)고 응답하였다.[79]

코로나19와 한국 교회의 공공성과 관련된 논문이 가장 활발하게 발표되고 있다는 점을 미루어 볼 때, 이 주제의 중요성을 충분히 가늠하게 해 준다. 즉, 코로나19 시대를 지나면서, 한국 교회의 위기는 공공성과 시민성(사회성) 위기가 주요한 원인으로 작용하고 있다고 볼 수 있다.[80]

따라서 포스트 코로나 뉴 노멀 시대의 한국 교회는 하나님의 일반은총 차원에서 일반학계에 이미 공론화된 아리스토텔레스의 정치철학에서 비롯된 '공동의 선'(the common good)을 한국 사회 가운데 어떻게 회복할 것인가는 매우 중요한 이슈가 된다.[81]

---

[78] 목회데이터연구소, "개신교 대학생의 신앙 의식과 생활,"「Numbers」180 (2023): 4-9.
[79] '위드 코로나' 시대 한국 교회 신생태계 조성 및 미래전략 수립 조사 결과, "②코로나19가 한국 교회에 던진 화두," <http://www.kidok.com/news/articleView.html?idxno=209720>.
[80] 김상덕, "코로나19 팬데믹'과 공공성, 그리고 한국 교회," 한국실천신학회 정기학술세미나 (2021): 197; 박선영, 목광수, 김승환, 성신형, "시민성에 대한 한국 개신교의 이해 분석과 기독교사회윤리적 답변," 85-90.
[81] 성석환, "코로나19시대 뉴 노멀의 윤리적 가치, '공공의 선'과 한국 교회,"『기독교사회윤리』47 (2020): 143-63.

한국 교회는 포스트 코로나 시대 공공의 영역들에서 '소통,' '경청'과 '환대'를 통해 공공성을 회복해야 한다.[82]

주상락은 교회 공공성의 회복은 레슬리 뉴비긴(Lesslie Newbigin, 1909-98)의 "선교적 공공교회론(missional public ecclesiology)에 기초한 선교적 대안"이라고 강조하면서, "교회가 새로운 질서를 만드는 가장 중요한 공헌은 그 스스로 새로운 질서가 되는 것이다"는 뉴비긴의 명제를 인용하며 포스트 코로나 시대 공공선교학의 가능성을 주장한다.

한편으로 개신교인 인식조사통계 분석에 의하면, 코로나19의 영향으로, 개신교인의 신앙 패턴이 변화하면서 '윤리적 행동과 새로운 선택'이 요구되고 있다.[83]

김광연은 개인 이기주의와 집단 이기주의가 팽배하고 있는 코로나 이후 사회에서 교회가 타자의 윤리, 배려로 대별되는 공동체 윤리를 회복해야 할 것을 역설한다.[84]

이러한 연구결과들은 코로나 이후 한국 교회는 공공성, 사회 정의, 윤리 상실 위기에 직면해 있음을 인식하게 해 준다.

조사에 의하면, 코로나 이후 한국 교회의 호감도는 더욱 악화되었다(52.6퍼센트)는 응답이 나왔으며, 포스트 코로나 시대 한국 교회가 회복해야 할 가장 우선적 과제를 공공성과 시민성(사회성)이라고 보는 학자들의 연구와 시각에 주목할 필요가 있다.[85]

---

82 주상락, "포스트 코로나 시대 공공선교학의 가능성," 114, 121-27.
83 이상철, "코로나19 시대 종교현상학 이슈와 기독교 사회윤리학 테제들," 76.
84 김광연, "포스트 코로나 공동체 윤리," 32-34.
85 박선영, 목광수, 김승환, 성신형, "시민성에 대한 한국 개신교의 이해 분석과 기독교사회윤리적 답변," 85-90; 주상락, "포스트 코로나 시대 공공선교학의 가능성," 121-22; 이상철, "코로나19 시대 종교현상학 이슈와 기독교 사회윤리학 테제들," 76; 김광연, "포스트 코로나 공동체 윤리," 32-34.

(6) 전도와 선교사역, 탈종교화로 인한 위기

교회의 중요 사역 가운데, 헌금(코로나 이전에 비해 82퍼센트 회복) 외에는 대부분 코로나 이전 대비 20~40퍼센트 대의 수준으로 침체하였고, 소그룹 활동(28퍼센트), 새신자 등록(20퍼센트)이 가장 침체한 사역의 영역으로 나타난다.[86]

다행히 2023년 1월 한목협 조사에서는 교회 사역 가운데 전도와 선교사역의 회복은 56퍼센트로 1년 전보다 16퍼센트 정도 회복되고 있지만(2022년 44퍼센트), 여전히 절반 가까운 44퍼센트 정도의 전도와 선교사역은 침체해 있는 상태라고 볼 수 있다.

또한, 새신자 등록 수준은 평균 50퍼센트까지 회복하고 있는 것으로 나타났으나(2022년은 평균 20퍼센트), 아직 절반의 교회가 새신자 사역이 침체해 있고 49명 이하 작은 교회는 여전히 37퍼센트 대에 머물고 있다는 점도 주목할 부분이다.[87] 이러한 교회 내부적 사역의 침체뿐 아니라 교회 외부적인 요소들도 전도와 선교사역을 더욱 위축되게 만들고 있다.

기독교에 대한 신뢰도 하락 및 반기독교 정서와 탈종교화 현상으로 인해 교회에 대한 부정적 인식이 더욱 팽배해 질 것으로 예상된다.[88]

백광훈은 이러한 코로나19 관련 한국 교회에 대한 인식 상태를 조사한 다음, 교회의 신뢰도 하락과 위기 가운데 한국 교회가 협의체적 구조를 만들고, 사회 언론과의 건설적 관계를 모색하고, 디지털 역량을 강화하며, 성경적 교회론과 선교적 교회상을 회복하고, 사회를 향한 공공선을 회복하는 대안적 방향이 필요함을 제언한다.[89]

---

[86] 목회데이터연구소, "코로나 추적조사 결과 3," 4, 8-9.
[87] 목회데이터연구소, "한국인의 종교생활과 신앙의식," 6.
[88] 최성훈, "포스트 코로나19 시대와 한국 교회의 공공성," 73-75; 기윤실, "2020년 교회의 사회적 신뢰도 조사 결과 발표", <https://cemk.org/resource/15704>.
[89] 백광훈, "코로나19 이후 한국 교회의 과제 : <코로나19와 한국 교회에 대한 연구> 인식조사를 중심으로," 장로회신학대학교 세계선교연구원, 「선교와 신학」 55 (2021):

코로나19 발생 직전인 2020년 1월에 측정한 한국 교회의 신뢰도가 32 퍼센트(개신교인은 70퍼센트, 비개신교인은 9퍼센트)로 나타난 반면, 코로나 팬데믹 기간을 지나면서 한국 교회 신뢰도가 21퍼센트까지 추락하였다.[90]

2022년의 언론인 뉴스 빅데이터 분석을 통한 한국 교회에 대한 보도는 대부분 중립적(80.6퍼센트)이었고, 긍정적 보도(10.4퍼센트)가 부정적 보도(9.6퍼센트)보다 약간 많은 것으로 나타났다.[91]

환언하자면, 코로나 사태는 교회에 대한 언론과 사회의 반기독교적 흐름과 함께 한국 교회가 코로나19 재확산의 원인으로 지목되면서 시민들의 지탄과 혐오의 대상으로까지 전락하게 되어 결과적으로 교회 이미지와 사역에 매우 부정적인 영향을 미치는 요인이 되었다.

코로나19로 인하여 한국 교회가 경험하는 도전은 대외적으로는 종교성 약화라는 사회적 추세와 교회에 대한 부정적 인식 강화로 요약할 수 있고, 대내적으로는 방역 강화와 사회적 거리두기로 인한 공동체성의 약화 및 인간소외 문제로 귀결된다.

또한, 전도와 선교사역의 위기를 심화시키는 요인 중 하나는 한국인들의 '탈종교화 현상'으로 인한 무종교인이 증가(60퍼센트)하고 있다는 점이다.[92] 한국갤럽의 2021년 조사에 따르면, 한국인 54퍼센트가 종교에 관심이 없으며, 종교 인구가 감소하는 탈종교화 현상이 가속화되고 있다.[93]

95-125.
[90] 목회데이터연구소, "2021 한국 교회에 대한 국민 인식," 「Numbers」 82 (2021): 3.
[91] 목회데이터연구소, "빅데이터로 본 2022년 한국 교회," 「Numbers」 178 (2023): 13.
[92] 목회데이터연구소, "한국 교회 코로나 추적조사(제4차) 결과," 「Numbers」 146 (2022): 12. 포스트모던, 후기세속사회의 탈종교성에 관한 논의를 위해서는 성석환, "후기 세속사회의 종교성과 탈종교성에 대한 공공신학적 연구," 세계선교연구원, 「선교와 신학」 49 (2019): 249-79; 임영빈, "한국 개신교와 탈종교화," 한국사회이론학회, 「사회이론」 58 (2020): 103-24를 참조하라.
[93] 지용근 외 9명, 『한국 교회 트렌드』, 72-73.

2023년 초 한국갤럽의 조사 결과, 한국 사회의 종교인은 37퍼센트로 2012년 55퍼센트에 비해 15퍼센트나 감소한 반면, 무종교인은 63퍼센트로 급속히 증가한 것으로 나타났다는 점은 지난 10년간 탈종교화 현상이 매우 빠르게 진행되고 있다는 것을 보여준다.

그뿐만 아니라, 한국 사회의 개신교인 771만 명 중에 무려 약 226만 명이 교회에 출석하지 않는 가나안 성도라는 점을 주목할 필요가 있다.[94] 교회를 다니는 개신교인 가운데 '다른 종교에도 구원이 있다'고 생각하는 교회 출석자는 25퍼센트, 가나안 성도는 62퍼센트로 나타나 종교다원주의 문제가 심각한 상태임을 나타내고 있다.[95]

코로나19로 인해 더욱 가속화되는 교회 내 사역의 침체와 교회 외부의 부정적 인식으로 인해 포스트 엔데믹 시대에도 교회의 전도와 선교사역이 더욱 위축될 것으로 보인다.

6. 포스트 팬데믹 시대 위기에 대한 교회의 대응 방향과 전략

포스트 팬데믹에 대한 전망과 함께 주요 통계 분석과 학자들의 연구들을 종합해 볼 때, 예상되는 다양한 위기들을 일곱 가지 쟁점으로 논의해 보았다.

그렇다면, 포스트 코로나 시대에 교회의 위기에 대한 지나친 비관론과 낙관론의 양극단적 태도를 경계하면서 성경적 세계관과 선지자적 관점에서 '비관론적 낙관주의'(pessimistic optimism)를 견지하며 실천신학적인 대응 방향을 찾아야 한다.

---

94 목회데이터연구소, "한국인의 종교생활과 신앙의식," 10-12.
95 목회데이터연구소, "개신교인과 비개신교인의 인식비교,"「Numbers」184 (2023): 4.

본격적인 포스트 팬데믹 혹은 포스트 엔데믹 시대에 진입하면서, 교회가 직면해야만 했던 코로나19 시기의 다양한 위기(위에서 논의한)와 문제들이 점차 약화 혹은 해결되는 부분이 생겨나고 있지만, AI 혁명 시대의 가속화와 함께 이러한 위기들을 극복하는데는 아직 더 많은 시간과 연구와 노력이 필요하다고 본다.

또한, 코로나19로 인해 한국 교회가 직면한 총체적인 위기들에 대한 전략과 대응을 전략적으로 잘 세워나가야만 가까운 시기, 또는 미래 한국사회에 다시 팬데믹과 같은 위기가 왔을 때(전문가들이 예측하고 있는 것처럼) 더욱 지혜롭고 효과적으로 대처할 수 있을 것이다.

레이너(Thom S. Rainer)의 조사 결과에 의하면, 포스트 코로나 시대 교회가 이러한 위기들을 기회로 바꾸기 위해 필요한 것은 다음과 같다.[96]

(1) 단순함이 중요하다.
(2) 외부지향적 교회가 생존한다.
(3) 작은 규모의 예배 모임을 지향해야 한다.
(4) 디지털예배와 사역의 효율성을 준비해야 한다.
(5) 새로운 전도와 선교 전략이 필요하다.
(6) 사역 훈련이 극적으로 변화되고 목회 리더십의 갱신이 필요하다.

1) 교회 감소와 소멸의 위기에 대한 대안적 방향

코로나 팬데믹으로 침체되거나 죽어가는 교회, 문닫는 교회가 증가하고 있는 상황에서, 먼저 철저한 실천신학적 '진단'과 대안적 방향 제시가 필요하다.

---

96 Rainer, *The Post-Quarantine Church*, 102-09.

총체적인 한국 교회 위기에 대한 해결 방안을 묻는 질문에 '교회와 예배의 본질 회복'(43.7퍼센트)이 가장 중요하다고 응답한 결과에 주목할 필요가 있다. 뉴 노멀 시대에도 변하지 않는 성경적 교회의 '본질'(essence)이 회복의 열쇠이다.[97]

첫째, 코로나 이후 교회의 회복은 기능적 측면 이전에 가시적 교회와 비가시적 교회(혹은 지역적 교회와 보편적 교회)의 구분과 함께 '교회의 성경적 본질'(the nature of church)을 재발견하고 회복하는 것이 먼저 이루어져야 한다.

다시 말해, 구약의 'קָהָל'(카할, 교회, 신 9:10, 10:4, 18:16, 23:1-3; 벧전 2:9)과 신약의 'ἐκκλησία'(에클레시아, 교회, 마 16:18; 고전 1:2; 고후 1:1; 갈 1:2; 살전 1:1)가 내포한 본질적 차원의 성경적 정의를 다시 정립하는 것이 선행되어야 한다는 것이다. 즉, 이러한 성경적 교회의 정의는 단순히 교회가 신자들의 모임이나 장소적 개념만을 말하는 것이 아니라는 것이며, 삼위일체 하나님 중심의 교회 이미지는 "하나님의 언약 백성"(고후 6:16)과 "하나님의 가족"(권속, 엡 2:19), "그리스도의 몸"(엡 1:22-23; 롬 12:5; 고전 12:12), 또는 "그리스도의 신부"(계 21:2, 9), "성령의 전"(고전 3:16-17, 6:19; 엡 2:21-22; 벧전 2:5)임을 인식하게 해주는 기초라는 것이다.[98]

에릭슨에 의하면, 신학적으로 교회는 "그리스도의 십자가 죽음을 통해 하나님과 화목케 되어 구원을 받아 새로운 생명을 얻은 하나님의 백성들이 모

---

[97] '위드 코로나' 시대 한국 교회 신생태계 조성 및 미래전략 수립 조사 결과, "③애프터 코로나(After Covid-19) 새 변화 대비하자," <http://www.kidok.com/news/articleView.html?idxno=209817>.

[98] 에클레시아의 구약적 배경, 신약적 정의(본질), 삼위일체적 교회론, 가시적 교회와 비가시적 교회, 지역교회와 보편적 교회, 교회의 이미지와 속성, 교회의 표지 등에 대한 논의를 위해서는 John Frame, *Systematic Theology: An Introduction to Christian Belief* (Phillipsburg, NJ: P&R, 2013), 1017-24; Edmund Clowney, *The Church*, 황영철 역, 『교회』(서울: IVP, 1998), 27-132를 참조하라.

인 온전한 그리스도의 몸"으로 정의한다.[99]

신약성경에서 ἐκκλησία의 용례를 살펴볼 때, 특정한 지역이나 도시에서 모임(행 5:11, 8:1, 11:22, 12:1, 13:1, 15:41, 16:5; 고전 16:1; 갈 1:2; 살전 2:14)이나 특정 개인의 집에서 모임(행 2:46, 5:42, 12:12; 롬 16:5; 고전 16:19; 골 4:15; 몬 1:2)이 중요한 측면으로 나타나며, 이러한 특정 장소에서의 각 모임(ἐκκλησία)이 '하나의 거룩한 보편적, 사도적'(One Holy Catholic and Apostolic)인 속성의 전체 교회를 대변하는 중요성을 가진다.[100]

코로나 기간 한국 교회는 말씀과 예배 사역을 제한적으로 시행하였지만, 소그룹과 교제, 봉사(섬김), 전도와 성찬 등은 거의 기능을 하지 못하는 상태였다.[101]

따라서 뉴 노멀 시대 교회의 생존 전략을 논하기 이전에 초대 교회 공동체의 다섯 가지 본질적 요소인 복음 중심적 '케리그마(말씀 선포), 디다케(교육 또는 훈련), 레이투르기아(예배), 코이노니아(교제 또는 친교), 디아코니아(봉사 또는 섬김)'를 다시 실천신학적으로 회복하는 것이 급선무이다.[102]

성경적 교회상에서 기인하는 교회의 본질적 기능으로서의 사역 중심은 다름 아닌 하나님 나라의 복음(εὐαγγέλιον, 유앙겔리온)이다(막 1:14-15; 눅 7:22; 마 9:35).[103] 칼빈주의 교회론, 즉 "말씀 가운데 그리스도와 하나가 되는 연합체"요, "성도의 그리스도와의 연합체"로서 참된 교회의 표지는 말씀의 참된 선포와 성례의 합당한 실행, 교회 권징의 신실한 집행이며, 성

---

99 Millard J. Erickson, *Christian Theology*, 2nd. ed., (Grand Rapids: Baker Academic, 2007), 1041-051.
100 Erickson, *Christian Theology,* 1043.
101 김성중, "코로나 시기 이후의 기독교교육의 방향," 41.
102 제해종, "교회의 5대 본질적 기능 재고찰을 통한 포스트 코로나 교회론," 233-46; Erickson, *Christian Theology*, 1061-068.
103 교회의 본질과 기능의 중심인 하나님 나라, 그리스도 중심적 '복음'에 대한 상세한 논의를 위해서는 Erickson, *Christian Theology*, 1069-076.

도의 표지는 '신앙의 고백, 삶의 모범, 성례의 참여'이다.[104]

웨스트민스터 신앙고백 25장에서 제시하는 교회론의 요체도 하나님의 주권적 통치 아래 지속되는 교회의 영속성과 교회의 머리되신 그리스도의 주되심을 공동체 안에 실천적으로 구현하는 것이다.[105]

초대 교회 모델을 회복하면서, 이러한 교회의 본질적인 기능인 말씀, 성례, 양육, 예배, 교제, 봉사와 섬김의 사역을 회복하는 것이 포스트 코로나 시대 교회가 추구해야 할 가장 우선적인 대안적 방향이다.

둘째, 이러한 성경적 교회론 위에서 코로나 이후 쇠퇴 혹은 소멸되는 교회에 대한 실천신학적 '정밀 진단'이 선행되어야 할 필요가 있는데, 이를 위해서 먼저 교회의 영적 상태를 철저히 진단하는 것이 선행되어야 한다.

레이너의 조사에 의하면 미국 교회 가운데 건강한 교회가 10퍼센트, 질병의 징후가 있는 교회는 40퍼센트, 매우 심각한 질병에 걸린 교회가 40퍼센트로 나타나 80퍼센트 정도의 교회가 쇠퇴하고 있는 것으로 나타났다. 영적 중병에 걸린 교회는 먼저 긴급한 사실적 진단과 변화의 필요를 인정하고, 변화를 실행할 지혜와 능력을 위해 기도하면서 본질에 근거한 행동과 외부지향적 변화를 시도해야 한다.[106]

나아가 구체적인 전략의 한 예로서 '교회생명주기 이론'(탄생-성장-안정-유지-쇠퇴-죽음)에 대한 공론화와 재조명이 필요한 시점이다. 각 단계에 해당하는 교회와 목회자가 다시 성장기로 돌아가기 위해 준비하고 인

---

104 Clowney, 『교회』, 118-25; 문병호, 『칼빈 신학: 근본 성경교리 해석』(서울: 지평서원, 2015), 545-67, 589-619.

105 김요섭, "웨스트민스터 신앙고백서의 교회 정의와 그 역사적 의의," 한국개혁 신학회, 「한국개혁 신학」 40 (2013): 145-82.

106 Thom Rainer, *Autopsy of a Deceased Church: 12 Ways to Keep Yours Alive*, (Nashville, TN: B&H Pub., 2014), 85-101. Mark Clifton, *Reclaiming Glory: Revitalizing Dying Churches* (Nashville, TN: B&H Pub., 2016), [Kindle Edition]

식해야 할 극복 방향(안정기- 재규정, 쇠퇴기- 재개발)과 심각한 쇠퇴기 단계에 들어선 교회가 어떻게 결정적인 변화를 통해 '재탄생'할 수 있는지에 대한 방안 마련이 필요하다.[107]

셋째, 코로나 이후 쇠퇴 혹은 죽어 가고 있는 한국 교회들을 실천신학적으로 다시 갱신(renewal)시키고 다시 살아날 수 있게 하는 전략들을 실제로 마련할 필요가 있다.

레이너는 교회가 쇠퇴기에서 소멸 상태로 넘어가지 않고 소위 **'다시 살아난 교회'**(revived church)들에 대해 조사한 결과, '재탄생'한 교회들은 전통주의에 빠지는 것을 극복하였고, 강력한 기도사역을 시행하였으며, 의미 있는 멤버십 선택과 강화를 추구하는 특징들이 나타났다고 강조한다.[108]

'교회 활성화'에 대한 연구 결과에 의하면, 다시 생명력을 얻은 교회들은 교회의 큰 목자가 되시는 그리스도의 권위(벧전 5:4), 건강한 목회자와 평신도의 리더십(딤전 3:1-13; 딛 1:5-9), 강력한 공동체 멤버십(마 18:15-20; 고전 5장; 고후 2:6), 하나 됨(딛 2장), 공동예배(히 19:25; 고전 14:24)의 요소가 있었다.[109]

마크 데버(Mark Dever)도 성경적인 교회의 '건강'에 영향을 미치는 요소를 강해설교, 성경적 신학, 복음, 회심, 복음 전도, 멤버십, 교회의 권징, 제자도와 성장에 대한 관심, 성경적 리더십으로 제시하면서, 이 가운데 교회 건강을 좌우하는 가장 중요한 요소는 성경적 강해설교임을 강조한다.[110]

---

107 양현표, 『사도적 교회개척』 (서울: 솔로몬, 2019), 67-75.
108 Rainer, *Anatomy of a Revived Church: Seven Findings of How Congregations Avoided Death*, [Kindle Edition].
109 R. Albert Mohler Jr., ed. *A Guide to Church Revitalization* (Louisville, KY: SBTS Press, 2015), 26-31.
110 Mark Dever, *Nine Marks of a Healthy Church*, 3rd ed. (Wheaton: Crossway, 2013), 39-257.

최근 샘 레이너(Sam Rainer)의 조사에 의하면, 코로나 이후 교회를 영적으로 리셋하여 생기를 되찾게 하기 위해서는 가장 긴급한 우선순위를 회복하고, 사역의 속도를 조절하며, 교회와 사역의 관점 및 목적을 면밀히 점검해야 한다.[111]

코로나 이후 교회가 다시 생기를 얻고 활력을 되찾기 위해서는 하나님의 말씀에 근거한 성경적 수단을 통해 교회공동체가 병든 상태에서 건강한 상태로 다시 회복되기 위하여 심혈을 기울여야만 한다.

십자가에서 죽으시고 부활하사 승천하신 그리스도께서 불꽃 같은 눈으로 일곱 금 촛대 사이를 거니시며 소아시아의 일곱 교회를 향해 촉구하신 칭찬과 격려, 책망을 통한 경고의 메시지(계 2-3장)를 한국 교회가 다시 듣는 데서 회복과 갱신은 시작될 수 있다.

요한계시록 1-3장의 말씀은 부활하신 그리스도께서 오늘날의 교회가 생기가 회복되어 소생(revitalize)하는 것을 얼마나 간절히 열망하는지를 보여준다.[112] 하나님께서 과거에 교회들을 어떻게 새롭게 살아나게 하셨는지를 '기억'하면서 메타노에오(μετανοέω, 회개)와 '처음 사랑'을 회복하여 니카오(νικάω, 이기는 자)로 일어서는 것(계 2:5-7)이 포스트 코로나 팬데믹 시대의 '교회 회복 열쇠'임을 알아야 한다.[113]

즉, 교회가 다시 건강한 교회로서의 생기와 활력을 회복하기 위한 성경적 열쇠는 먼저 그리스도께서 교회의 주인되심을 인정하고, 거룩하며, 자신이 아닌 주님을 의지하며, 기술이 아닌 하나님의 말씀에 헌신하며, 교회가 기도로 충만한 채 분명한 비전을 선포하며, 담대함과 인내, 영적 분

---

[111] Sam Rainer, *The Church Revitalization Checklist: A Hopeful and Practical Guide for Leading Your Congregation to a Brighter Tomorrow* (Church Answers Resources) (Carol Stream, IL: Tyndale Momentum, 2022), 55-160.

[112] Andrew M. Davis, *Revitalize: Biblical Keys to Helping Your Church Come Alive Again* (Grand Rapids: Baker books, 2017), 13-15, 20.

[113] Grant R. Osborne, *Revealation*, BECNT (Grand Rapids: Baker Academic, 2002), 116-22.

별력을 가지고, 낙심과 싸우며, 평신도를 지도자로 양육하고, 참된 예배를 드리며, 진정한 그리스도의 제자들을 양육하는 것이다.

교회공동체의 활기찬 생명력(vitality)을 측정하는 방법은 양적 증가가 아닌 등록(membership)한 수와 영적 건강의 척도인 세례와 회심의 수이다.[114] 따라서 포스트 코로나의 교회 위기를 극복하는 근본적인 방안은 성경적 본질을 회복하고 이에 근거한 정밀 진단을 통해 다시 살아나는 교회를 추구하는 것이다.

2) 성경적인 부흥과 초대 교회 성장을 추구하는 교회와 목회사역

코로나19 이후 대면예배와 전반적 사역이 위축된 결과, 개신교인들 가운데 상당수(64퍼센트)가 현재 영적 갈급함을 느끼고 있고, 향후 영적인 경험을 원한다는 응답이 높았다(72퍼센트).[115] 이처럼 코로나19 이후 탈종교화 사회의 흐름 속에서도 온라인예배를 드리는 성도들(35.9퍼센트)과 가나안 성도들(50.8퍼센트)도 영적 경험을 갈망하고 있는 것으로 나타난 것이다.[116]

포스트 코로나 시대의 교회는 위기 가운데 성도들과 구도자들이 성경적인 '부흥'(Revival)을 통한 영적 경험을 추구하는 것이 매우 중요하다. 성도는 하나님께서 역사 가운데 산업혁명 전에 영적 각성과 부흥을 주신 것처럼, 제4차 산업혁명이 가속화되는 포스트 코로나 시대에 주권적 부흥을 부어 주시도록 사모하며 준비해야 한다.

---

114 Davis, *Revitalize*, 47-210.
115 목회데이터연구소, "한국 교회 코로나 추적조사(제4차) 결과 2," 「Numbers」 147 (2022): 4.
116 목회데이터연구소. "한국 교회 코로나 추적조사(제4차) 결과 2,", 4-7.

제1차 산업혁명(1760~1840년경)이 일어나기 직전, 데오돌 프렐링하이젠(Theodore Frelinghuysen, 1787-1862)과 장로교회의 윌리엄 테넌트(William Tennent, 1673-1746), 조나단 에드워즈(Jonathan Edwards, 1703-58)를 중심으로 제1차 대각성운동(1735~1755년경)을 허락하셨다.

제2차 산업혁명(1850~1930년경)이 일어나기 전 제임스 맥그래디(James McGready, 1763-1817), 드와이트 무디(Dwight. L. Moody 1837-99) 등을 통해 제2차 대각성운동(1790~1840년경)을 허락하셨다.

제3차 대부흥(1890~1920년경)은 무디를 중심으로 주셨으며, 제3차 산업혁명(1960~90년경)이 일어나는 시점에 빌리 그레이엄(Billy Graham, 1918-2018) 등을 통해 제4차 영적 각성과 캠퍼스 부흥운동(1960~1981년경)이 일어나게 하셨다.[117]

이러한 여러 산업혁명 전에 주신 영적각성운동과 부흥의 역사를 고찰해 볼 때, 코로나 팬데믹 이후 새로운 산업혁명과 위기들이 급속도로 밀려오고 있는 바로 현 시점의 한국 교회는 하나님의 절대주권 속에서 말씀과 성령의 역사로 부어주실 위로부터의 부흥을 사모하고 기도해야 한다.

> 여호와여 주는 주의 일을 이 수년 내에 부흥(하야)하게 하옵소서 이 수년 내에 나타내시옵소서 진노 중에라도 긍휼을 잊지 마옵소서(합 3:2).

무엇보다 구약과 신약에 나타난 성경적 부흥을 사모하며, 사도행전에 나타난 초대 교회의 모델을 회복하는 운동을 일으켜야 한다.

구약의 부흥 개념(היה, 하야)은 하나님께서 인간의 영혼과 마음을 '소성케 하며(revive), 다시 살아있게 생명을 회복하고 계속 보전하시는 것'이다.

---

[117] 박용규, 『세계 부흥운동사』, 290-876을 참조하라. William G. McLoughlin, *Revivals, Awakenings, and Reform* (Chicago: The University of Chicago Press, 1978), 45-216.

다른 측면에서 부흥은 언약적 신실하심(헤세드)으로 하나님의 진노와 심판을 돌이켜 과거에 보여주셨던 하나님의 구원의 역사를 현재에 다시 나타내시는 차원의 부흥이다(시 85:6; 합 3:2).

또한, 영원하시고 무소부재하신 절대주권자 하나님께서 통회하는 심령, 겸손한 마음을 '소성'시키시는 것이 부흥(사 57:15)이다.

> 지극히 존귀하며 영원히 거하시며 거룩하다 이름하는 이가 이와 같이 말씀하시되 내가 높고 거룩한 곳에 있으며 또한 통회하고 마음이 겸손한 자와 함께 있나니 이는 겸손한 자의 영을 소생(하야)시키며 통회하는 자의 마음을 소생(하야)시키려 함이라(사 57:15).

신약의 부흥 개념은 그리스도의 내주하심을 통한 하나님 나라의 임재(현재적 통치)와 성령의 주도적 역사를 통한 영적 새로움(ἀνακαίνωσις, 아나카이노시스)과 다시 살아나며, 영혼이 회복되고, 마음이 갱신(renewal)되는 것'을 말한다(엡 4:23; 고후 4:16; 골 3:10; 롬 12:2).

> 너희는 이 세대를 본받지 말고 오직 마음을 새롭게 함으로(아나카이노시스) 변화를 받아 하나님의 선하시고 기뻐하시고 온전하신 뜻이 무엇인지 분별하도록 하라(롬 12:2).

'성경적 부흥'은 하나님 나라의 현재적 통치가 임재함으로 내면적 차원의 회복과 갱신을 넘어 공동체와 사회와 국가의 전 영역에서 부흥의 열매가 나타나게 한다(엡 4:25-6:9; 롬 12:2-15:13).

'성경적 부흥'은 언약의 백성들이 하나님께 돌아가(שׁוּב, 슈브), 언약 관계를 깨뜨린 죄악과 우상을 철저히 회개(μετανοέω, 메타노에오, 막 1:15; 행 11:18)하고, 생명의 주께 온전한 돌이킬 때(ἐπιστρέφω, 에피스트레포, 행 3:19; 11:21) '새롭게 되는 날'(times of refreshing)이 임하는 것이기 때문에, 하나님의 주권적 역사를 통해 이 시대에도 일어날 수 있다.

> 그러므로 너희가 회개하고 돌이켜 너희 죄 없이 함을 받으라 이같이 하면 새롭게 되는 날이 주 앞으로부터 이를 것이요(행 3:19).

따라서 한국 교회를 다시 살리사 소성케 하시고 새롭게 하시는 부흥을 부어주시도록 모든 목회자들과 성도들은 함께 전심으로 기도해야 한다.[118]

> 주께서 우리를 다시 살리사(하야) 주의 백성이 주를 기뻐하도록 하지 아니하시겠나이까 (시 85:6).

초대 교회가 양적으로 성장할 수 있었던 본질적인 요소는 아래와 같은 이유였다.[119]

(1) 성경적이고 능력있는 설교
(2) 연합된 기도
(3) 성령충만한 증인들의 전도와 선교
(4) 영적 예배와 거룩한 교제
(5) 제자들의 효과적인 리더십
(6) 성령의 주도적인 역사
(7) 말씀에 대한 가르침과 제자삼기

---

118 부흥의 성경적 개념에 대한 연구를 위해서는 Robert H. Lescelius, "The Definition of Revival in the Old Testament," *Reformation & Renewal Journal* 11/3 (2002): 126-44; Ervin Budiselic, "The Old Testament Concept of Revival within the New Testament," *Kairos: Evangelical Journal of Theology* 8 (2014): 45-74.
119 임영효, "사도행전에 나타난 교회 성장의 주요한 요소들,"「교회 문제연구」 11 (1996): 27-32.

사도행전에는 초대 교회의 질적인 건강함 위에서 수적인 성장에 대한 반복된 강조(행 2:47; 5:13-14; 6:1, 7; 9:31; 11:21, 24; 12:24; 16:5; 19:20)와 함께 회심하는 숫자의 증가를 통한 성장, 지역적 확장을 통한 교회 성장, 외부의 핍박(박해)으로 인한 교회의 성장을 강조하고 있다.[120]

첫째, 초대 교회의 일곱 가지 영적 특징(건강함)인 말씀 홍왕, 교제, 기도, 예배와 성찬, 물건 통용과 나눔, 찬미, 칭송 등을 통해 성장이 이루어졌다(행 2:42-47; 4:32-35).

둘째, 사도들의 손을 통해 민간에 표적과 기사가 많이 나타나며, 그로 인해 더 많은 사람들이 믿음을 가지게 되어 수가 더해졌다(행 5:14).

셋째, 초대 교회가 구제 문제를 성령과 지혜로운 일곱 집사를 통해 해결한 후, 하나님의 말씀의 왕성함으로 제자의 수가 많아졌다(행 6:7).

넷째, 하나님을 경외함과 성령의 위로를 통해 변화하는 사람들이 많아지면서 공동체가 믿고 지지해주면서 수가 더 많아졌다(행 9:20-31).

다섯째, 바울이 루스드라에서 핍박을 받은 후 다시 돌아와 디모데를 제자로 삼아 여러 성으로 다니며 규례를 지키게 함으로써 수가 더 많아졌고(행16:5), 루스드라, 더베에서 복음 전함으로 많은 사람을 제자로 삼았다(행 14:21).

특히, 에베소 사역을 통해 나타난 부흥은 '주의 말씀'과 '부활의 복음'을 증거할 때 나타나는 세 가지 말씀의 부흥이다(행 19:18, 20, 26).

---

120 사도행전에 나타난 초대 교회의 양적 성장과 숫자의 증가에 대한 언어적(사전적), 문법적, 문예적 분석과 내러티브 흐름의 분석을 위해서는 Benjamin R. Wilson, "The Depiction of Church Growth in Acts," *JETS* 60/2 (2017): 317-32.

첫째, '주의 말씀이 힘이 있음으로 나타나는 부흥'의 역사이다.

말씀과 함께 역사하시는 성령 하나님의 주권적 능력과 하나님 나라의 통치(딤전 6.16)가 임할 때 '주의 손이 함께하심'으로 영혼들이 돌아오고(행 11:21, 24) 강력한 역사(표적과 기사)와 전능하신 행동(눅 1:51), 마귀의 세력을 멸하심(히 2:14)이 나타난다.

둘째, '주의 말씀이 흥왕함으로 나타나는 부흥'이다.

하나님 나라의 씨뿌리는 비유처럼, 제자들의 복음전파를 통해 영혼들이 자라나고(마 13:32; 고전 3:6), 회심하고 믿는 자의 수가 증가하며(행 7:17) 영적으로 성장하게 나타나게 될 때 부흥이 일어난다.

셋째, '주의 말씀이 세력을 얻게 될 때 부흥'이 일어난다.

즉, 말씀을 통해 압도적으로 역사하는 강력한 영적인 능력, 또는 초자연적인 능력(행 19:20; 약 5:16)이 나타남으로 부흥이 일어난다. 그러므로 한국 교회는 이러한 초대 교회의 말씀 중심의 부흥과 질적 성장의 모델을 추구함으로 양적 성장의 열매가 회복되도록 기도해야 한다.

3) 초대 교회 공동체성과 공공성 회복

포스트 코로나 시대에 공동체가 상실되어 가고 있는 위기 속에서, 교회는 성경적 공동체를 회복해야 할 때이다.

팬데믹 기간 동안 교회의 공공성 회복에 관한 연구가 많이 진행된 것은 고무적인 일이지만, 공공성 강화의 이슈는 교회가 새로운 기능과 사역 회복이 필요하다는 측면보다는 에클레시아로서의 교회 본질 회복과 초대 교회의 본래적 정체성과 기능을 회복해야 한다는 측면으로 접근할 필요가 있으며, 소위 공공성에 대한 다양한 신학적 스펙트럼을 분별할 필요가 있다.

첫째, 세상의 소금과 빛으로서의 정체성 회복을 통해 세상 사람들이 복음의 빛을 보고 하나님께 영광 돌리는 교회(마 5:13-16)를 다시 회복해야 한다.

코로나 팬데믹을 촉매제로 삼아 지역 사회를 품은 지역교회(community church)로서의 본질과 공공성을 회복하기 위해서는 이러한 소금과 빛의 정체성을 가지고 초대 교회가 보여 준 하나님 사랑과 이웃 사랑의 대계명을 실천하기 위한 지역 사회 봉사와 환대, 연합 사역에 대한 설교의 적용과 교육이 필요하다.[121]

코로나 팬데믹이 계속되면서 한국 사회 가운데 증가하고 있는 "사회적 배제, 구조적 차별과 혐오의 문화 가운데 교회공동체는 초대 교회가 보여 준 환대와 연대, 연합과 공감의 공동체"를 회복해야 한다.[122]

둘째, 코로나 이후 한국 교회는 성경의 황금률을 회복함으로 사회를 향한 공공성을 실천해야 한다.

구약의 황금률인 성경적 미쉬파트(מִשְׁפָּט, 정의)와 헤세드(חֶסֶד, 사랑), 겸손히 하나님과 동행함을 사회 가운데 보여주어야만 한다(미 6:8).[123]

예수님의 산상수훈(마 5:17-7:11)의 핵심인 황금률(마 7:12)과 율법의 요약으로 명령하신 하나님 사랑과 이웃 사랑의 '대계명'(the Great Commandment, 마 22:37-40)을 한국 교회가 다시 실천하는 것은 기독교 윤리의 궁극적인 동기일 뿐 아니라 사회를 향한 공공성을 근본적으로 회복하는 길이다.[124]

---

[121] 최성훈, "포스트 코로나19 시대와 한국 교회의 공공성," 89; 김성중, "코로나 시기 이후의 기독교교육의 방향," 56.

[122] 이종원, "혐오에서 공감과 환대에로," 122-33.

[123] 성경적인 정의(미쉬파트)는 법적인 결정, 법적 소송, 정의, 삶의 양식 등을 의미한다. 헤세드는 '공동체에 대한 의무, 충성, 신실함, 친절, 은혜, 경건한 행동, 은혜의 증거'를 의미한다. William L. Holladay, *Hebrew and Aramaic Lexicon of the OT* (Bibleworks 10: Software for Biblical Exegesis and Research, CD-ROM) (Norfolk, VA: Bibleworks, LLC, 2015), 111, 221.

[124] John Murray, *Principles of Conduct: Aspect of Biblical Ethics* (Grand Rapids: William B.

포스트 코로나 시대 한국 교회가 사회의 신뢰를 회복하기 위해 가장 먼저 회복해야 할 영역은 공공성 실천 이전에 더욱 근본적인 '율법의 완성으로서 사랑(ἀγάπη, 아가페)'에 기초한 윤리(롬 13:8-10)이다.[125]

한국 교회는 사회 가운데 공공성을 회복하기 위하여, 아리스토텔레스와 정치철학에서 비롯된 공공의 선 개념을 일반은총 차원에서 뉴 노멀 가치에 근거하여 전개하기보다는 특별은총과 언약신학에 근거한 성경적 정의와 사회윤리의 회복 차원에서 접근하는 것이 필요하다.

셋째, 한국 교회는 코로나19로 인해 생겨난 코로나 블루(COVID-19 Blue)의 정신적, 사회적 위기 가운데 성경적 상담과 복음 중심적 치유사역을 회복해야 한다.[126]

최근 조사 결과에 의하면, 코로나 블루로 인한 우울과 불안 증세가 2년 전에 비해 42퍼센트나 증가했고(OECD 국가 중 우울증 발생률 1위), 우울위험군은 16.9퍼센트나 되었으며, 특히 청년, 청소년들이 심각한 상태인 것으로 파악된다.[127]

교회는 코로나의 장기화로 인한 우울, 고독(외로움), 불안, 걱정, 분노, 소외와 상실, 자살, 죽음에 대한 두려움에 빠진 영혼들이 성경적 예배와 그리스도 중심적 상담사역을 통해 어린양의 보좌로부터 나오는 성령의 '생명수 강'의 역사를 통해 '되살아나고,'(רָפָא, 라파, 겔 47:8), '치료받게 함'(θεραπεία, 테라페이아, 계 22:2)으로 세상을 치유하는 공동체가 되어야 한다.

Eerdmans Pub. Co., 1957), 22-25.
[125] Thomas R. Schreiner, *Romans*, BECNT. 배용덕 역, 『로마서』 (서울: 부흥과개혁사, 2012), 812-18.
[126] 김준, "기독교 상담의 방향," 97-98; 이상현, "코로나 블루 사회적 현상," 482-88.
[127] 보건복지부, "2022년 2분기 코로나19 국민 정신건강 실태조사 결과 발표," <http://www.mohw.go.kr/react/al/sal0301vw.jsp?PAR_MENU_ID=04&MENU_ID=0403&page=1&CONT_SEQ=372545>; "'코로나 블루' 20대 직격탄⋯ 우울증·불안장애 2년 전보다 42퍼센트 증가," <https://www.hankookilbo.com/News/Read/A2022092121400005751>.

하나님 나라의 현재성과 미래성의 균형 잡힌 신학과 세계관 가운데 하나님의 주권과 선하심을 강조하면서 교회의 입체적인 사역을 통해 돌봄과 치유사역이 필요하다.[128]

이를 위해 교회는 그리스도인으로서 존재(정체성)와 그리스도 중심적 '복음'의 본질을 회복함으로 코로나 블루로 인한 다양한 영적, 정신적 문제들을 근본적으로 치유하는 공동체가 되어야 한다.

이처럼 교회는 세상에서 소금과 빛의 역할을 해야 할 뿐 아니라, 코로나로 무너진 공동체와 관계들을 그리스도와 복음을 통하여 회복하도록 돕는 사명을 다해야 한다.[129]

4) 부모 중심의 가정-교회 통합 신앙교육 회복

코로나 팬데믹으로 인하여 가장 타격을 받은 사역은 다름 아닌 다음 세대와 주일학교사역이다.

특히 한국사회의 출산율 감소로 인한 인구 절벽 가속화, 학령 인구 감소, 지역(지방)과 학교의 소멸 위기 등을 극복하기 위해 한국 교회는 범교단적 대책 마련과 함께 정부, 지자체와 연합하여 저출산 극복에 선도적인 역할을 감당해야 한다.

나아가 다음 세대를 살릴 수 있는 영적 골든타임을 놓치지 않기 위해, 한국 교회, 교단, 신학교가 모든 역량과 지혜를 모아서 성경적 가정관과 하나님 나라의 문화명령(창 1:28) 회복을 통한 출산운동, 교회의 돌봄과 교육사역, 낙태 반대(생명존중운동)과 자살예방사역, 다음 세대 부흥운동, 다문화 자녀들을 향한 전도운동, 캠퍼스사역과 청년부흥운동, 결혼과 부모

---

128 김준, "기독교 상담의 방향," 107-14.
129 이상현, "코로나 블루 사회적 현상," 488-94.

학교의 활성화, 주일학교 및 가정사역 전문 사역자 양성, 어린이 및 청소년 전문 설교자 양성, 농어촌 사역자 파송 및 주일학교 지원운동 등을 실제적으로 펼쳐나가는 것이 필요하다.

포스트 코로나 언택트 시대에 다음 세대를 살리기 위해서는 하나님, 인간, 공동체를 연결하여 효과적으로 접촉하는 기독교 종교(religare, 렐리가레)의 '다면(multi-faced)교육'을 추구하며, 인격적인 '만남', 즉 하나님과의 만남, 가족과의 만남, 교회공동체와의 만남, 사회(시민)와의 만남, 자연과의 만남을 통해 신앙교육의 본질을 회복해야 한다.[130]

이러한 다음 세대 위기를 극복하기 위해서 교사 중심의 주일학교교육의 한계를 넘어 부모 중심의 가정과 교회의 신앙교육을 유기적으로 연결해야 하며, 목회자들은 주일학교의 예배와 소그룹의 회복과 함께 가정과 교회와 학교를 통합하여 신앙교육을 강화하는 것이 중요하다.[131]

'세대 통합예배와 교육'을 위해 주일예배의 설교 말씀(주제)과 주일학교 말씀(주제), 가정예배 말씀(주제)을 통합하여 입체적으로 부모와 자녀들이 함께 말씀을 배우고 적용할 수 있도록 하는 대안도 필요하다.[132]

교회와 목회자들이 청교도 전통을 회복하여 작은 교회로서 가정에서 언약적 자녀 양육을 실천할 수 있도록 부모들을 훈련해야 한다.[133]

이를 위해 교회는 부모를 신앙교육 전문가로 훈련하는 과정과 다음 세대 전문 사역자와 교사 양성과 훈련을 더욱 강화해야 한다. 실제적인 대

---

130 김성중, "코로나 시기 이후의 기독교교육의 방향," 48-57; 이은경, "언택트 시대 예배, 신앙교육," 302.
131 유재덕, "포스트 코로나 시대의 교회 교육," 28; '위드 코로나' 시대 한국 교회 신생태계 조성 및 미래전략 수립 조사 결과, "② 코로나19가 한국 교회에 던진 화두,"<http://www.kidok.com/news/articleView.html?idxno=209720>.
132 최은택, "코로나19시대, 기독교적 가정, 영성교육," 104-07; 고원석, "포스트 코로나 시대 신앙교육의 원칙," 10-15.
133 Leland Ryken, 『청교도-이 세상의 성자들』, (서울: 생명의말씀사, 2003), 99-127, 164-91.

안 중 하나는 교사들과 부모들이 비빌리오드라마(Bibliodrama) 형식과 함께 1인칭 내러티브 티칭(설교) 방식[134]을 목회자들과 함께 훈련하고 적용하는 전략이다.

5) 성경적 전도(변증)의 강화 및 온라인전도 전략

코로나19 이후 성도들은 온라인에서 이루어지는 사역들이 가장 큰 변화라고 예상했다. 동시에, '온라인 시스템 구축 및 온라인 콘텐츠 개발'을 교회가 강화해야 할 첫 번째 요소로 선택(46.9퍼센트)할 만큼 온라인에 대한 관심이 매우 높다.[135]

2022년 통계상으로도 '작년 한 해 동안 온라인을 통해 누군가를 예수님과 관계 맺도록 도운 적이 있다'(매우+약간)에 대해 개신교인 4명 중 1명 가량(24퍼센트)이 '그렇다'라고 응답했다는 점은 온라인전도의 가능성을 보여주는 하나의 예이다.

주로 온라인으로 예배를 드리면서 오프라인으로 모임을 하고자 하는 새로운 유형의 젊은 세대와 '가나안 성도'들의 온라인 교회 참여 의향이 매우 높다(68퍼센트).

그리고 기독교와 관련된 궁금한 부분이 있을 때 개신교인들이 가장 많이 선택한 것은 '온라인(인터넷, 유튜브 등) 검색'이다.[136]

---

[134] Haddon W. Robinson and Torrey W. Robinson, *It's All in How You Tell It* (Grand Rapids: Baker Books, 2003), 19-78.
[135] 한국기독교사회 문제연구원, "2020년 주요 사회 현안에 대한 개신교인 인식조사," 42-43. <http://www.jpic.org/data/20201014_survey.pdf>; '위드 코로나' 시대 한국 교회 신생태계 조성 및 미래전략 수립 조사 결과, "③애프터 코로나(After Covid-19) 새 변화 대비하자," <http://www.kidok.com/news/articleView.html?idxno=209817>.
[136] 목회데이터연구소, "한국 개신교인의 온라인 신앙 생활," 「Numbers」 151 (2022): 5.

성경적 예배와 전도의 본질을 더욱 강화하면서, 온라인예배(설교)와 전도를 통해 그들을 교회공동체로 다시 돌아오게 하는 균형잡힌 전략이 필요한 시점이다.

이런 상황을 고려할 때, 코로나 팬데믹으로 인해 더욱 전도사역의 위기를 겪고 있는 한국 교회는 예배와 전도의 성경적 본질을 더욱 강화하되, 가정, 직장(일터), 교회의 영역뿐 아니라, '총체적 공간 선교' 차원에서 온라인과 오프라인을 활용한 '하이브리드 방식의 전도 전략'이 필요하다.[137]

더 나아가 복음 전도를 중심으로 의료, 교육, 인재 양성, 문화, 교회 영역의 총체적 선교를 회복해야 한다.[138]

또한, 코로나 이후 선교사역이 극도로 위축되었다는 통계(80퍼센트)를 고려할 때, 디지털을 활용한 창의적인 선교 전략과 현지에서 행하는 사랑과 긍휼의 사역을 균형 있게 강화할 필요가 있다.[139]

6) 그리스도 중심적 언약 갱신 예배의 회복

코로나 이후 2022년 통계에 따르면, 온라인예배 참석은 가치가 있으나(72퍼센트), '온라인예배에 집중하기 어렵다'(56퍼센트)는 응답과 현장예배를 통해 하나님을 경험하길 원하는 비율(78퍼센트)이 높다는 점 등을 미루어 볼 때 성도들은 '대면예배로의 회귀'를 갈망하고 있는 것을 알 수 있다. 실제로 거리두기 전면 해제 후 주일 현장예배 참석률은 코로나 이전 대비 장년 73퍼센트로 나타났다.[140]

---

[137] 김성준, "포스트 코로나 생명선교," 222; 주상락, "포스트 코로나 시대의 전도와 선교 : 총체적 공간선교, 전도," 831-55.
[138] 박보경, "언더우드 총체적 선교," 89-101.
[139] 정봉현, "코로나19 기독교 선교환경의 변화 정책과제," 60-61.
[140] 목회데이터연구소, "한국 개신교인의 온라인 신앙생활," 9; 목회데이터연구소, "코로나 추적조사 결과 3 (목회자조사)," 4.

따라서 포스트 코로나 시대는 목회자와 평신도 모두 교회가 '주일 현장 예배 회복'을 교회 사역의 가장 중점적인 요소라고 응답하였다.[141]

그러나 향후 한국 교회의 목회와 예배 형태는 온라인과 오프라인을 분리하기 어렵고, 두 가지 방식을 병행하는 하이브리드 방식이 정착될 가능성이 크다고 전망되기에 성경적 예배의 본질을 강화하는 것을 근간으로 하여 가장 효과적인 방식으로 추진할 수 있도록 철저한 준비와 실천이 필요하다.[142]

개혁교회는 포스트 모던 시대 속에 언약적 예배로서의 말씀과 성령의 일하심(요 4:23-24)을 강조하는 예배의 본질을 회복해야 한다.[143]

그렇다면, 포스트 코로나 시대 성경적 예배의 '본질'을 더욱 강화하면서 동시에 현 상황을 반영한 개혁주의 예전의 대안적 방향은 무엇인가?

첫째, 디지털예배와 설교의 한계에 대한 개혁주의 실천신학적 고찰을 근거로 포스트 코로나 시대 활용 방안에 대한 목회적 방향 제시가 필요하다.

디지털예배는 하나님의 임재를 실제적으로 경험하는 것은 가능하지만, 예배자의 영혼과 육체의 모든 존재가 참여하고 반응하는 차원이 아니라 가상공간을 통한 개인적이며 실체적인 참여의 방식으로 이루어지기 때문에 분명한 한계를 내포하고 있으며, 공동체적 참여를 제한하는 방식이다.[144]

---

141 목회데이터연구소, "코로나 추적조사 결과 3 (목회자조사)," 7.
142 목회데이터연구소, "한국 개신교인의 온라인 신앙 생활,", 9, 12.
143 R. J. Gore Jr, *Covenantal Worship* (Philipsburg: P&R, 2002), 5.
144 주종훈, "디지털예배의 목회적 신학적 고찰과 실천 방향", 60-66. 주종훈은 "예배는 우리의 본질을 드러내는 하나의 실체로서 참여(substantial participation)하는 것일 뿐만 아니라, 몸을 수반해서 전인적으로 참여(holistic participation)하는 직접적인 경험이다. 일종의 실체적 경험을 제공하는 가상공간의 예배는 몸을 수반한 직접적인 대면예배와는 달리 축소되고 제한된 측면에의 경험만 이끌어 낸다"라고 말한다(주종훈, "디지털

따라서 몸과 전인이 하나님과의 인격적 만남과 대화에 적극적으로 참여함을 통해 언약 관계를 갱신하고 공동체와 연결되며 예배자의 삶이 "거룩한 산 제사"(롬 12:1-2)로 드려지도록 해야 한다.[145]

특히 팬데믹 기간 동안 더욱 약화된 성례전으로서의 성찬은 개혁교회의 주요한 은혜의 수단이기에 포스트 팬데믹 시대에 교회가 반드시 회복해야만 한다.

디지털예배의 한계성을 인식하면서, 교회는 전인이 참여하여 '영과 진리 안에서 드리는 예배'를 다시 회복하고, 디지털예배를 드리는 성도들을 향한 목회적 돌봄과 공동체적 환대와 교제를 균형 있게 실천해야 한다.

또한, 온라인 영상 설교의 한계점을 뉴 노멀의 흐름이 아닌 절대적인 노멀(normal)인 성경적 기준에 근거하여 분명하게 인식하면서 균형 있는 활용 방안을 개혁주의 설교신학에 근거하여 모색할 필요가 있다.[146]

온라인 설교는 객관적인 통계를 통해서도 집중의 어려움, 코이노니아의 한계, 생동감 있는 현장감, 나태해짐의 요인으로 인해 교회 현장예배의 설교보다 만족도는 낮은 것으로 나타났다.[147]

따라서 개혁주의 설교 신학적 관점에서 설교자들은 온라인 설교의 예배신학적, 목회공동체적, 온라인의 적실성 한계를 명확히 인식해야 한다.[148]

예배의 목회적 신학적 고찰과 실천 방향", 64).
145 주종훈, "디지털예배의 목회적 신학적 고찰과 실천 방향", 67-74.
146 김대혁, "포스트 코로나(Post-Covid) 시대 속 온라인 영상 설교의 한계점 인식과 설교학적 함의," 151-79.
147 조광현, "청중이 느끼는 온라인 설교와 현장 설교의 차이점에 관한 연구," 87-115를 참조하라. 온라인 설교를 해야 하는 설교자들을 위해 조광현은 설교자의 온라인 설교 역량 강화, 청중들이 설교를 집중하여 들을 수 있도록 방해요소들을 제거, 설교 청중들의 적극적인 참여 및 공동체적 만남(교제) 강화, 설교 청중에 대한 훈련 강화를 제안한다.
148 조광현, "코로나 시대, 영상 설교에 대한 설교학적 고찰," 181-209.

둘째, 포스트 코로나 뉴 노멀 시대 교회는 성경적 예배의 본질을 회복하기 위해 오직 변치 않는 '노멀'(normal)인 성경에 따라 예배의 원리와 방법을 정해야 한다.

휴즈 올리펀트 올드(Hughes Oliphant Old, 1933-2016)가 강조한 것처럼, "성경적 원리에 따라 우리는 예배드리는 방법과 수단을 정리하여 규제"해야 한다.[149]

종교개혁 이후 개혁주의 예배 갱신은 그 근본적 원리를 "오직 성경"(*Sola Scriptura*, 솔라 스크립투라)에서 찾으며, 성경이 기독교 예배의 내용과 형식을 궁극적으로 규정하도록 해야 한다.

동시에 성경이 단순한 예배모범서가 아니기 때문에 성경이 규정한 예배의 원리, 형식, 구성요소를 답습하지 않고, 현시대와 상황 속에서 교회가 분별력 있게 적용하고 실천해야 한다.[150]

셋째, 한국 교회는 하나의 고정된 예배 방식과 형태를 답습하지 말고, '언약적 통합예배'를 대안으로 추구해야 한다.

초대 교회 이후 지속된 예배 갱신의 역사적 흐름으로 볼 때, 어떤 하나의 고정된 예배 방식과 형태가 시대와 환경을 초월해서 답습해야 할 이상적인 모델이 되기는 어렵다. 올드(Old)가 강조한 대로, '고고학적 재구성'(Archaeological Reconstruction)과 '예전적 낭만주의'(Liturgical Romanticism)

---

149 Hughes Oliphant Old, *Worship That Is Reformed According to Scripture vol. 1*(Atlanta, GA: John Know Press, 1984), 17.

150 Ligon Duncan III., "하나님은 우리가 드리는 예배의 방법에 관심이 있으신가?", in 필립 그레이엄 라이큰, 데릭 W. H. 토마스, J. 리곤 던컨 3세 편집, 『개혁주의 예배학』(서울: 개혁주의 신학사, 2012), 62-63. 구약의 예배/절기 원리와 회당예배, 신약에서 단지 형식뿐인 헛된 예배와 바리새인들의 인간적인 예배를 거부하신 예수님의 새로운 언약적 예배관(마 15:1-14), 새 언약 백성들을 위한 계시중심적 예배, 예배의 장소에 대한 구속사적 전환(요 4:20-26), 바울이 제시한 공동예배의 내용과 특성들은 성경적 예배의 원리와 기준이라고 할 수 있다. James A. De Yong, *Into His Presence*, 황규일 역, 『개혁주의 예배』(서울: CLC, 2009), 28-37; Ligon Duncan III., "하나님은 우리가 드리는 예배의 방법에 관심이 있으신가?", 71-107

의 두 극단을 지양해야 한다.¹⁵¹

포스트 코로나 시대의 교회는 성경과 개혁주의 신학 전통의 가치를 현대적으로 복원시키면서, 동시에 고대-미래 통합적 예배를 추구해야 한다. 나아가 로버트 웨버(Robert Webber)가 제안한 '통합적 혹은 중도적 예배'(blended worship) 또는 '통합 예배'(convergent worship)를 고려해 볼 필요도 있다.¹⁵² 그리고 코로나 이후 새롭게 일어나는 디지털예배, 메타버스 예배 등에 대한 실용주의적 접근이 아닌 개혁 신학적 분별과 고찰이 필요하다.

제4차 산업혁명시대 메타버스 활용에 대한 통계에 의하면, 단기적으로 대응할 이슈가 아닌 중장기적 과제(63퍼센트)로 응답한 것은 아직은 메타버스와 가상공간을 활용한 예배에 대해 매우 신중하게 접근해야 한다는 인식의 반영인 것이다.¹⁵³

따라서 정확한 개념 정립도 되지 않은 채, 한국 교회 예배와 주일학교의 대안인 것처럼 수용하며 시작되고 있는 메타버스 예배와 교회에 대한 개혁주의 신학적인 평가와 실천신학적 검증이 선행되어야 하며, 매우 철저한 준비가 필요한 영역이다.¹⁵⁴

특히, 코로나 이후 가속화될 디지털 혁명과 메타버스 시대에는 다양한 가상세계와 연결된 예배와 교육이 가속화될 것으로 전망되지만, 먼저 교회는 이에 대한 실천신학적인 평가를 한 다음 성경적 세계관에 근거해 '가

---

151 Old, *Worship Reformed According to Scripture*, 165.
152 고대-미래 예배에 대한 상세한 이해를 위해서는 Robert Webber, *Ancient-Future Worship* (Grand Rapids: Baker Books, 2008)를 참조하라. 통합적 예배를 위한 논의를 위해서는 Robert Webber, *Blended Worship: Achieving Substance and Relevance in Worship* (Peabody: Hendrickson, 1996)를 참조하라.
153 목회데이터연구소, "포스트 코로나시대 교회학교 전략 방향," 11.
154 메타버스에 대한 최근 논의를 위해서는 조미나, "메타버스 가상공간에서 기독교적 소통과 공감의 가능성 연구," 한국복음주의 실천신학회, 제10차 신학포럼 (2022): 36-54. 균형잡힌 비판적 견해를 위해서는 라영환, "기독교 신앙과 메타버스," <https://www.kidok.com/news/articleView.html?idxno=215768>.

상'이 아닌 믿음의 실체적 본질(Substantial Nature)로서 '실상'(ὑπόστασις, 히포스타시스, 히 1:3; 11:1)에 초점을 맞추어야 한다.

넷째, 교회는 언약 갱신을 통한 복음 중심적 개혁주의 예배의 전통을 회복해야 한다.

개혁주의 예배는 새언약(new covenant)을 완성하신 그리스도 안에서 언약 갱신을 통한 하나님과의 만남이며, "하나님께서는 찬양을 받으시고 그의 교회는 축복을 받는, 하나님과 하나님 백성 사이에 규정된 연합 집회"이다.[155] 코로나 이후 교회가 개혁주의 예전과 예배모범(순서)을 회복하기 위해서는 종교개혁 특징들이 잘 반영된 웨스트민스터공의회의 전통의 복음 중심적 예전을 오늘날 회복해야 한다.

공적예배를 위한 예배규칙서의 목적은 획일적 예전 제공이 아닌 '복음의 명료성'을 보장하는 통일된 구성을 제공하는 것이다. 그렇기에, 브라이언 채플(Bryan Chapell)이 강조한 것처럼, '복음의 재진술'로서 그리스도 중심적 예배 구조의 형태를 살린 예전을 회복해야 한다.[156]

채플은 다음과 같은 그리스도 중심적 예전을 제안한다.

(1) 예배로의 부름: 언약의 주되신 하나님의 성품에 대한 '인정'으로 예배를 시작함
(2) 죄의 고백: 하나님의 영광에 대한 반응으로서 죄성에 대해 인정함
(3) 용서의 확증(복음을 통한 사죄의 확증)
(4) 감사와 청원: 복음을 깨달은 마음에서 나오는 반응(헌신의 표현)으로서 하나님의 은혜를 따라 그 분을 위해 살도록 도우시기를 바라는 소원

---

155 De Yong, 『개혁주의 예배』, 14.
156 Bryan Chapell, *Christ-centered Worship*, 윤석인 역, 『그리스도 중심적 예배』(서울: 부흥과개혁사, 2011), 79-100.

(5) 가르침: 하나님을 기쁘시게 하기 위한 지식의 습득으로서 성경 봉독과 설교

(6) 책임부여와 축도: 예배 가운데 영적 경험의 절정은 말씀대로 사는 것(요일 3:18), 설교의 철저한 적용, 하나님이 베푸신 언약의 축복으로 하나님을 위해서 살아가기

(7) 성찬(다락방 예전): '상징'을 통해 복음의 메시지를 강화함

복음을 일관되게 재진술하며 복음이 형태를 결정하는 예배를 통해 하나님은 대대로, 그리고 인간적인 한계를 넘어서 자신의 은혜를 전달하신다.[157]

예배는 웨버가 말한 대로 '하나님과 인간의 만남'이며, 그리스도의 피로 세운 새 언약의 복음이 예배의 모든 순서에 흘러야 한다. 따라서 한국 교회는 '언약 갱신을 통한 하나님과 언약 백성과의 쌍방향 만남'으로서 성경적 예배를 회복해야 한다. 전투하는 교회로서 한국 교회는 요한계시록의 승리하는 교회가 보여주는 '천상적 예배'를 오늘날 회복해야 한다.

코로나19와 비대면예배로 인해 교회가 예전이 약화된 상황에서 그리스도 중심적 언약 갱신 예전의 회복이 더욱 절실히 필요하다.

다섯째, 포스트 코로나 시대 참된 예배를 회복하기 위해서는 '전인적 참여'를 통한 대면(현장)예배의 회복과 통전적 삶의 예배 회복이 필요하다.

인격을 수반한 몸 전체가 참여하는 대면(현장)예배를 회복하기 위한 예배신학적 정당성도 강조되어야 한다.

현대의 예배가 예배자들의 '전인적이고 적극적인 참여'를 위해 갱신을 지속하는 과정에서 고려할 과제는 문화 수용의 적극적인 노력과 함께 인격으로서의 전인적 참여, 예배의 대화 구조 강화와 회복, 그리고 만족과

---

157 Chapell, *Christ-centered Worship* (Grand Rapids: Baker Academic, 2017), 129-52.

기대의 충족을 넘어선 삶의 형성을 이끌어내는 예배 실천을 추구하는 것이다.158

바울은 그리스도인의 삶 전체가 예배라는 성경적 예배의 개념을 강조하면서, 교회가 예배를 통해 세상 가운데 하나님의 나라를 이루어가는 것을 추구해야 한다고 강조한다.159

이같이 포스트 코로나 시대에는 크게 다섯 가지 방향으로 '성경적 예배의 본질'을 더욱 강화함으로써 개혁주의 예전을 회복해야 한다.

포스트 팬데믹 위기는 교회의 기회

포스트 팬데믹 시대의 위기에 대한 개혁주의 관점에서 제시하는 실천신학적 대안 제시가 여전히 부족한 상황에서, 본 장의 핵심 논지는 포스트 코로나에 관한 주요 학자들의 연구와 통계 분석이 공통적으로 제시하는 주요 위기와 도전들을 고찰한 다음, 이에 대한 개혁주의 실천신학적 관점에서 대안적 방향을 포괄적으로 제안하는 것이다.

본 장은 실천신학 각 영역을 포괄적으로 분석하고 대안을 제시하였기에, 향후 교회가 포스트 코로나 핵심 위기들을 어떻게 구체적으로 극복하며 대안을 제시할 것인지 예배, 설교, 교육, 상담, 전도, 소그룹, 개척, 심

---

158 주종훈, "현대예배 갱신 과제 소고: 전인적 참여와 삶의 형성을 위한 대화 구조 회복," 28-35. 이런 점에서 주종훈은 "기독교 예배갱신에서 의도한 전인적 참여는 새로운 참여와 기술에의 의존에 의한 참여라기보다는 인격성을 수반한 몸 전체의 참여를 의미한다. 예배갱신운동에서 의도한 전인적이고 적극적 참여(full conscious active participation)는 생각이나 감정을 더욱 집중해서 진지하게 몰입하는 방식으로 경험하는 것이라기보다는 인격성을 지닌 '몸 전체의 참여'(embodied participation)를 의미한다"고 강조한다(30).

159 김주한, "바울의 예배 기획 원리를 통해 본 코로나 시대의 교회 예배 방향성 제안," 47-48.

방 등 실천신학 각 분야의 학자들과 전문가들이 함께 더욱 구체적인 논의를 발전시켜 나갈 필요가 있다.

　나아가 각 교단의 총회, 노회 차원에서 포스트 코로나 시대에 한국 교회가 직면한 문제들과 다음 세대(주일학교)의 위기들을 극복하기 위한 전문가들의 통계 분석을 더욱 수렴하면서, 학자들의 통합적 학문 연구와 함께 특별대책본부(전문위원회), 상설 기구, 태스크 포스(Task Force: TF) 등을 통한 구체적인 방안(메뉴얼) 수립 및 시행이 긴급히 필요한 시점이다.

제7장

포스트 팬데믹 뉴 노멀 시대의 도전과 설교학적 방향과 대안(5R)

이러한 포스트 팬데믹 시대의 도전과 위기를 고려하면서, 교회와 설교자들은 본질적인 차원에서 설교의 대안적 방향성을 마련해야 할 필요가 있다.

코로나로 인해 비대면예배 기간이 길었음에도 불구하고, 성도들은 '성경 묵상과 기도'(58퍼센트) 다음으로 '담임목사님 설교'(48퍼센트)가 영적 성장에 중요한 요소라고 답했다. 이러한 조사 결과는 신앙생활을 지키는 데서 설교가 가진 중요성을 알게 해 주는 대목이다.[1]

그러나 2023년 한국기독교목회자협의회 조사에서는 개신교인들이 신앙 성장에 도움을 받는 요인 중 '출석교회 목회자 설교'는 2012년도 조사에서 64퍼센트였으나, 10년 만에 28퍼센트까지 급감하였다. 반면 '미디어'를 통해 받은 신앙적 영향은 2012년 1퍼센트에 불과했지만, 10년 만에 19퍼센트까지 급증한 것으로 나타났다.[2]

이처럼 코로나19 비대면, 뉴 노멀 시대를 지나면서 신앙 성장에 설교가 차지하는 비중이 빠르게 약화되고 있다는 점을 설교자들은 심각하게 인식할 필요가 있다.

---

1 목회데이터연구소, "한국 교회 코로나 추적조사(제4차) 결과," 4.
2 "한목협, 한국인의 종교생활과 신앙의식 조사 결과 발표,"<http://www.churchr.or.kr/news/articleView.html?idxno=10966>.

오현철은 코로나19 뉴 노멀 시대 설교 가운데 '사라지는 젊은 세대'에 대한 설교자의 인식, '사회적 공공성과 윤리설교', '교회와 지역단체의 연대', '토대의 안전성'에 대한 질문이 필요하며, 설교자는 '변화'가 아닌 기본으로 돌아가는 설교의 '본질적 회복이 필요하다'고 본다.[3]

그렇다면, 포스트 코로나 시대 설교의 본질을 회복하기 위해서는 어떤 설교학적 방향이 필요한가?

필자는 대안적 방향을 다섯 가지 키워드, 곧 **5R**(Renew, Revival, Reformed, Relevant, Revitalization)로 제시해 보고자 한다.

1. 뉴 노멀 설교가 아닌 '리뉴 노멀 설교'(Renew normal preaching)

코로나19로 인해 부상한 뉴 노멀 시대, 즉 '새로운 일상의 표준(정상성)', '시대마다 새롭게 부상하는 표준'으로 정의되는 뉴 노멀 사회의 도래가 한국 교회 목회와 설교 환경에도 영향을 미치고 있다.[4]

그러나 성경에서부터 역사 가운데 변함없는 영원한 원리이자 절대 표준으로서 언약을 갱신(Renew Normal)하는 강해설교의 '본질'을 더욱 확고히 추구해야 한다.

포스트 코로나 시대 한국 교회는 시대마다 부상하는 새로운 기준으로서 '뉴 노멀'(New Normal)에 무비판적으로 수용하거나 목회적(설교적) 뉴

---

3   오현철, "뉴 노멀 시대 설교의 변화," 117-44를 참조하라.
4   최동규, "코로나19 사태로 인한 뉴 노멀 시대의 목회," 장로회신학대학교 세계선교연구원, 「선교와 신학」 52 (2020): 171-200. 최동규는 다음과 같은 뉴 노멀 시대의 목회 환경 변화를 제시한다. 즉, 비대면 커뮤니케이션 역량의 강화, 건물 중심의 목회에서 사람 중심의 목회로의 변화, 모이는 교회와 흩어지는 교회의 균형, 목회자에게 의존하는 신앙에서 스스로 책임지는 신앙으로의 변화, 집단 중심의 목회에서 한 영혼에게 집중하는 질적인 목회로의 변화, 내적 역동성과 선교적 본질을 회복하는 목회의 균형.

노멀에 근거한 설교사역을 대안으로 추구하기 보다는 어느 시대나 변함이 없는 표준(Canon)과 규범(Normativity)인 성경적 언약을 새롭게 갱신하는 '리뉴 노멀'(Renew Normal)이 포스트 코로나 시대의 회복의 열쇠임을 알아야 한다.

성경의 역사부터 오늘날까지 시대마다 부상하며 새롭게 변경되는 표준이 아닌, 어떤 시대에도 변함이 없는 절대적인 표준인 '언약'(בְּרִית, 베리트)은 예수님께서 십자가의 피로 완성하심으로 하나님과 언약 백성과 맺은 맹세와 약정이다.[5]

따라서 뉴 노멀 시대 교회의 위기를 극복하는 사역과 설교의 근본적인 대안은 모든 시대 가운데 보편적인 기준으로 유효한 '영원한 언약'(창 17:7; 사 61:8)[6]에 기인해야 한다.

코로나 이후 새로운 시대를 대비해야 하는 설교자는 먼저 성경의 구속사(Redemptive History)를 통해 하나님께서 각 시대의 뉴 노멀이 아닌 '리뉴 노멀을 통해 새 시대를 열어가셨다'는 것을 인식해야 할 필요가 있다.

즉, 하나님께서는 사탄을 심판하신 후에 아담 언약(창 3:14-19)을 통해, 홍수 심판 후에는 노아 언약(창 6:18; 사 54:10)을 통해, 바벨탑 심판 후에는 아브라함 언약(창 15:18)을 통해, 애굽을 심판하고 출애굽 역사를 주신 다음에는 모세 언약(출 24:8)을 통해, 사울을 심판하시고 새로운 왕조를 시작하실 때는 다윗 언약(삼하 7:1-16; 시 89:3)을 통해, 바벨론을 심판하시고 이스라엘을 약속의 땅으로 귀환하게 하신 후에 새로운 시대의 소망을 주실 때는 영원한 언약(사 61:8)인 새 언약(렘 33:31-34)을 통해, 정사와 권세를

---

5   O. Palmer Robertson, *The Christ of the Covenants* (Phillipsburg, NJ: P & R Publishing, 1987), 4-15; Thomas R. Schreiner, *Covenant and God's Purpose for the World* (Wheaton, IL: Crossway, 2017), 13.

6   John Frame, *Systematic Theology: An Introduction to Christian Belief* (Phillipsburg, NJ: P&R, 2013), 60-62; Michael Horton, *Introducing Covenant Theology* (Grand Rapids: Baker Books, 2006), 182.

벗어버려 밝히 드러내시고 십자가로 승리하신(골 2:15) 예수님께서 흘리신 피로 세우신 새 언약(눅 22:20; 히 9:11-22)을 통해 새 시대를 열어 가셨다는 것을 깨달을 필요가 있다.[7]

포스트 코로나 시대 설교자가 추구해야 할 리뉴 노멀 프리칭(Renew Normal Preaching)은 새 언약(New Covenant, 고후 3:14-16)을 통해 그리스도와 연합된 신자들(롬 6:4-8)이 새 영과 새 마음으로 성화적 삶을 살아가도록 주권적으로 역사하시는 새 언약의 영(겔 36:27), 곧 '주의 영'(고후 3:3; 6, 17)의 결정적인 역할을 통해서 예수님의 형상을 닮아 점진적으로 변화(고후 3:18)되어 하나님의 영광 돌리는 설교이다.[8] 즉, 리뉴 노멀 설교는 철저히 '변화를 추구하는 설교'이어야 한다.[9]

현대 미국 개혁주의 부흥에 주요한 영향을 미친 설교자 중 하나인 스펄전도 언약 중심적 복음을 설교의 가장 핵심적 요소로 강조하였으며, 언약의 머리되신 그리스도께서 성취(비준)하신 구원을 설교 가운데 전파함으로 근대 칼빈주의 부흥의 도구로 사용하였다.[10]

마크 데버(Mark Dever, 1960-)에 의하면, 강해설교가 복음 전도적이어야 하는 이유는 모든 성경에서 언약을 성취하신 그리스도께서 말씀의 핵심이기 때문이며, 설교자는 신약뿐만 아니라 구약을 설교할 때도 본문의 주제 중 한 개 이상을 찾아 그리스도의 십자가와 부활에 집중해야 한다.[11]

---

[7] Robertson, *The Christ of the Covenants*, 67-278; Schreiner, *Covenant and God's Purpose for the World*, 113-19.
[8] George H. Guthrie, *2 Corinthians*, BECNT (Grand Rapids: Baker Academic, 2015), 222-29; Gordon Fee, *God's Empowering Presence* (Peabody, MA: Hendrickson Pub., 1994), 309-20, 876-82; Schreiner, *Covenant and God's Purpose for the World*, 56, 90-92; Frame, *Systematic Theology*, 59.
[9] Michael Fabarez, *Preaching That Changes Lives* (Nashville, TN: Thomas Nelson, 2005).
[10] Tom Nettles, *Living by Revealed Truth: The Life and Pastoral Theology of Charles Haddon Spurgeon*, 김재모, 임원주 역, 『스펄전 평전: 찰스 스펄전의 생애와 목회신학』 (서울: 부흥과개혁사, 2016), 305-06, 375-76; 박용규, 『세계부흥운동사』, 506-15.
[11] Philip Graham Ryken, Derek Thomas and J. Ligon Duncan III, *Give praise to God*: 김병

포스트 코로나 뉴 노멀 시대의 위기를 극복하기 위한 교회의 근본적인 방향은 교회와 예배(설교)의 '본질 회복'에 있다.[12]

개혁주의 본질에 충실한 경험적 설교를 위해서는 성령의 능력에 의지하여 설교자가 성경신학에 기초한 그리스도의 중심성을 청중들의 마음과 양심을 향해 선포해야 하고, 그리스도 안에서 믿음으로 죄인들을 초청하며, 회개로의 보편적 부르심을 회복해야 한다.[13]

포스트 코로나 시대 설교자는 뉴 노멀이 아닌 바울이 강조한 복음의 본질, 즉 인간적 지혜와 대조된 하나님의 능력과 지혜로서 그리스도의 십자가와 부활 중심의 복음 설교[14]를 더욱 강력하게 회복해야 한다.

'설교의 미련한 것'(folly of kerygma, 고전 1:21)은 설교 자체의 행위라기보다는 믿는 자를 구원하기 위한 복음 선포의 내용(content) 차원이다.

즉, 바울은 유대인의 표적과 헬라 철학과 수사학 전통으로 특징지어지는 인간의 지혜와 대조되는 "미련한 것"(μωρίας, 모리아스, 고전 1:21)과 "거리끼는 것"(σκάνδαλον, 스칸다론, 고전 1:23)으로서 십자가에 못박히신 그리스도를 선포하는(1:23) 설교의 형식도 강조하고 있다.[15] 포스트 코로나 시대 설교자들은 설교의 미련한 것으로 대별되는 설교의 목적을 회복해야 한다.

하, 김상구 공역, 『개혁주의 예배학』 (서울: P&R, 2012), 214-18; Dever and Gilbert, *Preaching*, 이대은 역, 『설교』, (서울: 개혁된 실천사, 2019), 144-48.

12 코로나19 이후 교회가 직면한 위기에 대한 교회의 대응 방향 가운데 가장 중요한 것을 '교회와 예배의 본질 회복'(43.7퍼센트)이라고 대답하였다. 김병국, "'위드 코로나' 시대 한국 교회 신생태계 조성 및 미래전략 수립 조사 결과: ③애프터 코로나(After Covid-19) 새 변화 대비하자," <http://www.kidok.com/news/articleView.html?idxno=209817>.

13 Joel R. Beeke, *Reformed Preaching: Proclaiming God's Word from the Heart of the Preacher to the Heart of His People* (Wheaton, IL: Crossway, 2018), 403-20.

14 James W. Thompson, "Paul's Preaching Ministry: Evangelistic and Pastoral Preaching in Acts," *Restoration Quarterly* 42 (2000): 20-23.

15 Gordon Fee, *1 Corinthians*, NICNT (Grand Rapids: Eerdmans, 2014), 64, 73-74.

즉, 바울은 그리스도와 십자가를 통한 복음의 소망을 주는 설교를 통해 세상의 강한 자들과 있는 자들을 종말론적 하나님의 심판을 통해 수치와 절망(무력함) 속에서 부끄럽게(καταισχύνω, 카타이스퀴노)하며, 아무 육체도 자랑하지 못하게(고전 1:27)하며, 그리스도의 의, 지혜, 거룩함만 자랑하게 해야 한다.[16]

하나님께서 이 시대에 설교자들을 말씀의 사환과 증인으로 부르사(행 26:16) '하나님의 은혜의 복음을 증언'하는(행 19:22-24) 사명자로 보내신 (ἀποστέλλω, 아포스텔로) 이유는 시대를 초월하여 변함없는 언약에 기초한 그리스도 중심적 복음 설교의 비전을 성취하시기 위해서이다.

즉, 리뉴 노멀 프리칭(renew-normal preaching)의 비전과 본질은 메시야의 하나님 나라 복음 사역(눅 4:18-19; 사 61:1-2)을 따라 '우주적 충돌'(cosmic conflict) 차원으로서 영혼들을 '눈 뜨게'(ἀνοῖξαι, 아노이까이) 하고(행 8:11, 20-23; 13:10; 19:13-19), 회개하고(μετανοεῖν, 메타노에인, 행 26:20) '어둠에서 빛으로, 사탄의 통치에서 하나님께로' 돌이키게(ἐπιστρέψαι, 에피스트레빠이) 하며, '죄 용서와 하늘의 기업을 얻게'하는 것이다(행 26:18).[17]

포스트 팬데믹 절망의 시대에 설교자들은 바울이 품었던 설교자의 비전을 회복해야 한다. 또한, 설교자는 비저너리(visionary)이다. 부활하신 그리스도께서 말씀을 통해 보여주신 '천상의 비전'(οὐρανίῳ ὀπτασίᾳ, 우라니오 옵타시아)[18]에 전적으로 순종한 설교자 바울처럼(행 26:19), 코로나 이후 설

---

16 Fee, *1 Corinthians*, 87; Gingrich, *Greek NT Lexicon*, (Bibleworks 10: Software for Biblical Exegesis and Research, CD-ROM.) (Norfolk, VA: Bibleworks, LLC, 2015.)

17 Darrell L. Bock, *Acts*, BECNT (Grand Rapids: Baker Academic, 2007), 717-18; Hughes Oliphant Old, *Worship That Is Reformed According to Scripture*, vol.1 (Atlanta, GA: John Knox Press, 1984), 178-80.

18 바울이 세 가지 부정사(infinitive) 구조를 통해 강조한 '비전'(optasia)은 사도행전 26장 13-14절(다메섹 도상에서 부활하신 예수님의 말씀을 듣고 만난 극적 사건), 주관적이며 내적인(신비적) 경험을 지칭하는 것이 아니고, 오히려 하늘에서부터 기인한, 그의 동료들에게는 보이지 않았던 방식으로, 바울의 내적 존재에 침투해 들어온 것으로, 부

교자들은 성령충만함으로 설교자의 소명과 사명을 다시 불타오르도록 기도하며, 하나님 나라의 은혜의 복음의 본질을 선포하는 사명을 완수할 때 하나님께서 미래에 보여주실 언약적 비전을 품어야 한다.

2. 개혁주의 부흥 설교(Revival Preaching)

설교자들은 언약 갱신(리뉴 노멀)을 통한 '부흥 설교'(revival preaching)를 회복해야 한다.

포스트 코로나 시대 교회의 침체와 소멸에 대한 대안은 칼빈주의 부흥목회와 설교의 회복이다.

설교자들은 구약의 부흥과 신약 시대의 부흥, 초대 교회와 중세의 영적각성운동, 종교개혁 이전 개혁자들의 영적각성운동, 종교개혁과 청교도운동을 통한 영적 각성운동, 18세기 영미부흥운동과 제1차 대각성운동, 제2차 대각성운동의 역사를 고찰해야 한다. 그리고 19세기 평신도부흥운동, 20세기 초 세계부흥운동, 20세기 전 세계로 확산된 부흥운동과 캠퍼스부흥과 미국의 부흥운동의 역사를 고찰하면서 현대의 부흥 설교를 연구해야 한다.[19]

첫째, 하나님의 절대주권 속에서 성경적 부흥을 경험하기 위해 진정한 회개와 돌이킴에 대한 설교가 회복되어야 한다.

활하신 예수님이 말씀하신 그의 사명(16-18절)과 바울이 어떻게 그 사명을 완수했는지에 대한 비전이라고 할 수 있다. David G. Peterson, *The Acts of the Apostles, The Pillar New Testament Commentary* (Grand Rapids: William B. Eerdmans Publishing Co., 2009), 669-70.

19 박용규, 『세계부흥운동사』 (서울: 생명의 말씀사, 2014)를 참조하라.

바울이 설교의 사명으로 강조한 생각과 감정을 변화시키는 회개(μετανοέω, 메타노에오, 막 1:15)와 삶의 방향을 근본적으로 전환하는 '돌이킴'(ἐπιστρέφω, 에피스트레포, 행 3:19; 26:18)[20]을 통한 영적각성운동이 일어나야 한다.

바울의 사도행전 13-19장에서 보여준 설교의 주요한 특징은 이방인들이 하나님께 돌아오도록 하는 복음의 본질에 충실한 설교였다.[21] 그런 면으로 볼 때, 코로나 이후 한국 교회 가운데 '회개의 합당한 열매'(행 26:20)를 강조하는 설교와 리더십이 회복되어야 한다.[22]

특히, 사도행전에 나타난 하나님의 주권적인 부흥, 즉 그리스도인들의 '회개'와 회심, 간절한 기도와 연합, 성령 충만한 공동체의 복음전파와 연합, 선교와 사회변혁 등과 같은 진정한 부흥을 사모해야 한다.[23]

둘째, 소위 '부흥주의'(Revivalism)와 구별되어야 할 진정한 부흥관은 먼저 성경적 부흥 정의[24]와 함께 단회적(오순절 성령강림)인 사건으로 다시는 일어나지 않는다는 '전면적인 거부'의 견해, 인간의 노력과 열망에 의해 반복될 수 있다는 '조건적인 성취' 혹은 '조작적인 가능성'과 같은 견해를 지양해야 한다. 그리고 하나님의 주권에 의해 반복될 수 있다는 '주권

---

20 Bock, *Acts*, 719.
21 John B. Polhill, *Acts*, The New American Commentary (Nashville: Broadman & Holman Publishers, 1992), 504-05.
22 오성주, "사회적 재앙과 위기상황에서 교회의 실천신학 과제," 한국실천신학회 정기학술세미나, (2021): 347-48.
23 박용규, 『세계부흥운동사』, 30. 박용규 의하면, 구약에 나타난 부흥의 특징은 다음과 같다: 1) 도덕적 타락과 민족적 어두움의 시대에 일어남, 2) 하나님의 한 순결한 종의 심령에서 시작됨, 3) 하나님의 말씀에 토대를 두고, 말씀을 능력으로 선포하는 결과로 일어남, 4) 사람들이 돌이켜 하나님을 진정으로 예배함, 5) 우상들을 버리고 죄로부터 돌이킴과 참된 회개와 순종, 6) 놀라운 기쁨과 즐거움 회복됨, 7) 민족적 번영의 시대가 도래함. Wilbur Smith, *Nine Characteristics of Great Revivals in the Old Testament* (Grand Rapids: Zondervan, 1937); 박용규, 『세계 부흥운동사』, 27에서 재인용.
24 부흥에 대한 성경적 정의에 대해서는 박용규, 『세계부흥운동사』, 47-64; 송인규, 『개혁주의 관점에서 본 회개와 부흥』(부흥과개혁사, 2011), 35-58.

적인 도래'의 견해를 견지해야 한다.[25]

패커(J. I. Packer, 1926-2020)가 말한 것처럼, "부흥은 하나님 자신의 실재성과 죄와 구원의 실재성을 불가항력이고 회피할 수 없을 만큼 생생하게 인식시키시는 하나님의 역사를 통해 영적인 실재를 강력하게 자각하는 것에 바탕을 두고 있다."[26]

따라서 포스트 코로나 시대의 교회는 조나단 에드워즈(Jonathan Edwards, 1703-58)가 강조한 칼빈주의 부흥관을 다시 견고히 하면서, 하나님의 주권 가운데 성령의 부으심을 통해 다시 위로부터 부흥이 임하여 하나님의 영광이 나타나도록 믿음으로 기도하며 간절히 사모해야 한다.

나아가 부흥을 막는 걸림돌을 제거하고, 부흥의 수혜자(참여자)가 되기 위해 기도, 성만찬, 자비 실천, 교회적 언약 갱신 등에 힘씀으로써 자신의 영혼 안에 성령을 통해 부흥이 일어나는 역사를 사모해야 한다.

제1차 대각성부흥운동(1740-42)에 대한 평가를 통해 에드워즈는 열광(신비)주의와 반부흥주의의 양극단적 견해를 반대하면서 칼빈주의 부흥관을 변호하고 정리한다.

특히, 최고의 부흥신학 고전으로 평가받는 『균형 잡힌 부흥론』(*Some Thoughts Concerning the Revival*, 1743)에서 에드워즈는 "부흥은 하나님의 영광스러운 역사이기에 잘못된 신학적 관점, 그리고 반대적인 자세나 영적 교만과 무지를 버리고 부흥을 고대하는 마음으로 최선을 다해 추구해야 한

---

25 Iain H. Murray, *Pentecost Today: The Biblical Basis for Understanding Revival* (Edinburgh: Banner of Truth, 1998), 7-32; 송인규, 『개혁주의 관점에서 본 회개와 부흥』, 63-177; 이러한 하나님 주권에 기초한 부흥관은 조나단 에드워즈(Jonathan Edwards, 1703-1758)와 칼빈주의 설교자들이 견지해 온 입장이다. 에드워즈의 부흥관에 대한 상세한 논의를 위해서는 이상웅, 『조나단 에드워즈의 성령론』, (서울: 부흥과개혁사, 2020) 361-419.

26 J. I. Packer, "The Glory of God and the Reviving of Religion," in *A God-Entranced Vision of All Things*, 96; 이상웅, 『조나단 에드워즈의 성령론』, 361에서 재인용.

다"라고 강조한다.[27]

셋째, 조나단 에드워즈의 부흥설교를 더욱 깊이 연구하고 적용해야 한다.

어네스트 클라센(Ernest E. Klassen)의 고찰에 따르면, 에드워즈의 부흥설교를 통해 우리는 지성과 마음을 향한 설교, 기도와 금식의 중요성, 지옥과 심판의 메시지, 말씀에 기초한 설교, 성령의 결정적 역할, 말씀을 통해 역사하시는 성령, 하나님의 탁월성, 설교자의 인격, 하나님의 주권과 인간의 책임과의 균형, 변혁적 적용, 개인적 겸손, 그리스도 중심적(Christocentrism) 설교의 교훈을 얻을 수 있다.[28]

부흥의 시대 설교자들은 성령의 부으심과 말씀과 함께 역사하시는 성령의 강렬함(Intensity), 열정(Passion)으로 설교함으로써 청중들의 참된 영적 각성을 촉구하고, 죄에 대한 참된 회개를 강조하며, 성령의 놀라운 은혜 체험을 누리며, 분명한 변화의 역사를 경험하게 한다.[29]

넷째, 최근에 일어난 새로운 칼빈주의운동처럼 성경과 하나님의 절대주권을 강조하면서, 역사 가운데 부흥을 강조했던 조나단 에드워즈, 스펄전, 마틴 로이드 존스(Martyn Lloyd-Jones, 1899-1981), 제임스 패커, 존 맥아더(John MacArthur, 1939-), 존 파이퍼(John Piper, 1946-) 등의 목회와 설교에 대한 연구와 실제적인 적용이 필요하다.[30]

27　Jonathan Edwards, *Some Thoughts*, 양낙흥 역, 『균형 잡힌 부흥론』 (서울: 부흥과개혁사, 2005), 385-697.

28　Ernest E. Klassen, *Revival Preaching: Twelve Lessons from Jonathan Edwards* (Eugene, OR: Resource Pub., 2021), 51-208.

29　Philip W. Keevil, *Preaching in Revival: Preaching and a Theology of Awakening* (Lanham, Maryland: University Press of America, 1999), 163-64; 박용규, 『세계부흥운동사』, 369-70.

30　주요 언론들의 보도와 현대 미국 개혁주의 부흥에 대한 상세한 논의를 위해서는 Collin Hansen, *Young, Restless, Reformed* (Wheaton, IL: Crossway, 2008)과 졸고 박현신, 「현대 미국 개혁주의 부흥에 대한 소고: 설교학적 관점으로」, 「신학지남」 325 (2015): 245-88을 참조하라.

나아가 다시 부흥하는 시대의 설교자들은 이전 역사 속에서 탁월했던 설교자들을 연구함으로 부흥의 도구로 쓰임받았던 것처럼, 현대 칼빈주의 설교자들에게 영향을 끼친 칼빈, 에드워즈와 스펄전뿐 아니라 조지 휫필드(George Whitefield, 1714-1770), 존 낙스(John Knox, 1514-1572), 존 번연(John Bunyan, 1628-1688), 무디(D. L. Moddy, 1837-1899) 등에 대한 한국 교회 설교자들의 지속적인 연구가 회복되어야 한다.[31]

다섯째, 이러한 성경적, 역사적 부흥에 대한 재발견과 사모함을 통해 코로나 이후 크리스천은 먼저 이 세대의 거대한 시류에 떠내려가지 않고 거슬러 올라감으로, 하나님께 돌아가 마음이 새롭게 갱신(ἀνακαίνωσις, 아나카이노시스)되어 변화되어야 한다(롬 12:2). 그리고 영적으로 잠자는 자들은 영적 각성을 통해 깨어서 '일어나야'(ἀνίστημι, 아니스테미) 한다(엡 5:14).

초기 한국 교회가 원산부흥운동과 평양대부흥운동을 통해 "놀라운 교회 성장을 넘어 민족의식과 세계관의 변화, 성적 타락의 회개, 교육의 회복, 신분제도의 변화, 미신의 타파, 여성 신분의 상승 등" 여러 가지 각종 사회를 향한 영향력을 발휘하는 결정적 계기가 되었던 것처럼, 한국 교회와 크리스천들의 영적 각성과 부흥은 오늘날 한국 교회의 대사회적 영향력과 신뢰도를 근본적으로 바꾸는 열쇠가 될 수 있다.

이를 위해 스펄전처럼 하나님께서 주권적 역사 가운데 '옛 복음 설교의 부흥'을 기도(합 3:2)하고 열망하며 철저히 성령의 능력에 의지했던 것처럼, 설교자들은 이같은 설교를 추구해야 한다.[32]

포스트 코로나 시대 설교자들은 특별히 설교의 준비 과정에서의 성령의 부어주심, 해석과 적용 과정에서의 성령의 조명하심, 전달 과정에서의

---

31 Joel Beeke eds., *Calvin for Today* (Grand Rapids: Reformation Heritage, 2009), 227-40; 박규규, 『세계부흥운동사』 162-67, 249-67, 290-329, 506-15, 516-32, 850-67; Beeke, *Reformed Preaching*, 174-348.
32 Charles H. Spurgeon, 송용자 역, 『스펄전의 부흥 열망』 (서울: 지평서원, 2001), 12-26.

성령의 나타나심, 설교 전달 후의 삶 가운데 성령의 열매 맺게 하심의 과정까지 설교의 모든 과정에 있어서 성령을 전적으로 의지해야 한다.[33]

로이드 존스의 영향을 받아 부흥과 성령의 역사가 필요함을 현대에도 열정적으로 외친 파이퍼의 설교를 주목할 필요가 있다.[34]

코로나19로 인해 제4차 산업혁명이 가속화되고 있는 이 시점에 설교자들은 하나님의 주권적 부흥을 사모하며 개혁주의 신학의 본질에 충실한 부흥 설교를 회복하고 선포해야 한다.

3. 개혁주의 '경험적 설교'(Reformed Experiential Preaching)

포스트 코로나 시대에 부흥 설교를 위해서는 '개혁주의 경험적 설교'(Reformed Experiential Preaching)를 추구해야 한다.

조엘 비키(Joel Beekee)는 주요 역사적 개혁주의 설교자들의 설교를 고찰하면서, 이 시대 개혁교회가 회복해야 할 '경험적 설교'는 다음과 같은 본질적 특성을 가진다고 역설한다.[35]

(1) 진리에 근거한 진정한 신자의 경험(경험을 통해 입증된 진리)으로서 이상적이면서 실제적인 설교
(2) 참 신자와 거짓 신자를 구별할 수 있게 되는 설교

---

33 Greg Heisler, *Spirit-Led Preaching* (Nashville, TN: B&H Academic, 2007), 7-153; 박현신, "변혁적 설교의 전(全) 과정에서 성령의 다차원적 역할," 개혁 신학회, 「개혁논총」 42 (2017): 201-46.
34 John Piper, "A Passion for Christ-Exalting Power: Martin Lloyd-Jones on the Need for Revival and Baptism with the Holy Spirit," <http://www.desiringgod.org/resourcelibrary/biographies/a-passion-for-christ-exalting-power>.
35 Beeke, *Reformed Preaching*, 24-41; Mark Dever, "Where'd All These Calvinists Come From?" <http://9marks.org/article/whered-all-these-calvinists-come-from>.

(3) 진리를 자주, 지혜롭게 삶에 적용하는 설교
(4) 성경적, 신학적, 경험적, 실천적 요소들의 균형을 이룬 설교
(5) 구원의 하나님과 연합된 교제를 깊어지게 하는 설교
(6) 하나님의 말씀에 기초한 경험을 발전시킨 설교
(7) 현대의 피상적인 경험을 넘어 개혁주의 전통의 깊은 지혜가 담긴 설교
(8) 신자의 영혼에 새로운 영적 감각을 만족시키는 영적 양식을 제공하는 설교
(9) 죄에 대한 비통함과 은혜의 달콤함을 맛보게 해 주는 설교

개혁주의 경험적 설교는 그리스도 중심적 복음과 하나님의 주권에 대한 개혁주의 진리, 설교자와 성도들의 거룩함에 초점을 둔 개혁주의 경건(εὐσέβεια, 유세베이아)과 영성(spirituality)이 필수적 요소이다.

또한, 개혁주의 경험적 설교자(Experiential Preacher)는 열정적인 설교, 성령께 철저히 의존하는 기도, 자신에게 먼저 말씀을 적용하는 진정성, 그리스도를 경험하는 삶의 지속적 성장, 옛 사람을 끊임없이 십자가에 죽이는 경건, 하나님 나라의 우선순위에 따른 사역과 리더십의 특징을 갖고 있다.[36]

개혁주의 경험적 설교의 모델인 칼빈에 의하면, 설교자는 겸손히 하나님의 말씀을 전하며 청중은 설교자를 통해서 듣는 말씀을 하나님께서 말씀하시는 것처럼 경청해야 한다. 그리고 오직 말씀 가운데 일하시는 성령의 사역으로 성도는 진리를 '경험'하며, 말씀에 대한 지적 동의에서 머무르지 않고 견고한 확신 가운데 경건의 실천이라는 열매를 맺게 된다.[37]

36　Beeke, *Reformed Preaching*, 58-93.
37　Joel R. Beeke, "Calvin as an Experiential Preacher," *Puritan Refomed Journal* 2 (2009): 131-54.

그리고 제1차 대각성부흥운동의 도구로 쓰임 받은 에드워즈가 강조한 것처럼 설교자는 '청중들 안에 거룩한 감정(Holy Affection)을 불러일으킴, 지성에 진리의 빛을 비춤, 거룩한 상상력을 사용함, 말씀의 경고를 선포함, 청중들의 반응을 촉구함, 청중들의 정서를 분별함, 설교자가 먼저 기도 가운데 성령께 의탁하면서 상하고 부드러운 마음을 준비함, 청중들에게 강렬한 인상과 호소를 남김 등'의 부흥 설교의 요소들을 회복해야 한다.[38]

또한, 칼빈과 에드워즈처럼 코로나 이후 영적 경험을 갈망하는 청중들을 위해 균형 잡힌 개혁주의 '경험적 설교'를 추구해야 한다. 이를 위해서 설교자들은 먼저 기독교의 객관적 요소들과 주관적 요소들을(딛 3:1-8) 모두 견지하면서 하나님의 주권과 인간의 책임에 대한 개혁주의 관점을 가지고 설교의 성경적, 교리적, 경험적, 실천적 요인들을 균형 있게(행 2:14-40) 전달해야 한다.[39]

비키가 강조한 것처럼, 하나님과 인간에 대한 성경적 교리를 예리하게 분석하면서, 성령의 능력과 조명하심을 철저히 의지하고, 그리스도 중심적 설교를 선포하며, 죄인들을 그리스도 안에서 회개와 믿음으로 초청해야 한다.

그리고 칭의, 그리스도와의 연합과 성령, 영적 전투, 도덕법, 사랑, 정서, 천국에 대한 설교를 통해 그리스도의 형상을 닮아 거룩한 삶을 살아감으로 하나님의 영광을 경험할 수 있도록 해야 한다.[40]

이러한 강해설교 신학과 경험적 설교를 추구하면서, 파이퍼(John Piper)는 '강해적 환희로서의 설교'(Preaching as Expository Exultation)를 회복하기 위해서는 성경 본문들에 대한 철저한 강해와 적용이 있어야 한다는 설교 철

---

38 Piper, *The Supremacy of God in Preaching* (Grand Rapids: Baker, 1990), 67-105.
39 Beeke, *Reformed Preaching*, 352-65.
40 Beeke, *Reformed Preaching*, 353-439.

학의 두 기둥을 세웠다.⁴¹

또한, 파이퍼는 "이러한 설교 철학과 예배의 본질이 유기적으로 연결되어 있다"고 말하면서, "하나님의 영광과 주권, 그리스도 안에 있는 영광(The Supremacy of God In Christ)을 전인격적으로 '경험'하기 위해서는 성령을 통한 예배로서의 설교(Preaching as Worship)를 추구해야 한다"고 강조한다.⁴²

이러한 경험적 설교의 맥락에서 파이퍼는 성경 본문과 청중의 '실재(Reality)'라는 두 세계를 끊임없이 연결시키고자 한다.

다시 말해, 설교자가 강해의 희열을 가지고 본문에 대한 철저한 연구를 통해 성경 본문 당시 청중의 실재와 현실의 삶을 드러내고 커뮤니케이션함으로 청중들이 그 실재를 볼 수 있도록 도와야 하고, 충실히 본문을 강해(Exposition)함으로써 성령의 영감을 받은 저자가 의도한 실재를 최대한 경험하도록 해야 한다고 강조한다.⁴³

4. 언약 중심적 다양한 영역의 적용(Relevant Preaching)

포스트 코로나 시대 설교자들은 개인과 사회 전 영역을 하나님 나라 복음으로 변혁시키기 위한 그리스도 중심적, 언약 중심적 적용(Covenant-Based Application)이라는 개혁주의 설교 적용 전통을 다시 회복해야 한

---

41 Piper, *The Supremacy of God in Preaching*, 41.
42 John Piper, *Expository Exultation: Christian Preaching as Worship* (Wheaton, IL: Crossway, 2018), 25-30. Piper, *The Supremacy of God in Preaching*, 9; Piper, "Preaching as Worship: Meditations on Expository Exultation," *TJ* 16 (1995): 29-45.
43 Piper, *Preaching Exulation*, 159-69. 파이퍼가 강조하는 설교의 '실재'(the reality)는 "성경본문을 통해 성경 저자가 커뮤니케이션하려고 하는 것"이다(189). 성경본문과 실재를 연결시키는 파이퍼의 실제 세 가지 예를 위해서는 169-85를 참조하라.

다. 성경 본문이 의도한 의미에 기초한 원 적용은 보편적인 원리인 언약의 렌즈를 통과한 다음 현 청중들을 향한 적용으로 나아갈 수 있다.

비키에 의하면, 설교의 적용은 "우리의 설교에서 다룬 주제가 청중의 삶에 어떻게 접목되며, 그들이 그 주제에서 얻을 수 있는 실제적인 지침은 무엇인지, 또 그 주제로 인해 그들에게 부과되는 실제적인 요구들은 무엇인지를 제시하는 것"이다.[44]

켈러(Timothy Keller, 1950-2023)는 설교의 본질이 "하나님의 말씀에 기초한 그리스도 중심적 강해와 청중의 삶을 향한 적용"이라고 정의한다.[45]

그리스도 중심적 적용을 위해서는 '무엇, 어디에, 누구, 왜, 어떻게'라는 다섯 가지 표준적 질문을 사용함으로써 은혜의 관점과 의무를 성도들의 삶에 적용해야 한다.[46]

또한, 경험적 설교를 위해서 설교자는 하나님과 친밀히 동행하며 기도 가운데 말씀과 청중을 깊이 분석하고 순수한 동기와 열정을 가지고 먼저 성경의 진리를 설교자 자신에게 먼저 '적용'하고 경험해야 한다.[47]

비키는 설교의 적용은 '설교자 자신에게서 시작된다'고 강조한다. 그리고 그에 따른 여섯 가지 주제를 다음과 같이 제시했다.

(1) 하나님과 친밀하게 동행하기
(2) 책들을 연구하기
(3) 사람들을 연구하기
(4) 성령님께 의존하며 계속 기도하기

---

[44] Joel R. Beeke, *Reformed Preaching*, 송동민 역, 『설교에 관하여』 (서울: 복있는 사람, 2019), 551-52.
[45] Keller, *Preaching*, 20-21.
[46] Bryan Chapell, *Christ-Centered Sermon*, 안정임 역, 『그리스도 중심 설교 이렇게 하라』 (서울: CUP, 2015), 16.
[47] Beeke, *Reformed Preaching*, 370-83.

(5) 마음 속에서 자연스럽게 우러나오는 방식으로 말하기
(6) 순전한 동기를 키워나가기

그렇다면, 포스트 팬데믹 시대 설교의 본질적인 대안으로서 다양한 영역의 적실성과 변혁적 적용을 회복하기 위해서는 설교자들에게 무엇이 구체적으로 필요한가?

첫째, 포스트 코로나 시대의 설교자들은 변혁적 적용을 위해 청중과 사회에 대한 분석이 필요하다.

비키는 개혁주의 경험적 설교의 적용을 위한 윌리엄 퍼킨즈(William Perkins, 1558-1602)의 일곱 가지 청중 분석에 주목하면서, 이 시대에도 다양한 종류의 청중들을 주해하는 "청교도 설교의 전통을 회복해야 한다"고 역설한다.[48]

데버에 의하면, 교회의 영적 건강을 회복하기 위한 방안 중 하나는 다양한 청중의 영적 상태에 대한 분별 뿐 아니라 다양한 종류의 적용을 적합하게 설교자가 제시하는 것이다.[49]

나아가 비키는 존 제닝스(John Jennings)의 청중의 영적 상태에 따른 분류와 열세 가지 적용을 제시한다.

즉, 개혁주의 경험적 설교를 위해서는 '조롱하고 반박하는 자들을 향한 책망, 세속적이며 무지한 죄인들을 향한 경고, 정죄받은 죄인들에게는 그리스도를 향한 회개, 자기 의에 찬 도덕주의자들에게는 논증, 위선자들을 향해서는 책망, 힘이 없는 그리스도인들에게는 위로와 격려, 죄에 다시 빠지는 그리스도인들을 위해서는 깨어남(각성)'이 필요하다.

---

48 Beeke, *Reformed Preaching*, 170-71.
49 Mark Dever and Greg Gilbert, *Preach: Theology Meets Practice* (Nashville, TN: B&H Pub., Group, 2012), 113.

또한, '박해와 고난받는 신자들을 향해서는 격려, 성숙하고 확신있는 그리스도인들을 향해서는 가르침, 죄로 인해 탄식하는 자들을 향해서는 그리스도의 속죄와 용서, 상하고 겸손한 자들에게는 위로, 방향 제시가 필요한 자들을 위해서는 인도하심, 영적인 어둠과 두려움 가운데 있는 자들을 향해서는 하나님을 신뢰함에 대한 적용이 필요하다'는 것이다.[50]

개혁주의 설교 표준법에서도 '청중의 영적 상태를 분석하여 낙심자에게는 위안적 적용을, 악을 행하는 자들에게는 훈계적 적용을, 구원받은 자(덕의 상태에 있는 자)와 죄의 상태 있는 자(악덕을 일삼는 자)들에게는 분별적 적용을, 덕 또는 선행에 대한 애착과 갈망이 있는 자들에게는 권면적 적용 등을 설교자가 전해야 한다'는 것을 가르치고 있다.[51]

둘째, 코로나19의 장기화로 인해 가장 큰 타격을 입은 주일학교, 청소년사역에 대한 분석과 함께, 다음 세대 설교의 본질과 전략을 개혁주의 설교학 관점에서 다시 긴급하게 세워야 할 시점이다. 이를 위해서는 청교도 전통에 대한 현대적 발전 모델을 개발할 필요가 있다.

나아가 세대 통합 설교와 가정예배의 입체적 설교모델이 필요하다.[52] 예를 들어, 주일 설교의 본문을 가지고 모든 다음세대사역이 체계적인 설교 계획 속에서 동일하게 시행하고, 교사들은 학생들과 더 세밀하게 함께 나누며, 부모들은 설교의 주요 메시지와 적용을 가정에 가져가서(take home message) 자녀와 함께 가정예배를 통해 구체적으로 나누고 점검하는 '원포인트 설교사역'이 필요하다.[53]

---

50 Beeke, *Reformed Preaching*, 365-67.
51 Petrus Van Mastricht, *De Optima Concionandi Methodo*, 이스데반 편역, 『개혁주의 표준설교법』, (서울: CLC, 2017), 142, 148, 156, 164.
52 이승우, "세대 통합예배에서의 설교에 관한 연구," 한국복음주의실천신학회, 「복음과 실천신학」 46 (2018): 169-201; 이광수, 함영주, "세대 통합예배의 활성화를 위한 가정예배의 회복," 서울신학대학교 기독교신학연구소, 「신학과 선교」 53 (2018): 205-42.
53 Reggie Joiner, *Think Orange: Imagine the Impact When Church and Family Collide* (Colorado Springs, CO: David C. Cook, 2009).

셋째, 설교자가 말씀의 다양한 적용 레시피를 통해 건강한 영적 식단을 교회에 공급하는 것이 필요하다.

예를 들어, 데버는 "적용 격자"(Application Grid)라 불리는 도구를 사용해서 이를 통해 적용에 대한 다양한 범주의 질문을 던진다.

즉, 설교자들은 교회의 건강한 회복을 위해서 '본문 핵심이 구속사의 진행과 어떻게 연결되는가, 비 기독교인들에 대해 어떻게 적용되는가, 사회와 정책 결정자들에게 어떻게 적용되는가, 예수님에 대해 어떻게 말하는가, 각각의 신자들에게 어떻게 적용되는가, 직장(일)과 가족 문제에 대해 어떻게 적용하는가, 자신이 섬기는 교회공동체에 어떻게 적용되는가를 적용하는 질문을 적절하게 활용해야 한다'고 강조한다.[54]

만약, 설교자가 영적 편식 설교를 한다면 '다양한 적용 오류 패턴'이 나타날 수 있으며, 이는 그리스도의 몸된 교회의 건강에 적신호가 켜지게 할 수 있다.[55] 설교자는 적용지향적 강해설교의 다양한 적용 레시피를 통한 '영적 오가닉 설교'를 통해 성도들의 영혼을 건강하게 만들어야 한다.

넷째, 포스트 코로나 시대에 한국 교회의 공공성 회복을 위해서는 사회 영역에 대한 개혁주의 설교의 적용이 필요하다.

켈러는 철저히 그리스도와 복음이라는 이중 렌즈에 근거하여 복음 신학화와 복음 세계관을 통해 모든 성경에서 그리스도를 설교하는 탁월한 모델을 보여준다.[56]

나아가 그리스도 중심적 복음이 어떻게 하나님, 공동체, 도시, 문화와 연결되는지 다양한 적용의 모델도 제시한다. 그리고 다차원적 범주의 변혁을 지향하는 설교를 통해 개인, 가정, 교회, 직장, 도시와 문화, 사회 정

---

54 Dever and Gilbert, *Preaching*, 93-95.
55 박현신, 『포브릿지 프리칭』 (서울: CLC. 2017), 52-60를 참조하라.
56 박현신, 『일곱 가지 키워드로 열어보는 팀 켈러의 설교세계: 가스펠 프리칭』, 74-115.

의, 정치와 국가, 종교 영역의 적용도 제시한다.[57]

특히, 켈러는 코로나 시대에 가장 주요한 화두로 일컫는 정의와 공공성에 대한 설교와 사회적 적용의 좋은 모델도 보여준다.[58]

스펄전도 그리스도 중심적 설교를 통해 '개인 구원'에 강조를 두었을 뿐 아니라, 당시 가난한 산모, 도축업자, 농부, 맹인, 노동자, 고아, 빈곤 목회자, 복음 전도자 후원 등 터버너클 교회와 연결된 66개의 기관 등을 통해 다양한 사회 적용과 공공성을 설교하고 교회와 함께 실천하였다.[59]

다섯째, 코로나19 이후 한국 교회가 가장 중점적으로 회복해야 할 사회적 공공성 회복을 위해서는 언약에 기초한 다차원적 도덕성의 적용이다.

구약과 신약의 언약은 그리스도인의 삶의 전 영역에서 실천해야 할 윤리적 적용의 '보편적 원리'(The Universal Covenant)이다.[60]

설교자는 성경 본문성과 원 적용에 기초하면서도 그리스도와 새 언약에 근거한 개인과 양심 영역의 윤리, 가정 영역의 윤리, 교회 영역의 윤리, 경제 윤리, 정치 윤리, 국가 윤리, 환경 윤리 등의 다층적인 개혁주의 윤리 영역의 적용 지평을 열어가야 한다.[61]

특히, 코로나19 이후 가속화되고 있는 제4차 산업혁명과 AI 혁명으로 인해 제기되고 있는 도덕적 이슈와 윤리적 문제들에 대해서 언약에 기초한 윤리적 적용을 설교 가운데 제시해야 할 필요가 있다.[62]

---

57 박현신, 『일곱 가지 키워드로 열어보는 팀 켈러의 설교세계: 가스펠 프리칭』, 200-35.
58 Timothy Keller, *Generous Justice*, 최종훈 역, 『정의란 무엇인가』, (서울: 두란노, 2012), 114-22.
59 Nettles, 『스펄전 평전-찰스 스펄전의 생애와 목회신학』, 537-617.
60 Frame, *Systematic Theology*, 60-62.
61 포스트 코로나 시대 교회의 공공성 회복을 위한 개혁주의 윤리 적용 회복의 차원에서 개혁주의 윤리적 설교의 핵심 개념과 방향, 강해설교의 윤리적 적용을 위한 보편적 윤리의 기준에 대한 해석학적 함의, 성경의 언약에 기초한 윤리적 적실성 범주의 방향성에 대한 상세한 논의를 위해서는 졸고 박현신, "개혁주의 설교의 윤리영역의 적용에 관한 연구," 신학지남사, 「신학지남」 88/1 (2021): 255-302를 참조하라.
62 박용범, "제4차 산업혁명시대의 기독교 사회생태윤리 모색," 한국기독교사회윤리학

5. 교회 건강 회복을 위한 다양한 강해설교 전략(Preaching for Revitalization)

코로나 이후 심각한 질병의 징후를 보이는 교회들의 영적 건강을 회복하기 위한 '리바이털 프리칭'(Revital Preaching)이 절실히 요청된다.

톰 레이너가 『죽어가는 교회의 정밀 해부』(Anatomy of a Revived Church)라는 책에서 말한 영적 중병에 걸린 많은 교회들이 가장 먼저 회복해야 할 것은 무엇인가?[63]

코로나 이후 교회는 외부적, 양적 성장의 측면보다 영적, 질적 건강 회복을 통해 교회의 생명을 갱신(Revitalization)하는 패러다임 쉬프트가 필요하며, 교회공동체의 어떤 요소보다 가장 중요한 강해설교와 말씀사역이 회복되면 교회는 자연스럽게 영적으로 건강이 회복되고 전도와 공동체를 비롯한 다른 사역들도 제대로 기능하게 된다.

설교자는 레이너의 조사 결과와 데버의 모델을 통해 살펴본 것처럼, 교회의 건강과 활기찬 생명력을 회복하는 첫 번째 열쇠가 진정한 강해설교의 회복임을 잊지 말아야 한다.

마찬가지로, AI 혁명의 거센 도전과 위기 앞에 중병에 걸린 한국 교회가 다시 생기를 찾기 위해서는 먼저 말씀과 성령으로 돌아가야 한다.

포스트 코로나 시대 리뉴 노멀 설교는 영적으로 건강한 교회를 회복하기 위해 복음 전도 강해설교와 강해적 교리(문답)설교 등을 설교 캘린더

회,「기독교사회윤리」41 (2018): 101-32; 김광연, "트랜스휴머니즘과 인간 양식의 변화에 나타난 윤리적 문제들: 인공지능 시대에 삶의 미정성과 유한성이 주는 가치," 한국개혁 신학회,「한국개혁 신학」54 (2017): 135-64; 이완형, "인공지능 상용화에 따른 성경적 관점의 윤리 가이드라인에 관한 연구," 한국로고스경영학회,「로고스경영연구」16 (2018): 117-40.

[63] Thom Rainer, *Autopsy of a Deceased Church: 12 Ways to Keep Yours Alive* (Nashville, TN: B&H Pub., 2014), 85-101.

(preaching calendar)를 통해 준비하고 강화해야 한다.

첫째, 복음 전도적 강해설교의 모델로서 바울에 대한 연구와 적용도 필요하다.

제임스 톰슨(James W. Thompson)은 사도행전의 바울의 설교를 전도적 설교자(evangelistic preacher)로서 전한 것의 모습으로 평가하면서,[64] 바울은 다른 사람들의 사역의 터 위에 사역을 펼치지 않고 전도적 설교를 추구했고 (롬 15:20), 주도적 선포와 목회적 권면을 함께 추구하는 선교적 설교로서 전도적 설교를 지향했다고 말했다.

바울의 전도 설교는 설교의 여러 기능을 효과적으로 활용하여 그리스도의 구속사역 중심의 설교, 변증적이면서 상황화를 통한 선교적인 설교, 참된 회심과 반응을 촉구하면서도 회중들의 반응은 다양하게 나타난 설교라고 할 수 있다.

이러한 성경적 전도 설교의 기초 위에서 개혁주의 설교는 청중이 진리를 경험할 수 있도록 하나님에 대한 교리(신론), 인간에 대한 성경적 진리(인죄론), 그리스도에 대한 교리(기독론), 구원론, 교회론, 성령론에 근거한 강해적 전도 설교와 변증적 전도 설교 본질과 다양한 전략을 회복할 필요가 있다.[65]

둘째, 데버가 보여주는 건강한 교회를 위해서는 비회심자들과 비 기독교인들을 이해하고 배려하는 차원의 '복음 전도적인 설교'와 회심자들과 성도들의 덕을 세우고 영적 건강을 위한 '강해설교'를 유기적으로 통합한

---

64 Thompson, "Paul's Preaching Ministry," 19.
65 Beeke, *Reformed Preaching*, 386-400; 전도 설교의 필요성과 정의, 성경적 고찰, 설교 신학적 근거, 효과적인 개혁주의 전도 설교 전략을 위해서는 박현신, "전도 설교에 대한 개혁주의 설교학적 고찰," 한국복음주의실천신학회, 「복음과 실천신학」 39 (2016): 105-36.

'복음 전도적인 강해설교'를 포스트 코로나 시대 설교자들은 연구할 필요가 있다.

데버가 제시하는 복음 전도적 설교는 어떤 형태보다는 설교의 내용이 결정한다. 왜냐하면, 복음 전도적인 설교를 통해 그리스도인은 세상을 이해할 뿐 아니라 삶 가운데 개인 전도라는 결과를 낳게 되기 때문이다.[66]

특히, 코로나 이후 무종교인과 가나안 성도들, 자유로운 신앙생활을 추구하는 '플로팅 크리스천들', 회의주의자들과 같은 부류가 증가하는 상황 속에서 개혁주의 복음 전도적 강해설교를 한국 교회는 실제적으로 적용하는 것이 필요하다.

예를 들어, 교회와 성도의 영적 건강 회복을 위해 '성경 전체 개관 설교', '책별 연속 강해설교', '주제별 시리즈 강해설교', '단락형 강해설교', '교리 강해설교', '인물 강해설교' 등을 미리 기획하는 것이다.[67]

한 예로, 영적 건강 회복을 위해 가장 핵심적으로 필요한 설교 중 하나인 '단락형 강해설교'(PDP)란, 하나의 사상을 담은 단위의 본문을 정해서 주해하고, 그 주해에서 추출된 핵심 교리에 대한 신학적 분석에 뿌리를 둔 청중 지향적 적용을 제시하는 강해설교의 한 형태이다.

이 형태를 인체로 비유해 본다면, 설교자는 신체의 각 부분이 정상 기능을 하도록 심혈을 기울여야 하는 것이다.

그 핵심 기능은 성경신학과 설교 철학, 본문에 대한 주해의 수축과 팽창, 본문에서 나와 온 몸을 순환할 중심 사상과 교리의 혈액, 단락형 교리

---

[66] Mark Dever, *Nine Marks of a Healthy Church*, 이용중 역, 『건강한 교회의 아홉 가지 특징』 (서울: 부흥과개혁사, 2007), 52-53; Dever and Gilbert, *Preach*, 55-59; Mark Dever, "복음 전도적인 강해설교", in Philip G. Ryken, Derek W. H. Thomas, J. Ligon Ducan III. eds, *Give Praise God,* 김병하, 김상구 역, 『개혁주의 예배학』 (서울: 개혁주의 신학사, 2012), 213-38.

[67] Dever and Gilbert, *Preach*, 68-78; 팀 켈러의 다양한 시리즈 강해설교를 위해서는 박현신, 『7가지 키워드로 본 팀 켈러의 설교세계: 가스펠 프리칭』, 349-60.

설교의 주요 뼈대, 서론, 본론, 결론의 뼈대에 살 붙이기, 삶 가운데 실천적인 열매를 맺게 하는 예화와 적용, 최고의 수사학적 기술을 활용한 커뮤니케이션 전략이라고 할 수 있다.

이같은 단락 강해설교는 다른 설교 형태보다 본문에서 나오는 적용을 제시할 수 있다는 장점이 있다. 건강한 단락형 강해설교는 본문과 함께 청중을 모두 고려하기에, 청중의 개인 심리적, 사회통계학적, 세계관/문화, 영적 우상과 영적 상태에 대한 주해도 필요하다.

설교자는 청중의 말씀 실천 정도로 영적 상태를 분석하고 건강을 측정해야 한다.[68]

이런 점에서 켈러는 청중의 마음과 영적 상태를 분석하는 탁월한 모델을 보여주는데, 청교도 전통을 현대에 더욱 발전시켜 다음과 같은 청중의 영적 상태 열두 가지 종류를 분석하고, 이를 토대로 청중의 마음을 향한 설교를 통해 영혼을 깊이 변화시키는 설교를 추구한다.[69]

(1) 의식적 불신자
(2) 교회를 다니지 않는 명목상 크리스천
(3) 교회를 다니는 명목상 크리스천
(4) 평안 안에 거하지 못하는 죄 인식을 가진 영적 각성 있는 자
(5) 배교자
(6) 새로운 신자
(7) 성숙하고 성장하는 크리스천
(8) 영적 성장 가운데 삶의 부담 혹은 어려움을 당하는 자
(9) 죄와 죄의 유혹, 시험을 당하는 자

68　박현신, "단락형 교리 강해설교," 「목회와 신학」 (2018년 7월호): 161.
69　박현신, 『7가지 키워드로 본 팀 켈러의 설교세계: 가스펠 프리칭』 177-79.

(10) 비성숙한 자(영적 아이)

(11) 침체에 빠진 자(불순종)

(12) 영적으로 이전 상태로 돌아간 자

포스트 팬데믹 시대 청중들의 영혼을 책임지고 돌보는 목회자로서 설교자는 그들의 영적 상태와 영적 질병을 정확히 진단하고 말씀으로 치료해 줄 수 있는 '영적 명의'가 되어야 한다.

셋째, 코로나 기간 동안 약해진 영적 건강을 회복하기 위해서는 '오직 성경, 오직 은혜, 오직 믿음, 오직 그리스도'에 대한 신앙고백과 함께 개혁주의 신조들(사도신경, 니케아신경, 아타나시우스신경)과 요리문답과 신앙고백서(하이델베르크, 웨스트민스터, 벨직, 돌트)에 대한 개혁주의 전통을 살린 설교와 교육이 필요하다.[70]

나아가 철저한 개혁주의 신학과 성경 본문에 기초한 '강해적 교리 설교'를 설교자들은 재발견하고, 포스트 코로나 시대와 청중들의 영적 건강을 책임질 수 있는 다양한 설교 레시피를 개발할 필요가 있다.

예를 들어, 토피컬 교리 설교, 테마틱 교리 설교, 본문형 교리 설교, 단락형 교리 강해설교, 변증형 교리 설교 등 다양한 강해적 교리 설교와 요리문답과 신앙고백서를 활용한 다양한 교리 설교를 창조적으로 활용할 필요가 있다.[71]

한 예로, 리차드 백스터(Richard Boxter, 1615-1691)는 모든 사역 중에서 교리문답 교육을 실천할 때 가장 좋은 결과를 얻었다고 강조하면서, 교리문답교

---

[70] James K. A. Smith, *Letters to a Young Calvinist: An Invitation to the Reformed Tradition* (Grand Rapids: Brazos Press, 2010), 49-64.

[71] 다음의 졸고를 참조하라. 박현신, "다양한 교리 설교 형태에 관한 연구," 한국복음주의실천신학회, 「복음과 실천신학」 52 (2019) 101-134; 박현신, "요리문답을 통한 개혁주의 교리 설교 연구: 하이델베르크 요리문답에 기초한 다양한 교리 설교 형태를 중심으로," 「총신대논총」 38 (2018): 403-40.

육의 부흥이 교회의 목회사역을 회복시키는 최고의 전략이라고 보았다.[72]

코로나 이전에 비해 교회의 '새신자 유입과 사역'이 가장 저조한 부분이다. 코로나19 이후 증가하고 있는 온라인예배만 드리고 교회 현장예배에는 나오지 않는 성도들, '가나안 유형의 신자', '온라인 노마드 신자'(유목민 유형)에 대한 개혁주의 설교학 관점의 창조적인 대안과 지혜로운 전략도 필요하다.

이를 위해 먼저 현장 중심의 예배에서 철저한 강해설교의 본질과 질적 수준을 높이는 것이 우선적으로 필요하며, 보조적으로 수준 높은 온라인 컨텐츠로 제작하여 변증, 복음 전도에 활용하는 방안 등을 통해 뉴 노멀 시대에 대한 적응과 준비도 필요한 시점이다.

넷째, 개혁주의 변증 설교를 통해 불신자들과 회의주의자들에게 복음 세계관을 전해야 한다.

포스트 코로나 시대에 증가하고 있는 세속주의와 불신앙(불신 세상)에 대한 기독교 신앙과 성경적 진리(참 하나님에 대한 배타적 참 진리)의 적용을 통해 '소망에 관한 이유'(벧전 3:15)를 성경의 가르침과 일치하는 방식으로 제시하고, 비기독교적 세계관에 대한 기독교적 복음 세계관이라는 전제주의적 방어(증명), 변호, 공격(비판)을 추구하는 개혁주의 변증 설교를 회복해야 한다.[73]

나아가 포스트 코로나 시대 포스트모던 문화를 변혁시키기 위한 문화 상황화와 변증 설교에 대한 연구와 적용도 필요하다. 포스트 코로나 시대의 '포스트-에브리씽 세대'(Post-Everything Generation)를 향하여 개혁주의

---

72 Kelly M. Kapic, Randall C. Gleason, *An Invitation to the Puritan Classics*, 김귀탁 역, 『청교도 고전으로의 초대』 (서울: 부흥과개혁사, 2008), 238-40.
73 Cornelius Van Til, *Christian Apologetics* (Phillipsburg, NJ: P&R Pub., Co., 1976), 1; Frame, 『하나님 영광을 위한 변증학』, 23; Robert L. Reymond, *The Justification of Knowledge*, 이승구 역, 『개혁주의 변증학』 (서울: CLC, 1989), 9.

의 '마음 속 전제주의 변증 설교'의 좋은 전략을 보여주는 팀 켈러의 변증적 설교에 대한 연구와 적용도 적실하게 필요하다.[74]

제4차 산업혁명, AI 시대 급증하는 무종교주의자(종교없음)와 세속주의자, 가나안 성도, 플로팅 크리스천, 회의주의자들에 대한 전제주의적 해체 변증, 복음 중심적 변증의 세 가지 기능(증명, 변호, 비판), 전제주의의 변증 패턴, 4단계 전제주의의 변증(지성적 연결, 논리적 타당성 연결, 신뢰 단계, 복음과의 친밀한 단계), 포스트 모던의 우상을 해체하기 위한 변증 설교가 한국교회 설교자들에게 절실히 요청된다.

좋은 예로, 켈러는 청중들 안에 있는 다음과 같은 영적 우상들을 상세히 분석한 다음, 복음 중심적 변증 설교를 통해 우상을 해체하는 설교를 보여준다.

즉, 기독교 행복주의를 추구하는 강해설교의 본질을 먼저 신학적 우상, 성적 우상, 주술적·의식적 우상, 정치적·경제적·이데올로기 우상, 인종적·국가적 우상, 소속의 우상, 관계·가족의 우상, 종교적 우상, 무종교의 우상, 철학적 우상, 문화적 우상, 심층적·내면의 우상(권력, 인정, 안락함, 외모, 통제력, 의존, 독립, 일, 성취, 물질, 행복, 고통), 감정의 우상 (통제되지 않는 갈망들, 죄책감, 쓴뿌리, 공허감 등)으로 나누어 분별했다.

그리고, 이러한 우상을 해체하고 세계관을 변혁시키기 위한 복음 중심적 전제주의의 변증을 추구한다.

또한, 켈러는 기능적 우상들을 분별할 수 있는 '적용적 질문'을 통해 청중들이 설교 가운데 자신 안에 있는 우상들을 스스로 발견하고 심리적, 도덕적 접근이 아닌 복음 중심적 접근을 통해 우상들을 회개하고 제거할 수 있도록 하는 변증적 설교모델을 보여준다.

---

[74] 이에 대한 상세한 논의를 위해서는 박현신, 『7가지 키워드로 본 팀 켈러의 설교세계: 가스펠 프리칭』, 116-72를 참조하라.

포스트 팬데믹 시대의 설교자들이 이러한 켈러의 복음 중심적 변증 설교를 더욱 연구하고 적용한다면 많은 유익과 청중들의 변화와 열매가 있을 것이다.[75]

다섯째, 코로나 이후 제4차 산업혁명과 뉴 노멀 시대에 강조되고 있는 '행복'에 대하여 성경적인 행복을 설교할 필요가 있다.

어거스틴은 『행복한 삶에 관하여』(*De beata vita*)에서, 영혼이 갈망하는 것이 행복이며, 행복의 기준은 행운이나 우연에 종속되지 않으며, 지속적인 것 곧 사랑하며 원하는 대상을 소유하는 것이라고 말한다.

즉, 인간은 '오직 영원하고 불변하는 대상이시며 자비로우신 하나님을 소유하는 것이 가장 행복한 삶'이다.[76] 또한, 설교자들은 개혁주의 변증을 통해 제4차 산업혁명이 가속화되는 시점에서 궁극적인 '행복'이 최고의 가치인 포스트 코로나 시대의 대안으로서 '기독교 행복주의'(Christian hedonism)를 설교해야 한다.

"하나님은 우리가 그 분 안에서 가장 만족할 때 우리 안에서 가장 영광을 받으신다"는 기독교 행복주의 철학(명제) 아래 파이퍼는, 모든 강해설교가 추구해야 할 설교 철학을 역설한다.

즉, 설교의 궁극적 목적은 세 가지이다.[77]

(1) 가장 먼저는 '하나님의 영광'이며, 그 영광을 경험함으로 청중들이 변화될 수 있는 것이다(고후 3:18).

---

75 상세한 내용을 위해서는 박현신, 『일곱 가지 키워드로 열어보는 팀 켈러의 설교세계: 가스펠 프리칭』, 159-72를 참조하라.
76 강인모, "아우구스티누스의 '신을 소유함'의 두 의미: 『행복한 삶에 대하여』를 중심으로," 범한철학회, 「범한철학」 77 (2015): 115-51.
77 파이퍼의 삼위일체 하나님 중심적 설교 철학에 대한 상세한 논의를 위해서는 John Piper, *Expository Exultation: Christian Preaching as Worship* (Wheaton, IL: Crossway, 2018), 201-65를 참조하라.

(2) 모든 설교에서 오직 자랑해야 할 대상이 되고, 성도들을 의의 종으로 살게 하는 '그리스도의 십자가'이다.

(3) 성령께서 신자들을 기쁨과 사랑, 영생을 추구하게 하심으로 가능하게 되는 '믿음의 순종'이다.

파이퍼에 의하면, 청중들에게 행복을 갈망하는 마음은 보편적인 인간의 경험이기에 행복해지려는 갈망을 부정하지 않고 오히려 더욱 이 갈망을 지속적으로 강화해야 하며, 가장 깊고 가장 오래도록 지속되는 행복은 하나님 안에서만 찾을 수 있음을 깨달아야 한다.

그러니, 결국 하나님 안에서 행복해 하고, 하나님을 즐거워하며, 그의 교제와 호의를 간직하고, 즐기며, 그 행복을 다양한 사랑의 방식으로 이웃에게 나누게 되는 삶으로 하나님을 영화롭게 한다.[78]

5R 프리칭, 포스트 팬데믹 시대 설교의 나침반

포스트 코로나 시대의 교회와 관련된 다양한 연구가 2020년 이후 활발하게 이루어지고 있지만, 교회 회복의 열쇠인 '설교'가 나아가야 할 대안적 방향에 대한 연구는 아직 미미한 상황이다.

본 장의 중심 논지는 교회와 목회자들이 팬데믹의 역사적 흐름과 포스트 팬데믹 시대의 핵심적 전망을 파악하고, 최근의 통계 분석을 통해 교회가 직면한 주요 위기를 인식하면서 개혁주의 설교학적 관점에서 본질

---

78 Piper, *Expository Exultation: Christian Preaching as Worship*, 30; Piper, *The Supremacy of God in Preaching*, 29; John Piper, 『하나님을 기뻐하라(개정증보판)』, 33-34; 박찬호, "존 파이퍼의 "기독교 희락주의": 웨스트민스터 소요리문답 1번과 관련하여," 개혁 신학회, 「개혁논총」 14 (2010): 195-227.

적 대안을 포괄적인 방향에서 제안하는 것이다.

포스트 코로나 뉴 노멀 시대 개혁주의 설교학적 기본 방향은 리뉴 노멀 설교를 통한 강해설교의 본질을 더욱 강화하는 것에 있다.

구속사 가운데 하나님께서 언약을 갱신하심으로 새로운 시대를 열어가신 것처럼, 코로나19 이후 제4차 산업혁명과 AI 혁명이 가속화되는 문명사적 전환의 시점에서 한국 교회와 설교자는 뉴 노멀 설교가 아닌 언약에 근거한 리뉴 노멀 설교, 성령의 부으심을 통한 부흥 설교, 개혁주의 경험적 설교, 언약에 기초한 다차원적 적용, 교회 건강을 회복하기 위한 다양한 강해설교 전략을 회복하고 창조적으로 발전시켜 나가야 한다.

한편으로, 다섯 가지 설교의 대안은 어느 시대 때나 필요한 본질적인 설교의 방향이라고 할 수 있다.

그러나 포스트 코로나 뉴 노멀 시대에 개혁주의 언약신학의 본질에 충실한 리뉴 노멀 프리칭은 더욱 새롭게 회복되고 깊이 있게 강화되어야 할 필요가 있다.

역사적으로 산업혁명이 일어나는 시점에 하나님은 교회의 회개와 기도, 말씀과 성령에 사로잡힌 설교자의 부흥 설교를 통해 주권적인 부흥을 부어주신 것처럼, 코로나 이후 제4차 산업혁명이 가속화되는 현 시점에 개혁주의 언약 중심적 복음 설교, 부흥 설교, 경험적 설교, 적용지향적 설교, 다양한 강해적 교리 설교와 변증적 전도 설교는 어느 시대보다 더욱 효과적으로 강조되어야 한다.

필자는 향후 이에 대한 더욱 발전적 연구를 통해 포스트 코로나 시대의 도전에 맞선 설교학적 응전으로서 '다섯 가지 5R(Renew, Revival, Reformed experiential, Relevance, Revitalization)과 관련된 더욱 구체적인 방법론과 실제적인 모델들을 목회자들을 위해 제안하고 나눌 예정이다.

에필로그

영적 리셋을 통해
영적 판도를 바꾸는 교회와 크리스천

포스트 팬데믹 시대의 거대한 변화(The Great Reformation)의 물결이 몰려오는 이 시대에, 제4차 산업혁명과 AI 시대의 위기와 도전에 응전하기 위해서는 먼저 교회를 다니는 모든 성도는 다음과 같은 질문에 답할 수 있어야 한다.

나는 진짜 크리스천인가?
우리는 진짜 교회인가?
교회와 크리스천이 어떻게 포스트 코로나 시대에 세상의 판도를 바꿀 수 있을까?

포스트 팬데믹 뉴 노멀 시대의 본격적인 리부트(Reboot)가 사회 전 영역에서 실행되고 있는 이 시기는, 어떤 시대보다 교회의 리바이벌(revival)과 크리스천의 영적 리셋(reset)이 필요하다.

성경에서 주님이 세우신 교회와 참된 크리스천이 반드시 회복해야 할 영적 본질을 회복하는 것이 '리바이벌'이자 '영적 리셋'이다.

시대마다 바뀌는 기준을 따라가는 뉴 노멀 시대의 도전 앞에서 크리스천은 어떤 시대에도 변치 않는 언약(Covenant)과 절대 진리인 말씀의 기준을 따라갈 때, 하나님 나라 복음의 지혜와 능력으로 세상을 영적으로 리셋하게 될 것이다.

코로나19 팬데믹 이후 세상의 판도가 급격히 변혁되는 이때에, 그리스도인이 가장 우선적으로 회복해야 할 본질적 키워드는 다름 아닌 '교회와 그리스도인이라는 정체성'이다.

교회(敎會)에 해당하는 신약 성경의 헬라어는 '에클레시아'(ἐκκλησία, 교회)로서 하나님의 뜻대로 부르심을 받은 성도, 곧 '예수 그리스도의 것'으로 부르심을 입은 자들(κλητοί, 클레토이)이 모인 그리스도의 몸된 공동체이다(마 16:18; 롬 1:6-7; 고전 1:2).

> … 내가 이 반석 위에 내 교회(에클레시아)를 세우리니 음부의 권세가 이기지 못하리라(마 16:18).

이것이 교회의 본질이다.

그리스도인(Christian)에 해당하는 신약성경 헬라어는 '크리스티아누스'(Χριστιανός, 크리스천)로서 신약에 3번(행 11:26; 26:28; 벧전 4:16)만 등장한다. 이 단어는 '소속', '추종'을 의미하는 접미어(이아노스)와 '기름 부음 받은 자'라는 의미의 '그리스도'(크리스티)가 합쳐진 것이다.

> … 제자들이 안디옥에서 비로소 그리스도인(크리스티아누스)이라 일컬음을 받게 되었더라(행 11:26).

따라서 '크리스티아누스'는 그리스도와 동일화(identification)를 강조하는 본질적 의미를 담고 있을 뿐만 아니라, 그리스도인으로서 자긍심(pride)을 불어넣기에 충분한 영적 정체성이고, 교회의 주인이 되시는 예수 그리스도를 전적으로 따르는 제자(Radical Disciple)들을 향해 세상이 인정해서 이름을 붙여준 '가장 명예로운 호칭'이 아닐 수 없다.

따라서 포스트 코로나 뉴 노멀 시대, 제4차 산업혁명과 초지능, 초융합, 초연결을 통해 세상의 판도를 바꾸고 있는 AI 혁명의 거대한 도전에 응전하기 위해서는 한국 교회와 성도들이 소명 혁명(calling revolution)을 통해 교회와 크리스천의 본질을 회복함으로 영적 판도를 바꾸는 사명을 최고의 가치(행 20:24)로 삼아야 한다.

그러므로 부르심을 입은 공동체로서의 교회와 그리스도를 추종하는 제자로서의 크리스천은 제4차 산업혁명과 AI의 도전과 이 시대의 위기를 하나님 나라를 건설하는 기회로 삼아야 하며, 반드시 영적 판도를 바꾸어어야만 한다. 영적 판도를 바꾸기 위해서는 다음과 같은 열 가지 응전을 통해 영적 리셋의 비전을 품어야 한다.

첫째, 그리스도를 추종하는 크리스천과 부르심을 입은 자들의 공동체인 교회가 포스트 팬데믹 제4차 산업혁명, AI 시대의 도전에 응전하기 위해서는 참된 회개(μετανοέω, 메타노에오)와 돌이킴(ἐπιστρέφω, 에피스트레포)이 있어야 하며, 이를 통해 '영적 리셋'되는 부흥과 '새롭게 되는 날'(행 3:19)을 경험함으로 영적 판도를 바꾸어야 한다.

한국 교회 크리스천들은 먼저 하나님의 얼굴을 구하고 통회하며 겸손한 심령으로 하나님께 돌아가야만 한다. 그러면서, 영적 이른 비와 늦은 비를 내려 주심으로 다시 살아나게 해주시고 치유와 부흥(חָיָה, 하야)을 주실 것을 기도하며 사모해야 한다.

> 오라 우리가 여호와께로 돌아가자 여호와께서 우리를 찢으셨으나 도로 낫게 하실 것이요 우리를 치셨으나 싸매어 주실 것임이라 여호와께서 이틀 후에 우리를 살리시며(하야) 셋째 날에 우리를 일으키시리니 우리가 그의 앞에서 살리라 (호 6:1-2).

또한, 세상과 불신자들이 교회공동체와 그리스도인을 새롭게 인정하고 칭송할 수 있도록 바나바와 같이 '착함과 성령과 믿음으로 충만한' 크리스천으로 새롭게 갱신되어야 하며, 참된 제자공동체로서 지상명령(the Great Commission, 행 1:8)에 순종하는 미셔널 라이프(Missional Life)를 통해 한국과 온 열방에 선한 영향력을 주어야 한다.

그래서 '영혼들로 하여금 새롭게 눈뜨게 하며, 주께 돌아오게 하고, 천국 기업을 누리게 함'(행 26:18-20)으로 영적 판도를 바꾸는 미셔널 처치(Missional Chruch)의 비전(ὀπτασία, 옵타시아, 행 26:19)을 품어야 한다(행 11:19-26).

> 그 눈을 뜨게 하여 어둠에서 빛으로, 사탄의 권세에서 하나님께로 돌아오게 하고 죄 사함과 나를 믿어 거룩하게 된 무리 가운데서 기업을 얻게 하리라 하더이다(행 26:18).

한국 교회와 크리스천들은 AI 혁명 시대에 하나님 나라의 비전 혁명을 통해 영적 게임 체인저가 되어야 한다.

둘째, 크리스천과 교회는 제4차 산업혁명, AI 혁명의 뉴 노멀 시대의 영적인 사자굴의 위험과 예배를 무너뜨리려는 적그리스도의 도전과 공격 속에서도 살아계신 하나님을 향한 불굴의 기도와 예배에 목숨을 걸어야 한다. 그리고 거룩한 예배 혁명으로 응전하는 영적 리셋을 통해 세상에 하나님의 이름을 위한 형통(צָלַח, 츨라흐)을 증명함으로써 영적 판도를 바꾸어야 한다(단 6:1-28; 3:30).

> 이 다니엘이 다리오 왕의 시대와 바사 사람 고레스 왕의 시대에 형통(츨라흐)하였더라(단 6:28).

예배 혁명이 AI 혁명의 위기를 기회로 바꾸는 '열쇠'이다.

셋째, 크리스천과 교회는 제4차 산업혁명, AI 혁명의 뉴 노멀 시대에 순금 등대(교회공동체)가 직면한 '큰 산'이 평지가 되는 역전의 역사와 작은 자를 통해 큰 일을 이루시는 하나님 나라의 영적 성전 재건을 위해 감람나무 되신 그리스도를 통한 '성령의 기름'이 다시 공급되어야 함을 알아야 한다.

> … 만군의 여호와께서 말씀하시되 이는 힘으로 되지 아니하며 능력으로 되지 아니하고 오직 나의 영으로 되느니라 큰 산아 네가 무엇이냐 네가 스룹바벨 앞에서 평지가 되리라…(슥 4:6-7).

성령의 기름 공급(רוח, 루아흐)을 통해 교회와 크리스천들이 다시 감동(עור, 우르, 학 1:14; 에 1:1, 5; 슥 4:1)을 받고 깨어(awake) 일어서는 영적 리셋을 통해 영적 판도를 바꾸어야 한다.

하나님의 감동으로 공동체에 기름을 공급하는 정치 지도자 스룹바벨과 종교 지도자 여호수아와 같은 리더들을 길러내는 것이 영적 판도를 바꾸는 핵심 전략이 될 것이다(슥 4:1-10).

넷째, 크리스천과 교회는 포스트 코로나 제4차 산업혁명과 AI 혁명이 가져올 엑소더스 시대, 영적 트릴레마(trilemma)의 위기 가운데서도 전능하신 하나님의 뉴-엑소더스(new-exodus)를 통해 영적 리셋을 경험해야 한다.

영적 홍해의 법칙을 통해 AI 혁명의 도전 앞에서 두려워하지 말고 가만히 서서 살아계신 하나님의 구원을 보아야 한다.

또한, 오직 하나님의 강한 손과 펴신 팔만 바라보고 마른 땅을 믿음으로 밟으며 나아감으로써 세상이 하나님의 하나님 되심과 교회의 교회됨을 알게 함으로 영적 판도를 바꾸어야 한다(출 14:10-18).

> 여호와께서 너희를 위하여 싸우시리니 너희는 가만히 있을지니라(출 14:14).

다섯째, 크리스천과 교회는 포스트 코로나로 가속화되는 제4차 산업혁명의 블랙스완 시대에, 영적 닻과 같은 부르심의 혁명을 통해 영적 리셋을 이루어야 한다.

AI 혁명의 도전에 응전하기 위해 부르심을 받은 자들로서 교회(에클레시아)는 하나님의 능력과 지혜인 그리스도의 십자가의 소망을 품고, 미련한 자를 택하여 부르신 이유를 깨달아(클래시스 패러독스) 세상을 '부끄럽게'(καταισχύνω, 카타이스퀴노) 하고, 강한 자들을 폐하며, 오직 그리스도 복음만을 자랑함으로 영적 판도를 바꾸어야 한다(고전 1:24-29).

> 그러나 하나님께서 세상의 미련한 것들을 택하사 지혜 있는 자들을 부끄럽게 하려 하시고 세상의 약한 것들을 택하사 강한 것들을 부끄럽게(카타이스퀴노) 하려 하시며 (고전 1:27).

여섯째, 크리스천과 교회는 포스트 코로나로 가속화되는 제4차 산업, 뉴 노멀 혁명의 위기와 도전 앞에서 새언약의 일꾼이라는 가장 영광스러운 직분을 받은 사명자라는 인식을 가지고, 사방으로 욱여쌈을 당하는 상황 가운데서도 낙심하지 말고, 연약한 질그릇 안에 담긴 최고의 보석인 십자가와 부활의 복음(유앙겔리온)이라는 본질을 회복함으로 예수님의 생명만 나타내(φανερωθῇ, 파네로데, 고후 4:10-11) 죽은 영혼들을 살려내는 영적 리셋을 해야 한다.

> 우리가 항상 예수의 죽음을 몸에 짊어짐은 예수의 생명이 또한 우리 몸에 나타나게(파네로데) 하려 함이라(고후 4:10).

또한, AI 혁명을 통한 트랜스휴먼과 가상 시대에 크리스천은 성경적 실상인 종말론적 하나님 나라의 복음을 사실적으로 선포해야 하며, 견고하며 흔들리지 않고 최종 부활 승리를 얻은 성도의 사명을 완수함으로 영적 판도를 바꾸어야 한다(고후 4:1-10; 고전 15:5-58).

일곱째, 크리스천과 교회는 포스트 팬데믹으로 본격화되는 제4차 산업혁명의 초불확실성의 시대에서 반드시 믿음의 확신과 능력을 회복함으로 영적 리셋을 해야 한다.

세상을 이기는 믿음으로 무장한 크리스천과 교회는 '하나님의 말씀대로 되리라'는 절대적 현재의 믿음(πιστεύω, 피스튜오, 요 11:26-27)을 가져야 한다. 그 믿음으로 이 시대의 나사로들을 돌을 옮김으로서 살려내는 역사를 가지고 영적 판도를 바꾸어야 한다(요 11:17-37).

> 무릇 살아서 나를 믿는 자는 영원히 죽지 아니하리니 이것을 네가 믿느냐(피스튜오)
> (요 11:26).

또한, 소명자들이 모인 교회는 하나님께서 주신 온전한 신뢰의 믿음(אָמַן, 아만, 민 12:7; 창 15:6)으로 하나님이 허락하신 약속의 땅으로 올라가 취하는 이 시대 영적 게임 체인저로서 여호수아와 갈렙 세대를 키워내야 한다(민 13:17-33).

이를 위해 코로나 팬데믹으로 가장 큰 타격을 입은 다음세대사역의 새로운 영적 리셋과 초대 교회와 산업혁명 시기에 있었던 주일학교 부흥을 통해 영적 판도를 시급히 바꾸어야 한다.

여덟째, 크리스천과 교회는 포스트 팬데믹으로 급속히 밀려오는 제4차 산업, AI 혁명 시대의 영적 싸움 가운데 그리스도의 안에서 압도적으로 승리를 누리는 자들(ὑπερνικάω, 휘페르니카오, 롬 8:37)이 되어야 한다.

> 그러나 이 모든 일에 우리를 사랑하시는 이로 말미암아 우리가 넉넉히 이기느니라
> (휘페르니카오)(롬 8:37).

최악의 상태에서 최상의 상태로 역전된 하나님의 자녀로서 권세와 특권을 회복하고, 포스트 코로나 시대에 직면한 7가지 고난(환난, 곤고, 박해, 기근, 적신, 위험, 칼)에서 넉넉히 이기며, 모든 영적 전투 상황 속에서 우리를 사랑하시는 이로 말미암아 압도적으로 승리해야 한다.

그리고, 하나님의 사랑에서 우리를 끊으려는 10가지 영역들(사망이나 생명, 천사들이나 권세자들, 현재 일이나 장래 일, 능력, 높음이나 깊음) 가운데서도 압도적으로 승리하고 이기는 자(νικάω, 니카오, 계 2:7; 요 16:33)로서 영적 전쟁의 판도를 바꾸어야 한다(롬 8:28-39).

AI 혁명의 도전에 맞서 승리 혁명, 곧 세상을 이긴 이김(νίκη, 니케, 요일 5:4)으로 응전해야만 한다.

> 무릇 하나님께로부터 난 자마다 세상을 이기느니라 세상을 이기는 승리(니케)는 이것이니 우리의 믿음이니라(요일 5:4).

아홉째, 크리스천과 교회는 포스트 팬데믹으로 예배와 공동체의 위기가 가속화되는 AI 혁명과 뉴 노멀 시대에 하나님이 말씀 가운데 보여주시는 묵시와 환상, '최상의 이상(vision)'(מַרְאָה, 마라흐, 겔 1:1)을 통해 예배 회복과 부흥의 꿈을 품음으로 영적 리셋을 해야 한다.

그리스도를 통해 하나님의 영광이 성전 동문으로 돌아온 것처럼 교회 예배 가운데 영광이 회복되고, 성령과 진리 안에서 예배할 때 영적 성소인 교회 가운데서 은혜의 작은 물방울이 흘러나와야 한다.

이렇게 교회에서 시작된 작은 물방울이 거대한 강을 이루는 예배 혁명(worship revolution)을 통해 생명수 강이 흘러가는 곳마다 생명이 살아나는 역사(הָיָה, 하야, 겔 47:9)와 치유의 역사(נִרְפָּא, 니르파, 겔 47:8-9; 사 53:5)와 죽은 사해와 같은 세상이 되살아나는 부흥과 비전을 통해 영적 판도를 바꾸어야 한다(겔 47:1-12; 계 22:1-2).

> 이 강물이 이르는 곳마다 번성하는 모든 생물이 살고(하야) 또 고기가 심히 많으리니 이 물이 흘러 들어가므로 바닷물이 되살아나겠고(니르파) 이 강이 이르는 각처에 모든 것이 살 것이며(겔 47:9).

열째, 제4차 산업혁명과 AI 혁명을 통해 펼쳐지고 있는 거짓 종교와 가상 천국(영생), 유토피아와 디스토피아, 포스트-휴먼과 호모데우스의 도전 앞에서 교회와 크리스천은 올바른 성경적 종말관을 가지고 슬기롭게 '깨어' (Γρηγορεῖτε, 그레고레이테, 마 24:42; 25:13) 준비함으로 그리스도의 재림을 예비하는 영적 리셋이 필요하다.

> 그런즉 깨어 있으라(그레고레이테) 너희는 그 날과 그 때를 알지 못하느니라(마 25:13).

이를 위해 슬기로운 크리스천들은 종말의 징조를 분별하고, 영적 횃불과 기름을 준비하며, 항상 깨어서 그리스도께서 갑자기 오실 것을 기억함으로 인자의 오심을 슬기롭게 준비하고 이를 통해 영적 판도를 바꾸어야 한다(마 25:1-13).

포스트 팬데믹 시대, 제4차 산업혁명의 판도를 바꾸는 게임 체인저가 '인공지능'이라면, 영적 판도를 바꾸는 것은 '영적 리셋을 통한 참된 교회와 크리스천의 본질 회복과 성경적 부흥'이라고 할 수 있다.

본격적인 엔데믹 시대, 한국 교회는 생사의 기로에서 영적 골든타임을 결코 놓치지 말아야 한다.

AI 혁명의 도전에 응전하기 위한 열 가지 영적 혁명이 일어나도록 한국 교회와 설교자들은 함께 기도해야 한다.

제4차 산업혁명이 본격화되는 이 시점에, 과거 산업혁명과 팬데믹 시점에 주권적으로 허락해 주셨던 진정한 부흥과 영적 대각성을 다시 한번

기대하면서, 성령께서 이 땅의 교회와 크리스천들 가운데 부어주시길 사모하고 기도할 때, 영적 판도는 바뀌게 될 것이라고 기대해야 한다.

그리고 영적 리셋을 통해 영적 판도를 바꾸는 교회와 크리스천이 되기를 간절히 기도하고 소망한다.

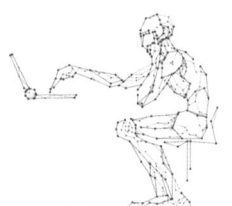

주요 참고 문헌

Aiden, Erez and Jean-Baptiste Michel. *Uncharted: Big Data as a Lens on Human Culture.* 김재중 역. 『빅데이터의 인문학: 진격의 서막』. 서울: 사계절, 2015.

Akin, Daniel L. David L. Allen, Ned Mathews eds, *Text-driven Preaching.* Grand Rapids: B&H Academic, 2010.

Arthurs, Jeffrey. *Preaching with Variety: How to Re-create the Dynamics of Biblical Genres.* Grand Rapids: Kregel, 2007.

Badita, Florin. *1337 Use Cases for 챗GPT & other Chatbots in the AI-Driven Era.* Googlebooks, 2023.

Barnes, Peter. "Plagues Throughout History and Some Christian Responses." *Reformed Theological Review* 79 (2020): 77-96.

Barrat, James. *Final Invention.* 정지훈 역. 『파이널 인벤션: 인류 최후의 발명』. 서울: 동아시아, 2016.

Beeke, Joel R. *Reformed Preaching: Proclaiming God's Word from the Heart of the Preacher to the Heart of His People.* Wheaton, IL: Crossway, 2018.

_____. "Calvin as an Experiential Preacher." *Puritan Refomed Journal* 2 (2009): 131-54.

Beeke, Joel eds. *Calvin for Today.* Grand Rapids: Reformation Heritage, 2009.

Berger, Roland. *The Fourth Industrial Revolution.* 김정희 역. 『제4차 산업혁명: 이미 와 있는 미래』. 서울: 다산3.0, 2017.

Bjork, Russell C. "Artificial Intelligence and the Soul." *Perspectives on Science and Christian Faith* 60 (2008): 95-101.

Blackwood, Rick. *The Power of Multisensory Preaching and Teaching.* Grand Rapids: Zondervan, 2013.

Bock, Darrell L. *Acts,* BECNT. Grand Rapids: Baker Academic, 2007.

Bostrom, Nick. The Transhumanist FAQ. Version 2.1. <http://www.nickbostom.com/views/transhumanist.pdf>.

_____. "Human Genetic Enhancements: A Transhumanist Perspective." *Journal of Value*

Inquiry 37 (2003): 493-506.

_____. *Superintelligence: Paths, Dangers, Strategies.* Oxford: Oxford University Press, 2014.

Brynjolfsson, Erik and Andrew McAfee. *The Second Machine Age.* 이한음 역.『제2의 기계시대』. 서울: 청림출판, 2014.

Carson, D. A. and Timothy Keller eds, *The Gospel as Center.* 최요한 역.『복음이 핵심이다』. 서울: 아가페북스, 2014.

Carter, Terry G. J. Scott Duvall, J. Daniel Hays, *Preaching God's Word: A Hands-On Approach to Preparing, Developing, and Delivering the Sermon,* 2nd ed. Grand Rapids: Zondervan Academic, 2018.

Chapell, Bryan. *Christ-centered Worship.* Grand Rapids: Baker Academic, 2009.

_____. *Christ-centered Worship.* 윤석인 역.『그리스도 중심적 예배』. 서울 : 부흥과개혁사, 2011.

_____. *Christ-Centered Sermon.* 안정임 역.『그리스도 중심 설교 이렇게 하라』. 서울: CUP, 2015.

Charles, Daryl. "Engaging the (Neo) Pagan Mind: Paul's Encounter with Athenian Culture as a Model for Cultural Apologetics (Acts 17:16-34)." *Trinity Journal* 16 (1995): 47-62.

Childs, James M. "Beyond the Boundaries of Current Human Nature." *Dialog* 54 (2015): 8-19.

Choi, Michael Jin. "Consciousness and Intentionality in AI and the imago Dei." *Canon & Culture* 10 (2016): 69-90.

Clifton, Mark. *Reclaiming Glory: Revitalizing Dying Churches.* Nashville, TN: B&H Pub., 2016. [Kindle Edition].

Clowney, Edmund. *The Church.* 황영철 역.『교회』. 서울: IVP, 1998.

Cowen, Tyler. *Average is Over.* 신승미 역.『제4차 산업혁명 강력한 인간의 시대』. 서울: 마일스톤, 2017.

Davenport, Thomas H. *Only Humans Need Apply.* 강미경 역.『AI 시대, 인간과 일』. 서울: 김영사, 2017.

_____. *The AI Advantage.* Cambridge, MA: MIT Press, 2018.

Davis, Andrew M. *Revitalize: Biblical Keys to Helping Your Church Come Alive Again.* Grand Rapids: Baker books, 2017.

Dever, Mark. *Nine Marks of a Healthy Church.* 이용중 역.『건강한 교회의 9가지 특징』. 서울: 부흥과개혁사, 2007.

Dever, Mark and Greg Gilbert. *Preach: Theology Meets Practice*. Nashville, TN: B&H Pub., Group, 2012.

DeVries, Brian A. "The Evangelistic Trialogue: Gospel Communication with the Holy Spirit." *Calvin Theological Journal* 44 (2009): 49-73.

De Yong, James A. *Into His Presence*. 황규일 역. 『개혁주의 예배』. 서울: CLC, 2009.

Doriani, Daniel M. *Getting the Message*. Phillipsburg, NJ: P&R, 1996.

Douma, J. *Responsible Conduct: Principles of Christian Ethics*, trans. D. Kloosterman. Phillipsburg, NJ: P&R Pub. Co., 2003.

Edwards, Jonathan. *Some Thoughts*. 양낙홍 역. 『균형잡힌 부흥론』. 서울: 부흥과개혁사, 2005.

Erickson, Millard J. *Christian Theology*, 2nd. ed. Grand Rapids: Baker Academic, 2007.

Eswine, Zack. *Preaching to a Post-Everything World*. Grand Rapids: Baker, 2008.

Fabarez, Michael. *Preaching That Changes Lives*. Nashville, TN: Thomas Nelson. 2005.

Fee, Gordon. *1 Corinthians*, NICNT. Grand Rapids: Eerdmans, 2014.

_____. *God's Empowering Presence*. Peabody, MA: Hendrickson Pub., 1994.

Ford, Martin. *Rise of the Robots*. 이창희 역. 『로봇의 부상』. 서울: 세종서적, 2016.

Frame, John, *Apologetics to the Glory of God*. 전지현 역. 『하나님 영광을 위한 변증학』. 서울: 영음사, 1994.

_____. *The Doctrine of the Christian Life*. Phillipsburg, NJ: P&R Pub., 2008, 19-26.

_____. "Presuppositional Apologetics." In *Five Views on Apologetics*. Grand Rapids: Zondervan, 2000, 207-31.

_____. *Systematic Theology: An Introduction to Christian Belief*. Phillipsburg, NJ: P&R, 2013.

Frey, Thomas. "19 startling COVID trends and 19 golden COVID opportunities emerging from the chaos." <https://www.sisaweek.com/news/curationView.html?idxno=132498>.

Geisler, Norman. *Christian Ethics: Contemporary Issues and Options*. 2nd edition. Grand Rapids: Baker Academic, 2010.

Geraci, Robert M. "Apocalyptic AI: Religion and the Promise of Artificial Intelligence." *Journal of the American Academy of Religion* 76 (2008): 138-66.

_____. *Apocalyptic AI: Visions of Heaven in Robotics, Artificial Intelligence, and Virtual Reality*. New York: Oxford University Press, 2012.

Gore Jr, R. J. *Covenantal Worship*. Philipsburg: P&R, 2002.

Guillen, Mauro F. *2030: How Today's Biggest Trends Will Collide and Reshape the Future of Everything*. New York: St. Martin's Press, 2022.

Guthrie, George H. *2 Corinthians*, BECNT. Grand Rapids: Baker Academic, 2015.

Habermas, Gary R. "Evidential Apologetics." in *Five Views on Apologetics*. Grand Rapids: Zondervan, 2000. 91-121.

Hansen, Collin. *Young, Restless, Reformed*. Wheaton, IL: Crossway, 2008.

Hantrais L, Allin P, Kritikos M. et al. "Covid-19 and the digital revolution. Contemporary Social Science." *Journal of the Academy of Social Sciences* 16/2 (2021): 256-70.

Harrari, Yuval. *21 Lessons for the 21st Century*. New York: Random House, 2018.

Hanson, Robin. *The Age of Em*. Oxford University Press, 2016.

Heisler, Greg. *Spirit-Led Preaching*. Nashville, TN: B&H Academic, 2007.

Hoekema, Anthony A. *The Bible and the Future*. 류호준 역. 『개혁주의 종말론』. 서울: CLC, 1986.

_____. *Created in God's Image*. 류호준 역. 『개혁주의 인간론』. 서울: CLC, 1990.

Holladay, William L. *Hebrew and Aramaic Lexicon of the OT*. Bibleworks 10: Soware for Biblical Exegesis and Research, CD-ROM. Norfolk, VA: Bibleworks, LLC, 2015.

Honigsbaum, Mark. *The Pandemic Century: A History of Global Contagion from the Spanish Flu to Covid-19*, 제효영 역. 『대유행병의 시대: 스페인 독감부터 코로나19까지, 전 세계 전염병의 역사』. 서울: 로크미디어, 2020.

Horton, Michael. *Introducing Covenant Theology*. Grand Rapids: Baker Books, 2006.

_____. *Where in the World is the Church?*. 윤석인 역. 『개혁주의 기독교 세계관』. 서울: 부흥과개혁사, 2010.

Ismail, Salim, Michael S. Malone, and Yuri Van Geest. *Exponential Organizations*, 이지연 역. 『기하급수 시대가 온다』. 서울: 청림출판사, 2016.

Joiner, Reggie. *Think Orange: Imagine the Impact When Church and Family Collide*. Colorado Springs, CO: David C. Cook, 2009.

Just, Bryan. "Historic plagues and Christian responses: lessons for the church today?." *Christian Journal for Global Health* 7 (2020): 7-12.

Kapic, Kelly M. and Randall C. Gleason, *An Invitation to the Puritan Classics*. 김귀탁 역, 『청교도 고전으로의 초대』. 서울: 부흥과개혁사, 2009.

Kaplan, Jerry. *Humans Need Not Apply*. 신동숙 역. 『인간은 필요없다』. 서울: 한스미디어, 2016.

Keevil, Philip W. *Preaching in Revival: Preaching and a Theology of Awakening*. Lanham,

Maryland: University Press of America, 1999.

Keller, Timothy. *Center Church*. Grand Rapids: Zondervan, 2012.

_____. *Generous Justice*. 최종훈 역. 『정의란 무엇인가』. 서울: 두란노, 2012.

Kelly, Kevin. *Out of Control*. 이충호, 임지원 역. 『통제불능』. 서울: 김영사, 2015.

Kim, Hwan. "Technological Imagination of Artificial Intelligence in the Light of the Decalogue." 「기독교사회윤리」 24 (2012): 69-89.

Kim, Matthew. *Preaching with Cultural Intelligence: Understanding the People Who Hear Our Sermons*. Grand Rapids: Baker Academic.

King, Brett 외. *Augmented*. 백승윤, 김정아 역. 『증강인간』. 서울: 미래의창, 2016.

Klassen, Ernest E. *Revival Preaching: Twelve Lessons from Jonathan Edwards*. Eugene, OR: Resource Pub., 2021.

Klein, William W. Craig L. Blomberg, and Robert L. Hubbard, *Introduction Biblical Interpretation*. Nashville, TN: Thomas Nelson, 2004.

Kurzweil, Ray. *The Age of Spiritual Machines*. 채윤기 역. 『21세기 호모사피엔스』. 서울: 나노미디어, 1999.

Lescelius, Robert H. "The Definition of Revival in the Old Testament." *Reformation & Renewal Journal* 11/3 (2002): 126-44.

Lüpke, Geseko V. *Future Comes from Crisis*. 박승억, 박병화 역. 『두려움 없는 미래』. 서울: 프로네시스, 2009.

Mastricht, Petrus Van. *De Optima Concionandi Methodo*. 이스데반 편역, 『개혁주의 표준 설교법』. 서울: CLC, 2017.

Mayer-Schonberge, Viktor and Kenneth Cukie. *Big Data: a Revolution that Will Transform How We Live Work and Think*. 이지연 역. 『빅데이터가 만드는 세상』. 서울: 21세기북스, 2013.

McDill, Wayne. *The 12 Essential Skills for Great Preaching*. 2nd ed. Nashville, TN: Thomas Nelson, 2006.

McLoughlin, William G. *Revivals, Awakenings, and Reform*. Chicago: The University of Chicago Press, 1978.

McNeil, William H. *Plagues and Peoples*. 김우영 역. 『전염병의 역사』. 서울: 이산, 2005.

Meadors, Gary T. ed. *Four Views on Moving beyond the Bible to Theology*. Grand Rapids: Zondervan, 2009.

Mercer, Calvin. "Bodies and Persons: Theological Reflections on Transhumanism." *Dialog* 54 (2015): 27-33.

Milco, Michael. "Exegeting Your Congregation." In *The Moody Handbook of Preaching*. Chicago, IL: Moody Pub., 2008. 405-15.

Millard, Erickson. *Christian Theology*. Grand Rapids: Baker, 1986.

Mohler, R. Albert Jr. ed. *A Guide to Church Revitalization*. Louisville, KY: SBTS Press, 2015.

Morelli, Michael. "The Athenian Altar and the Amazonia Chatbot: A Pauline Reading of Artificial Intelligence and Apocalyptic Ends." *Zygon* 54 (2019): 177-89.

Moon, Sang-Ho. "Case Study of Big Data in Humanities using Ngram Viewer." *Asia-pacific Journal of Multimedia Services Convergent with Art, Humanities, and Sociology* 5 (2015): 57-65.

Müller, Vincent C. and Nick Bostrom. "Future Progress in Artificial Intelligence: A Survey of Expert Opinion." In Vincent C. Müller ed. *Fundamental Issues of Artificial Intelligence*. Synthese Library, Berlin: Springer.

Murray, Iain H. *Pentecost Today: The Biblical Basis for Understanding Revival*. Edinburgh: Banner of Truth, 1998.

Murray, John. *Principles of Conduct: Aspect of Biblical Ethics*. Grand Rapids: William B. Eerdmans Pub. Co., 1957.

Nettles, Tom. *Living by Revealed Truth: The Life and Pastoral Theology of Charles Haddon Spurgeon*. 김재모, 임원주 역.『스펄전 평전: 찰스 스펄전의 생애와 목회신학』. 서울: 부흥과개혁사, 2016.

Old, Hughes Oliphant. *Worship That Is Reformed According to Scripture vol. 1*. Atlanta, GA: John Knox Press, 1984.

O'Neil, Cathy. *Weapons of Math Destruction*. 김정혜 역.『대량살상 수학무기』. 서울: 흐름출판, 2017.

Orrick, Jim, Ryan Fullerton, and Brian Payne. *Encountering God through Expository Preaching*. Nashville, TN:B&H Academic, 2017.

Osborne, Grant. *The Hermeneutical Spiral*. Downers Grove, IL: InterVarsity, 1991.

_____. *Revealation*. BECNT. Grand Rapids: Baker Academic, 2002.

Perkins, William. *The Art of Prophesying & The Calling of the Ministry*. 채천석 역.『설교의 기술과 목사의 소명』. 서울: 부흥과개혁사, 2006.

Peterson, David. *Engaging with God*. 김석원 역.『성경신학 관점에서 본 예배신학』. 서울: 부흥과개혁사, 2011.

Piper, John. *Expository Exultation: Christian Preaching as Worship*. Wheaton, IL: Crossway, 2018.

_____. *The Supremacy of God in Preaching*. Grand Rapids: Baker, 1990.

_____. "Preaching as Worship: Meditations on Expository Exultation." *TJ* 16 (1995): 29-45.

Polhill, John B. *Acts*. The New American Commentary. Nashville: Broadman & Holman Publishers, 1992.

Rainer, Thom. *Anatomy of a Revived Church: Seven Findings of How Congregations Avoided Death*. Spring Hill, TN: Rainer Publishin, 2020. [Kindle Edition].

_____. *Autopsy of a Deceased Church: 12 Ways to Keep Yours Alive*. Nashville, TN: B&H Pub., 2014.

_____. *The Post-Quarantine Church*. Carol Stream, IL: Tyndale House Pub., 2020.

Rainer, Sam. *The Church Revitalization Checklist: A Hopeful and Practical Guide for Leading Your Congregation to a Brighter Tomorrow*. Church Answers Resources. Carol Stream, IL: Tyndale Momentum, 2022.

Reymond, Robert L. *The Justification of Knowledge*. 이승구 역. 『개혁주의 변증학』. 서울: CLC, 1989.

Rifkin, Jeremy. *The Third Industrial Revolution*. 안진환 역. 『제3차 산업혁명』. 서울: 민음사, 2012.

Robertson, O. Palmer. *The Christ of the Covenants*. Phillipsburg, NJ: P & R Publishing, 1987.

Robinson, Haddon W. *Biblical Preaching*, 2nd ed. Grand Rapids: Baker, 2003.

Rouhiainen, Lasse. *Artificial Intelligence: 101 Things You Must Know Today About Our Future*. Amazon Kindle Edition, 2018.

Rudder, Christian. *Dataclysm*. 이가영 역. 『빅데이터 인간을 해석하다』. 서울: 다른, 2015.

Ryken Philip G. Derek W. H. Thomas, J. Ligon Ducan III. eds, *Give Praise God*. 김병하, 김상구 역. 『개혁주의 예배학』. 서울: 개혁주의신학사, 2012.

Schenker, Jason. *The Future after Covid: Futurist Expectations for Changes, Challenges, and Opportunities After the COVID-19 Pandemic*. Prestige Professional Publishing, LLC, 2020. [Kindle Edition].

Schreiner, Thomas R. *Covenant and God's Purpose for the World*. Wheaton, IL: Crossway, 2017.

_____. *Romans*, BECNT. 배용덕 역. 『로마서』. 서울: 부흥과개혁사, 2012.

Schneier, Bruce. *Data and Goliath.* W. W. Norton & Company, 2015.
Schwab, Klaus and Thierry Malleret, *Covid-19 The Great Reset.* Forum Publishing, 2020. [Kindle Edition].
Schwab, Klaus. *The Fourth Industrial Revolution.* 송경진 역. 『제4차 산업혁명』. 서울: 새로운현재, 2016.
_____. "The Fourth Industrial Revolution: what it means, how to respond." <https://www.weforum.org/agenda/2016/01/the-fourth-industrial-revolution-what-it-means-and-how-to-respond/>.
Schwab, Klaus 외 26인. *The Fourth Industrial Revolution.* 김진희, 손용수, 최시영 역. 『제4차 산업혁명의 충격』. 서울: 흐름출판, 2016.
Singler, Beth. "An Introduction to AI and Religion For the Religious Studies Scholar." *Implicit Religion* 20 (2017): 215-31.
Smith. James K. A. *Letters to a Young Calvinist: An Invitation to the Reformed Tradition.* Grand Rapids: Brazos Press, 2010.
Sunukijian, Donald. *Invitation to Biblical Preaching.* Grand Rapids: Kregel, 2007.
Spurgeon, Charles H. *C. H. Spurgeon's Sermons on Revival.* 송용자 역. 『스펄전의 부흥 열망』. 서울: 지평서원, 2001.
Steiner, Christopher. *Automate This.* 박지유 역. 『알고리즘으로 세상지배하라』. 서울: 에이콘, 2016.
Susskind, Richard and Daniel Susskind. *The Future of the Professions.* 위대선 역. 『제4차 산업혁명시대 전문직의 미래』. 서울: 와이즈베리, 2016.
Thompson, James W. "Paul's Preaching Ministry: Evangelistic and Pastoral Preaching in Acts." *Restoration Quarterly* 42 (2000): 19-26.
Urban, Tim. "The AI Revolution: The Road to Superintelligence." Part 1 <https://waitbutwhy.com/2015/01/artificial-intelligence-revolution-1.html>.
Vaihyanathan, Siva. *The Googlization of Everything.* 황희창 역. 『구글의 배신』. 서울: 브레인스토어, 2012.
Van Til, Cornelius. *Christian Apologetics.* Phillipsburg, NJ: P&R Pub., Co., 1976.
Vines, Jerry and Jim Shaddix. *Progress in the Pulpit.* Chicago: Moody Pub., 2017.
Waber, Ben. *People Analytics.* 배충효 역. 『구글은 빅데이터를 어떻게 활용했는가』. 서울: 북카라반, 2015.
Watts, Gordon. "Covid-19 will accelerate march of the robots." <https://asiatimes.com/2020/06/covid-19-will-accelerate-march-of-the-robots/>.

Webber, Robert. *Ancient-Future Worship*. Grand Rapids: Baker Books, 2008.

_____. *Blended Worship: Achieving Substance and Relevance in Worship*. Peabody: Hendrickson, 1996.

Wilson, Benjamin R. "The Depiction of Church Growth in Acts." *JETS* 60/2 (2017): 317-32.

Wright, Christopher J. H. *Old Testament Ethics for the People of God*. 김재영 역. 『현대를 위한 구약윤리』. 서울: IVP, 2015.

Wright, Jennifer. *Get Well Soon: History's Worst Plagues and the Heroes Who Fought Them*. New York: Henry Holt and Company, 2017.

Zakar, Fareed. *Ten Lessons for a Post-Pandemic World*. W. W. Norton & Company, 2020. [Kindle Edition].

경기연구원. "메타버스, 우리의 일상을 바꾸다." 「이슈&진단」 503 (2022): 10-26.

계재광. "포스트 코로나 시대, 기독교리더십 방향성에 관한 연구." 한국대학선교학회. 「대학과 선교」 44 (2020): 153-78.

고원석. "포스트 코로나 시대 신앙교육의 원칙." 「교육교회」 498 (2020): 10-15.

고인석. "아시모프의 로봇 3법칙 다시보기-윤리적인 로봇 만들기." 철학연구회. 「철학연구」 93 (2011): 107-08.

고선영, 정한균, 김종인, 신용태. "메타버스의 개념과 발전 방향." 「정보처리학회지」 28/1 (2021): 7-16.

과학기술정책연구원 미래연구센터. 『미래는 더 나아질 것인가』. 서울: 알에이치 코리아, 2016.

국제미래학회. 『대한민국 미래보고서』. 서울: 교보문고, 2015.

권문상. "제4차 산업혁명 시대와 기독교 인간론: 인공지능을 이기는 공동체적 인간성." 한국복음주의조직신학회. 「조직신학연구」 30 (2018): 112-47.

권오경. "제4차 산업혁명과 포스트 코로나의 시대." 한국행정연구원. 「행정포커스」 148 (2020): 58-61.

권진구. "전염병 그리고 기독교 영성." 한국기독교교육학회. 「기독교교육논총」 63 (2020): 65-89.

기독교교육연구원 교육목회연구팀. "메타버스와 교회교육." 「교육교회」 10월호 (2022): 51-56.

김기석. "인공지능과 신학적 인간학." 2016년 한국기독교교육학회 추계학술대회 미간행물. 35-60.

김광연. "인공지능 및 사이버휴먼 시대의 윤리적 논쟁과 규범윤리의 요청." 충남대학교 인문과학연구소. 「인문학연구」 57 (2018): 55-77.
_____. "트랜스휴머니즘과 인간 양식의 변화에 나타난 윤리적 문제들: 인공지능 시대에 삶의 미정성과 유한성이 주는 가치." 한국개혁신학회. 「한국개혁신학」 54 (2017): 135-64.
_____. "포스트 코로나와 공동체 윤리-타자의 윤리와 배려의 윤리를 중심으로." 한국기독교사회윤리학회. 「기독교사회윤리」 49 (2021): 9-38.
김광수. "도래한 포스트 코로나, 과거에 갇힌 교회." 「기독교사상」 740 (2020): 66-73.
김남희. "제4차 산업혁명 시대의 종교교육 방향과 필요성." 한국종교교육학회. 「종교교육학연구」 54 (2017): 1-22.
김두환, 조철수. "포스트 코로나19 팬데믹 시대의 지속 가능한 교회." 한국기독교사회윤리학회. 「기독교사회윤리」 48 (2020): 9-35.
김대혁. "포스트 코로나(Post-Covid) 시대 속 온라인 영상 설교의 한계점 인식과 설교학적 함의." 신학지남사. 「신학지남」 88/1 (2021): 151-79.
김대식. 『챗GPT에게 묻는 인류의 미래』. 서울: 동아시아, 2023.
_____. "카이스트 김대식 교수 (1부): '인공지능 시대에 애플의 움직임이 없는 이유' 처음 듣는 챗GPT 이야기." <https://www.youtube.com/watch?v=eCKS_etvZyI>.
_____. "카이스트 김대식 교수 (2부): '챗GPT는 더 강력한 인공지능의 티저,' 처음 듣는 챗GPT 이야기." <https://www.youtube.com/watch?v=-BOI9k5sXSs>.
_____. "카이스트 김대식 교수 (3부): 챗GPT가 쓴 창작물의 표절을 가려낼 수 있을까?." <https://www.youtube.com/watch?v=JUyCg6bXOAY>.
_____. "인간과 기계의 공존: 챗GPT와 함께하는 세상은 어떻게 달라질 것인가?." <https://www.youtube.com/watch?v=bPXHOoy9NXU>.
_____. "[김대식의 메타버스 사피엔스] [19] 인간과 대화 가능한 기계." <https://www.chosun.com/opinion/specialist_column/2022/12/20/5RO63SVH-5JE6RGZ4H7SV6CJDLI/>.
김동조. "영화 속에서 나타난 인공지능의 인간화와 인간지배 현상 연구: 신체가 있는 인공지능과 하이퍼 인공지능을 중심으로." 중앙대학교 인문콘텐츠연구소. 「인공지능인문학연구」 10 (2022): 115-35.
김동환. "AI(인공지능)에 대한 신학적 담론의 형성 및 방향 모색." 한신신학연구소. 「신학연구」 68 (2016): 35-60.
_____. "챗GPT 시대 목회, 그리고 교회의 과제." 한국기독교언론포럼·문화선교연구원 공동주최 문화 포럼("AI가 묻고, 한국 교회가 답하다") (2023): 25-30.

김병석. "인공지능(AI) 시대, 교회공동체 성립요건연구: 예배와 설교가능성을 중심으로." 복음주의실천신학회. 「복음과 실천신학」 40 (2016): 9-41.

김상구. "Johannes Calvin과 제네바 예전(1542)." 한국복음주의실천신학회. 「복음과 실천신학」 20 (2009): 118-47.

김상균. 『메타버스』. 서울: 플랜비, 2020.

_____. "인터넷, 스마트폰보다 강력한 폭풍, 메타버스, 놓치면 후회할 디지털 빅뱅에 올라타라." Dong-A Business Review 317/2 (2021). <https://dbr.donga.com/article/view/1202/article_no/9977/ac/magazine>.

김성중. "코로나 시기 이후의 기독교교육의 방향." 「기독교교육논총」 63 (2020): 39-64.

_____. "메타버스 이해를 통한 교회교육의 원리와 그에 따른 적용점 연구." 「선교와 신학」 57 (2022): 231-60.

김성준. "포스트 코로나(Post Corona) 시대의 생명 선교." 「신학과 사회」 34 (2020): 213-41.

김성원. "호모 데우스(Homo Deus)론에 관한 분석 비평연구." 한국복음주의조직신학회. 「조직신학연구」 28 (2018): 42-76.

김순성. "목회실천의 본질과 목표 및 방법으로서의 영성: 삼위일체적 공동체 영성을 중심으로." 한국복음주의실천신학회. 「복음과 실천신학」 25 (2012): 34-57.

김순환. "비상 상황 하의 온라인예배 매뉴얼의 이론과 실제 모색." 「복음과 실천신학」 58 (2021): 261-87.

_____. "포스트모던 상황과 예배의 지평확대를 위한 이론과 실제." 한국복음주의실천신학회. 「복음과 실천신학」 42 (2017): 122-47.

김요섭. "웨스트민스터 신앙고백서의 교회 정의와 그 역사적 의의." 한국개혁 신학회. 「한국개혁 신학」 40 (2013): 145-82.

김종세. "인공지능의 안전성과 인간윤리에 대한 법정책적 고찰." 한국법학회. 「법학연구」 7 (2020): 71-35.

김주한. "바울의 예배 기획 원리를 통해 본 코로나 시대의 교회 예배 방향성 제안." 한국복음주의신학회. 「성경과 신학」 95 (2020): 23-56.

김준. "코로나 팬데믹 상황에서의 기독교 상담의 방향." 한국복음주의신학회. 「성경과 신학」 95 (2020): 93-122.

김지찬. 『성경과 팬데믹』. 서울: 생명의 말씀사, 2020.

김진석. "'약한' 인공지능과 '강한' 인공지능의 구별의 문제." 철학연구회. 「철학연구」 117 (2017): 111-37.

김창훈. "'언약(신학)'의 관점에서 본 설교의 역할." 신학지남사.「신학지남」315 (2013): 9-41.
김해영. "팬데믹과 목회상담학적 대응." 한국실천신학회.「신학과 실천」74 (2021): 503-32.
김현철, 조민철.『메타버스 주일학교』. 서울: 꿈미, 2021.
김형주. "'인공지능'과 '인간지능' 개념에 대한 철학적 분석 시도."「철학탐구」43 (2016): 161-90.
김희철.『제4차 산업혁명의 실체』. 서울: 북랩, 2017.
남성혁. "코로나 팬데믹 국가적 재난과 복음전파: 초대 교회와 한국전쟁 상황의 전도 활동 비교연구." 한국선교신학회.「선교신학」63 (2021): 66-89.
대통령직속 제4차 산업혁명 위원회. "혁신성장을 위한 사람 중심의 제4차 산업혁명 대응 계획." 1-59. <https://www.4th-ir.go.kr/>.
류은정. "산업혁명의 변화에 따른 기독교교육: 산업혁명과 주일학교운동의 관계를 중심으로."「신앙과 학문」23 (2018): 91-117.
문병호.『칼빈 신학: 근본 성경교리 해석』. 서울: 지평서원, 2015.
미래전략정책연구원.『10년 후 제4차 산업혁명의 미래』. 서울: 일상이상, 2016.
박문수. "제4차 산업혁명 담론의 실상과 허상." 우리신학연구소.「가톨릭평론」10 (2017): 11-19.
박민서. "쉽게 풀어보는 인공지능." 한국기독교언론포럼·문화선교연구원 공동주최 문화 포럼 ("AI가 묻고, 한국 교회가 답하다") (2023): 5-7.
박보경. "호레이스 언더우드의 총체적 선교: 팬데믹 시대의 교회의 선교를 위한 교훈."「복음과 선교」52 (2020): 81-114.
박상진. "코로나19로 인한 교회교육 위기와 기독교교육적 응전." 장로회신학대학교 기독교교육연구원.「교육교회」493 (2020): 10-15.
박선영, 목광수, 김승환, 성신형. "시민성에 대한 한국 개신교의 이해 분석과 기독교사회윤리적 답변." 한국기독교사회윤리학회.「기독교사회윤리」48 (2020): 63-105.
박소연. "포스트 코로나와 디지털시대의 아날로그 융합스토리텔링 양상과 방안 연구."「한국문화기술」31 (2021): 57-88.
박순서.『공부하는 기계들이 온다』. 서울: 북스톤, 2016.
박영숙, 제롬 글렌.『세계미래보고서 2055』. 서울: 비즈니스북스, 2017.
박영숙, 벤 고르첼.『인공지능 혁명』. 서울: 더블북, 2016.
박용규.『세계부흥운동사』. 서울: 생명의 말씀사, 2014.
_____.『평양대부흥 이야기』. 서울: 생명의 말씀사, 2007.

박용범. "제4차 산업혁명시대의 기독교 사회생태윤리 모색." 한국기독교사회윤리학회. 「기독교사회윤리」 41 (2018): 101-32.

박찬국. "제4차 산업혁명과 함께 인간은 더 행복해질 것인가?" 한국해석학회. 「현대유럽철학연구」 46 (2017): 313-14.

박찬호. "존 파이퍼의 "기독교 희락주의": 웨스트민스터 소요리문답 1번과 관련하여." 개혁 신학회. 「개혁논총」 14 (2010): 195-227.

박해정. "코로나19 사태에 따른 온라인예배에 대한 고찰." 「신학과세계」 98 (2020): 175-216.

박현신. 『7가지 키워드로 본 팀 켈러의 설교세계: 가스펠 프리칭』. 서울: 솔로몬. 2021.

_____. 『포브릿지 프리칭』. 서울: CLC. 2017.

_____. "개혁주의 설교의 윤리영역의 적용에 관한 연구." 신학지남사. 「신학지남」 88/1 (2021): 255-302.

_____. "다양한 교리 설교 형태에 관한 연구." 한국복음주의실천신학회. 「복음과 실천신학」 52 (2019) 101-134.

_____. "변혁적 설교의 전(全) 과정에서 성령의 다차원적 역할." 개혁 신학회. 「개혁논총」 42 (2017): 201-46.

_____. "요리문답을 통한 개혁주의 교리 설교 연구: 하이델베르크 요리문답에 기초한 다양한 교리 설교 형태를 중심으로." 「총신대논총」 38 (2018): 403-40.

_____. "전도 설교에 대한 개혁주의 설교학적 고찰." 한국복음주의실천신학회. 「복음과 실천신학」 39 (2016): 105-36.

박희주. "융복합 시대의 과학과 종교." 기독교학문연구회. 「신앙과 학문」 21 (2016): 7-28.

반성택. "산업혁명을 바라보는 인문학의 눈." 한국해석학회. 「현대유럽철학연구」 46 (2017): 285-312.

백광훈. "코로나19 이후 한국 교회의 과제: <코로나19와 한국 교회에 대한 연구> 인식조사를 중심으로." 장로회신학대학교 세계선교연구원. 「선교와 신학」 55 (2021): 95-125.

백악관 대통령실. "인공지능, 자동화 그리고 경제." 조영신 역. (2016.12. Version 0.8).

변순용. "인공지능로봇을 위한 윤리 가이드라인 연구." 한국윤리교육학회. 「윤리교육연구」 47 (2018): 233-52.

성석환. "코로나19 시대 뉴 노멀의 윤리적 가치, '공공의 선'과 한국 교회." 한국기독교사회윤리학회. 「기독교사회윤리」 47 (2020): 139-69.

손봉호. "제4차 산업혁명, 경계하며 지켜보자." 기독교학술동역회.「월드뷰」(2016. 6): 2-4.

송선영. "로봇과 인공지능 시대의 시민윤리와 도덕교육적 함의."「윤리연구」115 (2017): 138-39.

송성수. "역사에서 배우는 산업혁명론: 제4차 산업혁명과 관련하여." *STEPI Insight* 207 (2017): 1-29.

송원철, 정동훈. "메타버스 해석과 합리적 개념화." *Informatization Policy* 28/3 (2021): 3-22.

송인규.『개혁주의 관점에서 본 회개와 부흥』. 부흥과개혁사, 2011.

신국원. "개혁주의 기독교 세계관의 역사와 전망."「총신대논총」24 (2004): 130-50.

신현호. "Covid-19와 인문학교육." 기독교학문연구회.「신앙과 학문」26 (2021): 193-218.

신형섭, 신현호,『슬기로운 메타버스 교회학교』. 서울: 두란노, 2002

신상규.『호모 사피엔스의 미래: 포스트-휴먼과 트랜스휴머니즘』. 서울: 아카넷, 2014.

안덕원. "디지털 미디어 시대의 기독교 예배-전통적인 경계선 밖에서 드리는 예배를 위한 제언." 한국복음주의실천신학회.「복음과 실천신학」56 (2020): 45-82.

안성조. "인공지능 로봇의 형사 책임 – 논의방향의 설정에 관한 몇 가지 발전적 제언." 한국법철학회.「법철학연구」20 (2017): 77-122.

안종배.『챗GPT-4 인공지능 미래세상』. 서울: 곽문각, 2023.

안희열. "초대 교회 시기의 전염병 창궐에 따른 기독교인의 대응에 관한 평가." 장로회신학대학교 세계선교연구원.「선교와 신학」52 (2020): 39-69.

양선이.『인공지능, 영화가 묻고 철학이 답하다: 제4차 산업혁명 시대가 요구하는 상상력 개발을 위한 인문학 강의』. 서울: 바른북스, 2021.

양승훈. "기독교 세계관적 관점에서 본 제4차 산업혁명." 밴쿠버기독교세계관대학원.「통합연구」21/2 (2019): 7-43.

양해림. "코로나19와 뉴 노멀의 인문학." 충남대학교 인문과학연구소.「인문학연구」60 (2021): 251-76.

양현표.『사도적 교회개척』. 서울: 솔로몬, 2019.

오성주. "사회적 재앙과 위기상황에서의 교회와 실천신학의 과제." 한국실천신학회 정기학술세미나. (2021): 337-66.

오용득. "트랜스휴머니즘의 포스트-휴먼 프로젝트와 의지적 진화의 문제." 경남대학교 인문과학연구소.「인문논총」38 (2015): 7-19.

오현철. "제4차 산업혁명시대의 목회적 대응." 복음주의실천신학회.「복음과 실천신학」 48 (2018): 82-106.
_____. "뉴 노멀 시대 설교의 변화." 한국복음주의실천신학회.「복음과 실천신학」 57 (2020): 117-44.
왕대일. "유발 하라리의『사피엔스』와『호모 데우스』의 인간이해에 대한 해석학적 진단." 한국신학정보연구원, Canon&Culture 12 (2018): 235-55.
우종필.『빅데이터 분석대로 미래는 이루어진다』. 서울: 매경출판사, 2017.
유재덕. "포스트 코로나 시대의 교회교육." 한국기독교교육학회.「기독교교육논총」 63 (2020): 13-37.
_____. "제4차 산업혁명 시대 신학교육의 방향."「신학과 선교」 57 (2019): 171-206.
유경동. "인공지능과 기독교윤리: 신학적 인간학의 관점에서." 한세대학교 영산신학연구소.「영산신학저널」 48 (2019): 87-116.
유태화. "창조, 타락, 구속, 완성의 빛에서 본 아브라함 카이퍼와 클라스 스킬더의 문화관." *KRJ* 44 (2017): 111-44.
윤영훈. "포스트 코로나 시대 온라인 교회의 가능성에 대한 연구." 한국대학선교학회.「대학과 선교」 46 (2020): 205-37.
윤형철. "포스트 코로나 시대의 인간됨과 인간다움의 조건에 관한 단상: 포스트휴머니즘 인간론에 대한 기독교 신학의 답변." 한국복음주의조직신학회.「조직신학연구」 37 (2021): 26-61.
이경건. "'하나님의 형상의 형상(*Imago Imaginis Dei*)'으로서의 인공지능 이해: 기독론적 인간론의 관점에서." 기독교학문연구회.「신앙과 학문」 23 (2018): 139-78.
이경상.『코로나 이후의 미래』. 서울: 중원문화, 2020.
이광수, 함영주. "세대 통합예배의 활성화를 위한 가정예배의 회복." 서울신학대학교 기독교신학연구소.「신학과 선교」 53 (2018): 205-42.
이기훈. "인공지능 발달에 따른 윤리학의 필요성 연구." 한국윤리학회.「윤리연구」 120 (2018): 293-317.
이길용. "제4차 산업혁명 시대 교회의 대응 전략."「신학과 선교」 57 (2019): 211-36.
이민형. "코로나19와 한국 교회."「기독교사상」 742 (2020): 35-45.
이상우.『21세기 국제환경과 대한민국의 생존전략』. 서울: 기파랑, 2020.
이상웅.『조나단 에드워즈의 성령론』. 서울: 부흥과개혁사, 2020.
이상원. "기독교적 인간관과 인공지능." 기독교학술동역회.「월드뷰」 30 (2017): 29-32.
_____.『기독교윤리학』. 서울: 총신대학교출판부, 2016.
이상형. "윤리적 인공지능은 가능한가?: 인공지능의 도덕적, 법적 책임 문제." 한국법정책학회.「법과 정책연구」 16 (2016): 283-303.

이상철. "코로나19 시대 종교현상학의 이슈와 기독교사회윤리학의 테제들." 한국기독교사회윤리학회.「기독교사회윤리」 49 (2021): 73-103.
이석윤. "인공지능 관련 규범 수립의 국내외 현황과 과제." 법조협회.「법조」 72 (2023): 442-88.
이선영. "제4차 산업혁명 시대의 교육심리학." 안암교육학회.「한국교육학연구」 23 (2017): 231-60.
이승우. "세대 통합예배에서의 설교에 관한 연구." 한국복음주의실천신학회.「복음과 실천신학」 46 (2018): 169-201.
이승진. "신앙공동체 활성화를 위한 설교 방안에 관한 연구." 한국복음주의실천신학회,「복음과 실천신학」 21 (2010): 99-123.
_____. "미디어 생태계의 변동에 따른 기독교 설교의 소통 전략." 한국복음주의 실천신학회. 제35회 한국복음주의 실천신학회 발표 미간행논문, 54-76.
_____. "구속사 내러티브를 구현하는 설교목회에 관한 연구." 한국복음주의실천신학회.「복음과 실천신학」 43 (2017): 79-107.
이은경. "언택트 시대의 예배와 신앙교육: 비대면을 넘어 다면(multi-faceted) 교육으로." 한국기독교교육정보학회.「기독교교육정보」 66 (2020): 295-322.
이은일. "제4차 산업혁명을 지혜롭게 대처하는 방법." <http://www.creation.or.kr/library/itemview.asp?no=6598>.
이은철. "미래교육 전망을 통한 기독교 교육의 혁신 방향 탐색 : 교육과정 및 교육방법을 중심으로." 한국실천신학회 정기학술세미나 (2021): 311-36.
이인식.『제4차 산업혁명은 없다』. 서울: 살림, 2017.
이인영. "인공지능 로봇에 관한 형사 책임과 책임주의." 홍익대학교법학연구소.「홍익법학」 18 (2017): 32-57.
이완형. "인공지능 상용화에 따른 성경적 관점의 윤리 가이드라인에 관한 연구." 한국로고스경영학회.「로고스경영연구」 16 (2018): 117-40.
이재홍.『제4차 산업혁명 시대 대한민국의 기회』. 서울: 메디치미디어, 2017.
이종원. "코로나19로 인한 사회 문제와 그 해결책." 한국대학생선교학회.「대학과선교」 45 (2020): 61-90.
_____. "혐오에서 공감과 환대에로 - 코로나19 시대의 공감과 환대." 한국기독교사회윤리학회.「기독교사회윤리」 49 (2021): 105-13.
이종호.『로봇, 인간을 꿈꾸다』. 서울: 문화유람, 2007.
_____.『제4차 산업혁명과 미래 직업』. 북카라반, 2017.
이준복. "미래세대를 위한 메타버스(Metaverse)의 실효성과 법적 쟁점에 관한 논의." 홍익대학교법학연구소. 「홍익법학」 22/3 (2021): 49-82.
이창식. "인간이 된 기계와 기계가 된 신: 종교, 인공지능, 포스트모더니즘." 한국종교문화연구소, 「종교문화비평」 31 (2017): 209-54.
이현주. "제4차 산업혁명 시대 새로운 선교전략의 필요성." 한국복음주의선교신학회. 「복음과 선교」 41 (2018): 113-52.
이화정. "Palmer의 배움의 공간 개념과 메타버스 가상공간 연결을 통한 기독교교육 가능성 연구: '제페토'를 활용한 '가상공간 바이블드라마'." 「복음과 실천신학」 63 (2022): 105-39.
임영효. "사도행전에 나타난 교회 성장의 주요한 요소들." 「교회 문제연구」 11 (1996): 27-32.
장문석. "코로나19와 역사적 시각에서 본 전염병." *NRF Issue Report* 12 (2020): 10-29.
장성민. "챗GPT가 바꾸어 놓을 작문교육의 미래: 인공지능 시대, 작문교육의 대응을 중심으로." 한국작문학회. 「작문연구회」 56 (2023): 7-34.
전광식. "성경적 세계관이란 무엇인가." 「기독교사상연구」 2 (1995): 9-20.
전대경. "인본주의에서 초인본주의로 옮겨가는 다문화적 다지능 시대." 한국복음주의조직신학회. 「조직신학연구」 30 (2018): 44-83.
정봉현. "코로나19 팬데믹 시대에 기독교 선교환경의 변화와 정책과제." 「종교문화학보」 17(2020): 53-85.
정한민, 박정훈. "ChatGPT를 이용한 문헌 작성 설계 및 이슈." 한국지식정보 기술학회. 「한국지식정보 기술학회 기술논문지」 18 (2023): 31-40.
제해종. "교회의 5대 본질적 기능 재고찰을 통한 포스트 코로나 교회론." 한국컨텐츠학회. 「한국콘텐츠학회논문지」 20 (2020): 233-46.
조광현. "상징적 경계를 세우는 바울 설교." 한국복음주의실천신학회. 「복음과 실천신학」. 44 (2017): 192-212.
_____. "청중이 느끼는 온라인 설교와 현장 설교의 차이점에 관한 연구." 개혁 신학회. 「개혁논총」 57 (2021): 87-115.
_____. "코로나 시대, 영상 설교에 대한 설교학적 고찰." 한국복음주의실천신학회. 「복음과 실천신학」 57 (2020): 181-209.
조미나. "메타버스 가상공간에서 기독교적 소통과 공감의 가능성 연구." 한국복음주의 실천신학회. 제 10차 신학포럼 (2022): 36-54.
주상락. "포스트 코로나 시대 공공선교학의 가능성." 한국대학생선교학회. 「대학과 선교」 47 (2021): 105-132.
주종훈. "새로운 일상에서의 예배 실천을 위한 신학적 목회적 고찰." 한국복음주의실천신학회. 「복음과 실천신학」 62 (2022): 11-46.
_____. "디지털예배의 목회적 신학적 고찰과 실천 방향." 한국복음주의실천신학회. 「복음과 실천신학」 60 (2021): 45-81.
_____. "현대예배 갱신 과제 소고: 전인적 참여와 삶의 형성을 위한 대화 구조 회복." 한국복음주의실천신학회. 「복음과 실천신학」 58 (2021): 9-41.
지용근 외 9명. 『한국 교회 트렌드』. 서울: 규장, 2023.
진상기, 박영원. "제4차 산업혁명의 미래전략체계에 관한 연구." 한국지역정보학회. 「한국지역정보학회지」 제20권 3호 (2017): 31-58.
_____. "제도주의관점에서의 제4차 산업혁명 대응." GRI 연구논총 특별호 & 제19권 제3호 (2017): 467-95.
차두원 외 공저. 『제4차 산업혁명과 빅뱅파괴의 시대』. 서울: 한스미디어, 2017.
차두원 외 공저. 『제4차 산업혁명과 퓨쳐노믹스』. 서울: 한스미디어, 2017.
최성훈. "포스트 코로나19 시대와 한국 교회의 공공성: 예배와 공동체성을 중심으로." 아세아연합신학대학교 ACTS신학연구소. 「ACTS 신학저널」 47 (2021): 69-97.
최연구. 『제4차 산업혁명시대 문화경제의 힘』. 서울: 중앙경제평론사, 2017.
최용준. "과학과 신학의 관계: 네 가지 유형 및 도예베르트의 대안적 고찰." 기독교학문연구회. 「신앙과 학문」 19 (2014): 185-212.
최윤식, 최현식 저. 『빅체인지 한국 교회』. 서울: 생명의 말씀사, 2021.
최은택. "코로나19 시대의 기독교적 가정영성교육 모형: 비블리오드라마를 중심으로." 한국기독교교육학회. 「기독교교육 논총」 63 (2020): 91-120.
최재봉. 『CHANGE 9: 포노 사피엔스 코드』. 서울: 쌤앤파커스, 2020.
하대청. "루프 속의 프레카리아트: 인공지능 속 인간 노동과 기술정치." 「경제와사회」 118 (2018): 277-305.
하상우, 조현국. "초융합, 초연결, 초지능의 개념을 통해 살펴본 제4차 산업혁명 시대의 물리교육." 「한국물리학회」 72 (2022): 319-28.
하원규, 최남희. 『제4차 산업혁명』. 서울: 콘텐츠하다, 2016.
한국포스트-휴먼연구소, 포스트-휴먼학회 편저. 『포스트-휴먼시대의 휴먼』. 서울: 아카넷, 2016.
한국포스트-휴먼연구소, 한국포스트-휴먼학회 편저. 『제4차 산업혁명과 새로운 사회윤리』. 서울: 아카넷, 2017.
황경호. "미디어 산업의 새로운 변화 가능성." *Media Issue & Trend* 45 (2021): 6-15.
목회데이터연구소. "2021 한국 교회에 대한 국민 인식." 「Numbers」 82 (2021).
목회데이터연구소. "개신교인, AI 설교 '반대한다' 65퍼센트." 「Numbers」 107 (2021).

목회데이터연구소. "2021년 상반기 한국 교회 코로나19 변화 추적 조사 2(목회자 대상)."「Numbers」109 (2021).
목회데이터연구소. "한국 교회 소그룹 실태조사."「Numbers」127 (2022).
목회데이터연구소. "코로나19 이후 농어촌교회 현황."「Numbers」141 (2022).
목회데이터연구소. "포스트 코로나시대 교회학교 전략 방향."「Numbers」143 (2022).
목회데이터연구소. "한국 교회 코로나 추적조사(제4차) 결과."「Numbers」146 (2022).
목회데이터연구소. "한국 교회 코로나 추적조사(제4차) 결과 2."「Numbers」147 (2022).
목회데이터연구소. "코로나 추적조사 결과 3 (목회자조사)."「Numbers」148 (2022).
목회데이터연구소. "한국 개신교인의 온라인 신앙 생활."「Numbers」151 (2022).
목회데이터연구소. "메타버스세계."「Numbers」157 (2022).
목회데이터연구소. "빅데이터로 본 2022년 한국 교회."「Numbers」178 (2023).
목회데이터연구소. "개신교 대학생의 신앙 의식과 생활."「Numbers」180 (2023).
목회데이터연구소. "한국인의 종교생활과 신앙의식."「Numbers」182 (2023).
목회데이터연구소. "개신교인과 비개신교인의 인식비교."「Numbers」184 (2023).
목회데이터연구소. "챗GPT에 대한 목회자의 인식과 사용 실태 조사 결과 발표."「Numbers」186 (2023).
목회데이터연구소. "코로나 이후 성장하는 교회, 소그룹 활동과 연관성 매우 크다!."「Numbers」194 (2023).

---

* 이 책은 필자의 다음 논문들을 요약, 수정, 발전 시켜 활용하였음을 밝힌다.

박현신. "제4차 산업혁명의 도전에 대한 인문학적 질문과 실천신학적 대응." 복음주의실천신학회.「복음과 실천신학」48 (2018): 41-81.
_____. "인공지능 혁명(AIR)에 대한 교회의 대응에 관한 연구: 설교자의 역할을 중심으로." 한국복음주의실천신학회.「복음과 실천신학」57 (2020): 82-116.
_____. "포스트 코로나 시대의 위기와 교회의 대응 방향: 실천신학적 조망을 중심으로." 한국복음주의실천신학회.「복음과 실천신학」65 (2022): 261-301.
_____. "포스트 코로나 뉴 노멀 시대의 도전과 설교학적 방향과 대안." KRJ 62 (2022): 45-88.
_____. "챗GPT(ChatGPT)에 대한 실천신학적 조망: 챗GPT설교에 대한 설교학적 비평을 중심으로." 한국복음주의실천신학회.「복음과 실천신학」68 (2023): 146-96.

<인터넷 자료>

Blumberg, Antonia. "This Pastor Thinks Robot Preachers Could Be In Our Future." <https://www.huffingtonpost.com/2015/04/17/robot-preacher-daily-show_n_7087566.html>.

"ChatGPT AI robots writing church sermons causing hell for pastors." <https://nypost.com/2023/02/17/chatgpt-ai-robots-writing-sermons-causing-hell-for-pastors/>.

Cellan-Jones, Rory. "Stephen Hawking Warns Articial Intelligence Could End Mankind."<http://www.bbc.com/news/technology-30290540>.

Chomsky, Noam. "The False Promise of ChatGPT." <https://www.nytimes.com/2023/03/08/opinion/noam-chomsky-chatgpt-ai.html>.

_____. "Noam Chomsky on ChatGPT: It's "Basically High-Tech Plagiarism" and "a Way of Avoiding Learning." <https://www.openculture.com/2023/02/noam-chomsky-on-chatgpt.html>.

Fogel, Robert William. "The Phases of the Four Great Awakenings." <https://press.uchicago.edu/Misc/Chicago/256626.html>.

Erwin, Jim. "Using ChatGPT in Sermon Preparation." <https://www.patheos.com/blogs/jimerwin/2023/02/11/using-chatgpt-in-sermon-preparation/>.

Fiegerman, Seth. "Elon Musk Predicts World War III." <http://money.cnn.com/2017/09/04/technology/culture/elon-musk-ai-world-war/index.html>.

Fukuyama, Francis. "Transhumanism." <http://foreignpolicy.com/2009/10/23/transhumanism/>.

Galeon, Dom. "Kurzweil: By 2030, Nanobots Will Flow Throughout Our Bodies." <https://futurism.com/kurzweil-by-2030-nanobots-will-flow-throughout-ourbodies/>.

Gerber, Alison. "ChatGPT Has No Future in the Pulpit." <https://www.preachingtoday.com/skills/2023/chatgpt-has-no-future-in-pulpit.html>.

Harber, Ian. "How to Prepare for the Metaverse." <https://www.thegospelcoalition.org/article/prepare-metaverse/>.

Heaven, Will Douglas. "ChatGPT is everywhere. Here's where it came from." <https://www.technologyreview.kr/chatgpt-is-everywhere-heres-where-it-came-from/>.

Istvan, Zoltan. "When Superintelligent AI Arrives, Will Religions Try to Convert

It?". <https://gizmodo.com/when-superintelligent-ai-arrives-will-religions-try-t-1682837922>.

Junkroski, Michael. "Rise of the Preacherbots." <https://medium.com/pastor-michaels-intersect/rise-of-the-preacherbots-cf1431e1fb8c>.

Khagram, Sanjeev and Nicholas Davis. "How the coronavirus pandemic accelerates the 4th Industrial Revolution." <newswise.com/coronavirus/how-coronavirus-pandemic-accelerates-the-technology-of-the-4th-industrial-revolution-https-eiuperspectives-economist-comfinancial-serviceswhy-coronavirus-will-accelerate-fourth-industrial-revolution-4ir/?article_id=730580>.

Marshall, Colin. "Noam Chomsky on ChatGPT: It's "Basically High-Tech Plagiarism" and "a Way of Avoiding Learning"." <https://www.openculture.com/2023/02/noam-chomsky-on-chatgpt.html>.

Moore, Russel. "AI Might Teach, But It Can't Preach." <https://www.christianitytoday.com/ct/2023/january-web-only/chatgpt-artificial-intelligence-ai-preach-sermons-church.html>.

"One Hundred Year Study on Artificial Intelligence: AI100." <https://ai100.stanford.edu/2016-report>.

Paul, James. "Meet The 'Church Of Artificial Intelligence' That Worships AI As God!." <https://in.mashable.com/tech/34870/meet-the-church-of-artificial-intelligence-that-worships-ai-as-god>.

Piper, John. "A Passion for Christ-Exalting Power: Martin Lloyd-Jones on the Need for Revival and Baptism with the Holy Spirit." <http://www.desiringgod.org/resourcelibrary/biographies/a-passion-for-christ-exalting-power>.

Rifkin, Jeremy. "The 2016 World Economic Forum Misfires With Its Fourth Industrial Revolution Theme." <https://www.huffingtonpost.com/jeremy-rifkin/the-2016-world-economic-f_b_8975326.html>.

"Robot priests can bless you, advise you, and even perform your funeral." <https://www.vox.com/future-perfect/2019/9/9/20851753/ai-religion-robot-priest-mindar-buddhism-christianity>.

"Robot priest unveiled in Germany to mark 500 years since Reformation." <https://www.theguardian.com/technology/2017/may/30/robot-priest-blessu-2-germany-reformation-exhibition>.

Schwab, Klaus. "The Fourth Industrial Revolution: what it means, how to respond."

<https://www.weforum.org/agenda/2016/01/the-fourth-industrial-revolution-what-it-means-and-how-to-respond/>.

Schwab, Klaus and Tierry Malleret, *Covid-19 The Great Reset*. Forum Publishing, 2020 [Kindle Edition].

Schuurman, Derek C. "ChatGPT and the Rise of AI." <https://christianscholars.com/chatgpt-and-the-rise-of-ai/>.

Thacker, Jason. "ChatGPT and Christian Ethics: An Interview With Technology Ethicist." <https://churchleaders.com/news/444825-chatgpt-and-christian-ethics-an-interview-with-technology-ethicist-jason-thacker.html>.

Theresa, Deena. "Pastor ChatGPT delivers fine sermons but is no 'real preacher'." <https://interestingengineering.com/innovation/pastor-chatgpt-delivers-fine-sermons>.

The Ethics and Religious Liberty Commission (ERLC). "Artificial Intelligence: An Evangelical Statement of Principles." <https://erlc.com/resource-library/statements/artificial-intelligence-an-evangelical-statement-of-principles>.

"Truth Traveler: A Virtual Reality Experience." <https://arkencounter.com/virtual-reality/>.

Urban, Tim. "The AI Revolution: The Road to Superintelligence." Part 1 <https://waitbutwhy.com/2015/01/artificial-intelligence-revolution-1.html>.

_____. "The AI Revolution: The Road to Superintelligence." Part 2 <https://waitbutwhy.com/2015/01/artificial-intelligence-revolution-2.html>.

"Using ChatGPT in Sermon Preparation." <https://www.patheos.com/blogs/jimerwin/2023/02/11/using-chatgpt-in-sermon-preparation/>.

Vanhoozer, Kevin J. *Is There a Meaing in This Text?*. Grand Rapids: Zondervan, 1998.

Veith, Gene. "Robot Pastors." <https://www.patheos.com/blogs/geneveith/2020/01/robot-pastors/>.

Watts, Gordon. "Covid-19 will accelerate march of the robots," <https://asiatimes.com/2020/06/covid-19-will-accelerate-march-of-the-robots/>.

"AI권력이 `초양극화사회` 만든다." <https://www.mk.co.kr/news/it/8019935>.

"AI도 인간이 만드는 것, 두려워할 필요 없어." <http://www.kidok.com/news/articleView.html?idxno=219810>.

"AI에게 기도하고 죄도 고백해…가톨릭성인 챗봇", 등장." <https://www.khan.co.kr/

world/world-general/article/202303051949001>.

"[AI의 습격, 교회는]① 챗GPT 열풍에 'AI 윤리' 수면 위로." <https://www.goodnews1.com/news/articleView.html?idxno=416358>.

"AI와 헬스케어의 결합…인간 수명 500세 시대 연다." <http://news.naver.com/main/read.nhn?mode=LSD&mid=sec&oid=277&aid=0003999595&sid1=001>

"챗GPT, '월간 사용자 1억' 두 달 만에 달성…역대 최단 기록." <https://www.techtube.co.kr/news/articleView.html?idxno=2959>.

"EU "챗GPT 사용 데이터 저작권 공개해야"…AI 첫 규제." <https://www.joongang.co.kr/article/25158792#home>.

"GPT모델의 발전 과정 그리고 한계." <https://medium.com/ai-networkkr/gpt-%EB%AA%A8%EB%8D%B8%EC%9D%98-%EB%B0%9C%EC%A0%84-%EA%B3%BC%EC%A0%95-%EA%B7%B8%EB%A6%AC%EA%B3%A0-%ED%95%9C%EA%B3%84-81cea353200c>.

"KDI "코로나로 2025년까지 단순노무·서비스업 일자리 21만개 소멸." <https://www.hani.co.kr/arti/economy/economy_general/1018567.html>.

"MBA도, 변호사도, 의사도 비켜"…인공지능 '챗GPT3' 광풍." <https://www.hankookilbo.com/News/Read/A2023012711520000519>.

"제4차 산업혁명 체감도, 코로나 사태 전 52퍼센트→후 73퍼센트." <https://www.yna.co.kr/view/AKR20220106087900017>.

"2030년, 나노봇이 이식된 두뇌와 클라우드가 연결하는 미래의 학습과 먹는 지식 약의 등장." <<http://www.itnews.or.kr/?p=16309>.

과학기술정보통신부. "코로나 이후 시대, 제4차 산업혁명으로 촉발된 디지털 전환은 어떻게 진행되고 있나?" <https://eiec.kdi.re.kr/policy/materialView.do?num=218758>.

기윤실. "2020년 교회의 사회적 신뢰도 조사 결과 발표." <https://cemk.org/resource/15704>.

"디지털 전환은 어떻게 진행되고 있나?." <https://eiec.kdi.re.kr/policy/materialView.do?num=218758>.

"공대 건설환경공학부 유기윤 교수 연구팀, '미래 도시에 4개의 계급 존재' 연구 결과." <https://now.snu.ac.kr/past/16/3/458>.

"교회교육 현장을 위한 메타버스 '도림타운'." <http://www.gospeltoday.co.kr/news/articleView.html?idxno=9897>.

"구글, AI 챗봇 '바드' 진화시켜 180개국에 동시 출시!…'PaLM 2' 기반, 고급 수학 및 추론과 코딩도 잘한다." <https://www.aitimes.kr/news/articleView.html?idxno=28000>.

"국내 국제학교 학생들, 챗GPT로 과제 대필… '전원 0점'." <https://www.donga.com/news/Society/article/all/20230209/117801590/1>.

"국민대, 국내 대학 최초 '챗GPT' 윤리 강령 선포." <https://www.hani.co.kr/arti/society/society_general/1081625.html>.

"국내 국제학교 학생들, 챗GPT로 과제 대필… '전원 0점'." <https://www.donga.com/news/Society/article/all/20230209/117801590/1>.

김건희. "How Does 챗GPT Answer My Questions? From Its Birth to Its Mechanism." <https://www.youtube.com/watch?v=Iu8YkQqn8Qk>.

라영환. "기독교 신앙과 메타버스." <https://www.kidok.com/news/articleView.html?idxno=215768>.

"'영적 권위, 도덕성' 챗GPT 시대 차별화할 목회자 역량." <https://www.kosinnews.com/news/articleView.html?idxno=28112>.

우병훈. "챗지피티(ChatGPT) 시대의 목회와 설교." <https://www.kscoramdeo.com/news/articleView.html?idxno=24379>.

윤기영. "챗GPT의 한계와 가능성." <https://www.ifs.or.kr/bbs/board.php?bo_table=News&wr_id=53233>.

"'윤리 위반' 도마에 오른 GPT-4…미 단체 "인공지능 기준 위반했다" 오픈AI 고발." <https://www.wikileaks-kr.org/news/articleView.html?idxno=136835>.

'위드 코로나' 시대 한국 교회 신생태계 조성 및 미래전략 수립 조사 결과. "①코로나19시대 미래전략 수립 조사 결과." <https://www.kidok.com/news/articleView.html?idxno=209643>.

'위드 코로나' 시대 한국 교회 신생태계 조성 및 미래전략 수립 조사 결과. "②코로나19가 한국 교회에 던진 화두." <http://www.kidok.com/news/articleView.html?idxno=209720>.

'위드 코로나' 시대 한국 교회 신생태계 조성 및 미래전략 수립 조사 결과. "③애프터 코로나(After Covid-19) 새 변화 대비하자." <http://www.kidok.com/news/articleView.html?idxno=209817>.

"메타버스 교회 현실과 대응." <http://www.christiantoday.us/27469>.

"'메타버스 교회' 괜찮을까?…"공동체성 결여 우려." <"https://usaamen.net/bbs/board.php?bo_table=john&wr_id=1513>.

"메타버스 활용 기독교 교육 52.7퍼센트 일부 활용하되 신중해야 한다." <http://

www.newsnnet.com/news/articleView.html?idxno=20182>.

"메타버스 시대…가상 경제 생태계로, 진화." <https://www.digitaltoday.co.kr/news/articleView.html?idxno=441450>.

"목사, 99퍼센트 "교회 내부 혁신 필요"…32.8퍼센트 "주요 개혁 대상은 '목회자'"" <https://www.hani.co.kr/arti/society/religious/979363.html>.

신성주. "제4차 산업혁명 시대의 선교적 과제." <http://www.kscoramdeo.com/news/articleView.html?idxno=14697>.

""사람 되고 싶어" "개인정보 뿌릴까?"…AI 챗봇 섬뜩한 대화." <https://news.mt.co.kr/mtview.php?no=2023021714321889024>.

"스마트폰 다음은 메타버스? 고단한 현실의 탈출구 된 가상 천국." <https://www.hankookilbo.com/News/Read/A2021081606450004448>

"스토킹에 유사성행위까지…'신종' 메타버스 아동성범죄, 처벌 가능한가." <https://www.hani.co.kr/arti/society/society_general/1012415.html>.

"새로운 세계 메타버스, 위기인가 기회인가." <https://www.igoodnews.net/news/articleView.html?idxno=66846>.

"신뢰할 수 있는 챗GPT 중요…제도적 뒷받침必." <https://zdnet.co.kr/view/?no=20230314175142>.

"인간과 기계의 공존: 챗GPT와 함께하는 세상은 어떻게 달라질 것인가?-김대식 교수." <https://www.youtube.com/watch?v=bPXHOoy9NXU>.

"'진격의 챗GPT' 3분 만에 설교문 뚝딱… 목회사역에도 충격파." <http://news.kmib.co.kr/article/view.asp?arcid=0924285950&code=23111111&sid1=al>.

최경식. "신자 10명 중 1명 이단… 최대 66만명 달할 듯." <https://www.themission.co.kr/news/articleView.html?idxno=61414>.

"초거대 AI 챗봇 '챗GPT' 열풍, 기대와 우려의 시선들." <https://www.newshyu.com/news/articleView.html?idxno=1008874>.

"챗GPT의 장단점과 한국 교회에 미칠 영향." <https://www.nocutnews.co.kr/news/5907500>.

"챗GPT가 열어가는 新메타버스." <https://www.econovill.com/news/articleView.html?idxno=605080>.

"챗GPT 게 섰거라" 구글, 대화형 AI 서비스 바드 공개." <https://www.itworld.co.kr/news/276349#csidx61686890b99240691486ec408b456fe>.

"챗GPT는 토니 스타크의 '자비스'가 될 수 있을까?." <https://www.ttimes.co.kr/article/2023021418147729797>.

"챗GPT 등 생성 AI 윤리 이슈… 사회적 논의 시작, 정부 세심히 살펴야!." <https://www.aitimes.kr/news/articleView.html?idxno=27738>.

"챗GPT를 통한 설교문, 성도들은 받아들일까?." <https://kcnp.com/news/view.php?no=7717>.

"챗GPT에 가려진 '메타버스', "오픈소스와 결합으로 도약 할 것." <http://m.ddaily.co.kr/m/m_article/?no=259238>.

"챗GPT에게 묻는 인류의 미래." <http://www.aifnlife.co.kr/news/articleView.html?idxno=20742>.

"챗GPT에 신앙의 주제를 묻다." <https://ny.kukminusa.com/news/view.php?gisa_id=0924289301>.

"'챗GPT 차단' 유럽 확산되나? 독일·프랑스도 규제카드 만지작." <https://news.mt.co.kr/mtview.php?no=2023040414073144918>.

"챗GPT는 토니 스타크의 '자비스'가 될 수 있을까?." <https://www.ttimes.co.kr/article/2023021418147729797>.

"챗GPT 히스테리." <https://higoodday.com/opinion/985279>.

"초거대 AI 챗봇 '챗GPT' 열풍, 기대와 우려의 시선들." <https://www.newshyu.com/news/articleView.html?idxno=1008874>.

한국기독교사회문제연구원. "2020년 주요 사회 현안에 대한 개신교인 인식조사." <http://www.jpic.org/data/20201014_survey.pdf>.

"한목협, 한국인의 종교생활과 신앙의식 조사 결과 발표." <http://www.churchr.or.kr/news/articleView.html?idxno=10966>.

"혹독했던 거리두기… 매일 교회 6곳 문 닫았다." <https://www.themission.co.kr/news/articleView.html?idxno=57092>.

"파이디온선교회, 어린이를 위한 증강 현실(AR) 교재 'Hello Bible' 출시." <https://www.christiandaily.co.kr/news/77176>.

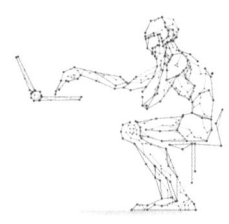

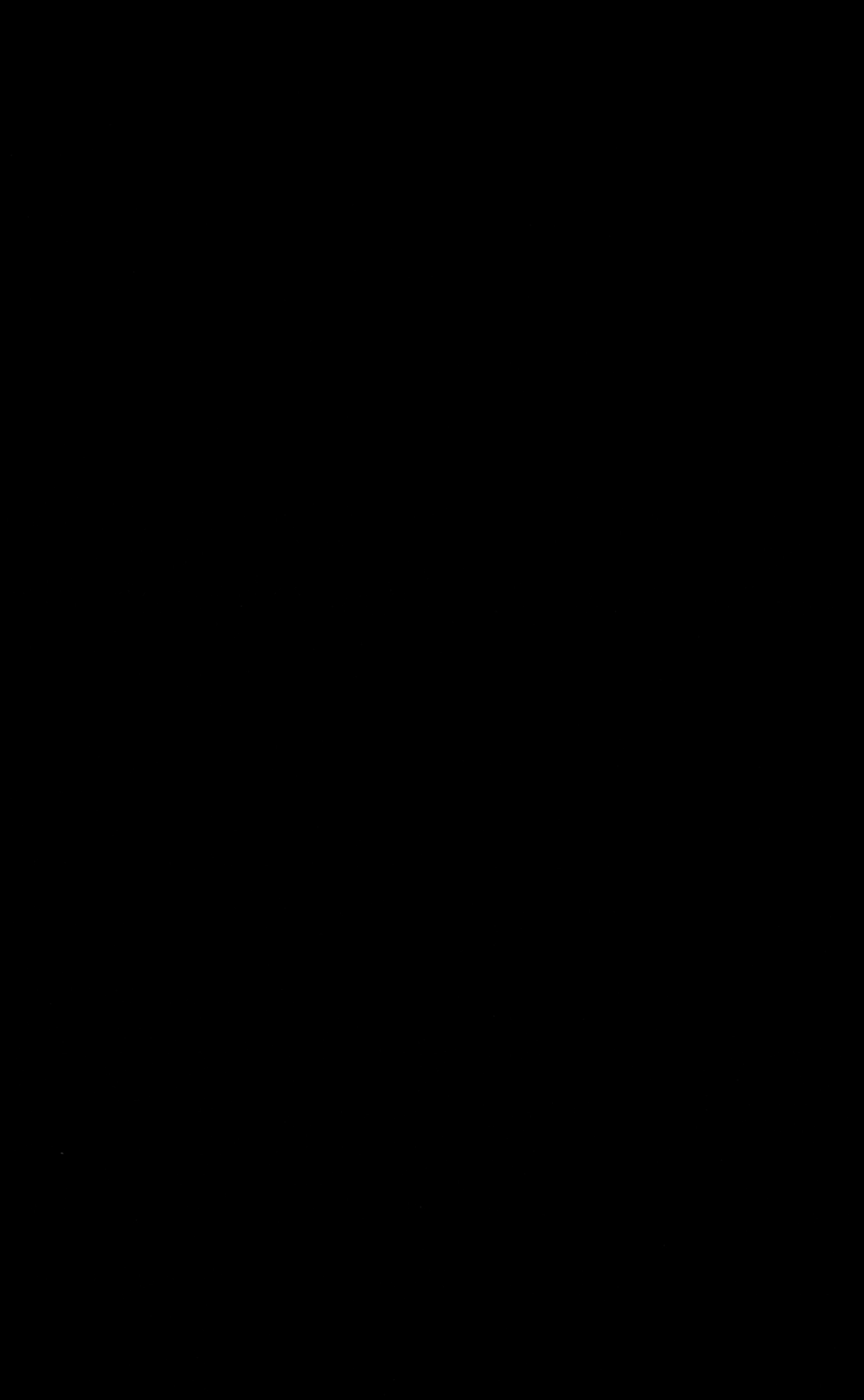